トンデモ陰謀大全

最新版

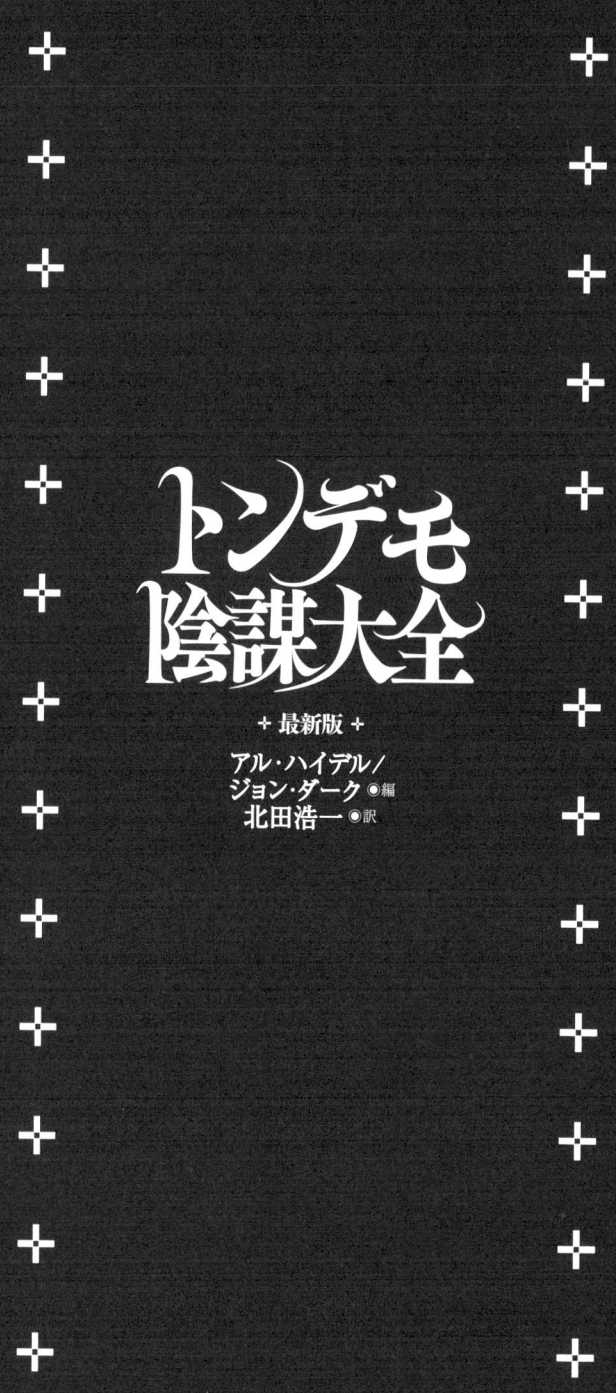

アル・ハイデル／
ジョン・ダーク◉編
北田浩一◉訳

トンデモ陰謀大全

The New Conspiracy reader

本書について

Introduction

まだメールもホームページもなく、「Xファイル」も放映されていなかった一九九〇年代初め、インディーズ系雑誌のブームが全米で起こった。そのブームのさなかに創刊されたのが『パラノイア――陰謀読本』(*Paranoia: Conspiracy Reader*) である。

一九九二年にロードアイランド州プロビデンスのニューズピーク書店で売り出された『パラノイア』の創刊号は「プロビデンス陰謀同盟」によって制作された。このプロビデンス陰謀同盟というのは、陰謀理論を研究する者たちの集団で、電信柱に張られた募集のポスターに応じてニューズピークの本部に報告を行っていた。

プロビデンス陰謀同盟が集めた情報は三つのリングで閉じられた赤い公式バインダーに保管され、その表紙にはリー・ハーヴェイ・オズワルドのイラストが描かれていた。しかし、やがてバインダーも増えてファイルに収まりきらなくなり、ついに集めた情報を公開するという決断が下されたのだった。

『パラノイア』の第一号は白黒印刷、タブロイド紙風のレイアウトで、第一面で掲げた目玉記事を中面でさらに解説するという構成だった。ビジネスコンビニの「キンコーズ」で印刷されたこの第一号の一面を飾っていたのは、アル・ハイデルによる「マルコムX暗殺」の記事だった。

私たちはこれを置いてくれる書店を一軒一軒探して歩いた。かんばしい成果は得られなかったものの、キンコーズの見本はインディーズ系雑誌のいくつかに注目され、雑誌評はPRに一役買うことになった。これに意を強くした私たちは、第二号は自腹を切って本格的に印刷することにした。新聞用紙を用いたこの第二号は、今では黄色く色あせている。その後表紙はカラーになり、光沢紙が用いられるようになったが、それ以外の部分は最初のころとほとんど変わっていない。

『パラノイア』は発刊以来、社会政治的な出来事の背景に対して異なった視点やうがった考え方を提供することにより、熱心な読者の支持を得てきた。世間で「現実」だとされていることに対して一貫して距離を置き続けたおかげで、『パラノイア』は陰謀理論を扱ったアメリカの雑誌を代表する一誌となった。娯楽性が高く、それでいながら考えさせられる内容を毎号貫いたという意味においても特筆すべき雑誌であったと自負している。初期の宣伝コピーに「時代を先取りする猜疑的な人々のための『リーダーズダイジェスト』のアンチテーゼ」というものがあったが、まさにそのような雑誌だった。

『パラノイア』を支えてくれたそれらの読者たちに、この場を借りてお礼を申し上げたい。本誌は老若男女を問わずさまざまな人々に購読してもらっている。しかし、読者層についての詳細はわかっていない。そもそも、読んでくれている人たちは踏み込んだ市場調査を警戒するような人々なのだ。

出版に携わった私たちにとっても、『パラノイア』は学ぶところの多い雑誌だった。発行部数の増減なども大いに勉強になった。しかし、そんなこと以上に重要だったのは、長期にわたる秘密体制（クリプトクラシー）の計画の存在が、しだいに否定しがたいものになってきたという事実であった。迫りつつある新世界秩序に関するさまざまな憶測が雑誌を飛び出して現実になっていくなどと、いったい誰が予想しえたであろうか。

アメリカ合衆国にとっては不幸なことだが、ルビー・リッジ事件におけるFBIの失態を皮切りに、ウェーコでの茶番、オクラホマシティビル爆破事件に9・11テロと、『パラノイア』は常に話題に事欠くことがなかった。寄稿者たちはそれらの現場で取材し、点と点を結びつけて裏の意味を読み取り、重要な事実が埋もれてしまわないように目を光らせた。

私たちが手紙やメール、電話でしか接触したことのないこれらの猜疑的な人々はしだいにその数を増やしつつあったが、新たな千年紀を迎えつつあったこの悲惨な時期、『パラノイア』は、私たち編集者が気づかないうちにこれらの人々の活動の、いわばタイムカプセルの役目を果たすようになっていたのである。

こうして『パラノイア』は発刊以来一三年にわたり、陰謀理論やオカルト、超常的分野を鋭く見通す人々やライターの知見を紹介し続けてきた。この分野の優れた頭脳が執筆した多彩な記事を掲載してきたと自負している。アンソロジーである本書に、記事が選ばれた人もそうでない人も含め、これらすべての寄稿者に感謝の意を表したい。

『パラノイア』の総集編の最新版となる本書では、ここ数年の本誌に掲載された多くの記事のなかから、選りすぐりをピックアップして収載した。

これらの記事は必ずや、期待にたがわない知的興奮をみなさんに与えるはずだ。各記事には新たに紹介文を付け、その後の事件や流れを予言していたものについては可能なかぎりそのことを指摘した。

猜疑的視点と未来の予測にあふれたこれらの記事に、ぜひ、どっぷりと漬かっていただきたい。心配性の人には、アルミ箔で覆った防護ヘルメットを用意することをお奨めしよう。

編者　アル・ハイデル
　　　ジョン・ダーク

目次

Contents

装幀…………長谷川　理（フォンタージュギルドデザイン）

影の歴史

第一部

イスラエルスパイは9・11に関与していたのか

アル・ハイデル

9・11以降最も重大なニュースの一つを、アメリカのメディアはほとんど無視している。そのニュースとは、イスラエルがアメリカ国内で行っていたある大規模なスパイ活動が終結したというものだ。この活動はいくつかの政府機関を探ることを目的としたもので、ハイジャックが起きる以前にアルカイダのテロリストたちを監視していた可能性がある。これを裏付けるように、9・11直後の政府の捜査により、六〇名ほどのイスラエル系ユダヤ人が検挙された。彼らはなぜ検挙されたのだろう。アメリカのメディアは、国の情報機関を上回る無能ぶりをさらけ出していた。アル・ハイデルは独自の調査を通じ、イスラエルと9・11をめぐる事実と噂を検証している。

＊

ニュージャージー州の主婦、マリア（本人の希望により苗字は伏せる）は、9・11テロが起こった朝、奇妙な光景を目撃した。それはマンハッタンとは違う場所で起こった。問題のツインタワーを見ようと双眼鏡を向けた彼女は、住んでいたアパートの駐車場に中東系らしき三人の男がいるのを見つけた。彼らは白いバンの屋根で膝立ちになり、世界貿易センタービルを背景にして自分たちの写真（もしくはビデオ）を撮っているようだった。マリアが驚いたのは、彼らの表情だった。なんと得意気な顔でカメラに収まろうとしているように見えたのである。彼女はABCニュースの取材で次のように証言している。「なんだか嬉しそうでした……ショックを受けているようには見えませんでした。変だと思いましたよ」

事態はさらに奇妙な展開を見せる。

テロ当日の午後、マリアが証言した人物像とナンバープレートの情報をFBIから伝えられた地元警察が、問題のバンが走行しているのを発見して停止させたところ、車内には五人の若い男がいた。警察は彼らに銃を向けて逮捕、その一人は靴下に四七〇〇ドルの現金を隠し、別の一人は外国のパスポートを二通所持していた。バンのドライバーは、「自分たちはイスラエル人だ」と説明した。重大事件が起こっていた日だけに、警官たちが彼らを慎重に扱ったことは想像に難くない。

イスラエル政府は事前に知っていた？

逮捕された五人は、FBIの犯罪課から、スパイ事件を扱う外国防諜部に引き渡された。ABCの情報筋が伝えるところによるとこの管轄移動の理由は、FBIがバンのナンバーを調べた結果、ある企業が浮上してきたからだった。その企業とは「アーバン・ムーヴィング社」で、イスラエルの軍事諜報機関モサドの諜報活動の隠れ蓑になっている疑いがあった。

ABCによると、FBIはすみやかに令状を取得して「アーバン・ムーヴィング社を数時間にわたり家宅捜索し、書類の入ったダンボール数箱とハードディスク十台あまりを押収した」。だが、ニューヨークのFBI捜査官たちは結局捜査を打ち切り、五人を釈放してイスラエル領事館に引き渡している。

ニューヨーク最大手のユダヤ系新聞『ザ・フォワード』はこの事件を、「トップ級のイスラエル外交官」が部下に関してジョン・アシュクロフト司法長官に申し入れを行ったと報じた。記事はさらに「五人のイスラエル人のうち二人がCIAとFBIの外国人諜報活動員のデータベースに載っていたことで、事件の性質が変わった」と伝えている。五人はその後、飛行機でイスラエルに帰国した。イスラエル最大の新聞である『ハーレツ』は、二カ月にわたる拘束期間中に五人に対して執拗な尋問が行われ、暴力行為もあったようだとしてFBIを非難している。

『アメリカン・フリープレス』のウェブサイトに投稿されたあるレポートによると、このうち一人がイスラエルでラジオのトーク番組に出演し、「事件のドキュメントを制作するのが目的だった」と話したという。これが本当なら大変なことである。なぜなら、9・11のテロ攻撃をイスラエル政府が事前に知っていたことになるからだ。そして二〇〇二年六月二一日、この男の証言を裏付ける報告記事がABCニュースのサイトに〝論評抜き〟で掲載された。アーバン・ムーヴィング社の社主が、FBIの取調べ（彼の弁護士によるとすべての質問に答えたという）を受けた数日後に、自宅を売却してイスラエルに帰国していたのである。

二〇〇一年九月一二日、ニュージャージー州の『バーゲン・レコード』がある記事のなかで（現在はウェブサイトから削除されている）、白いバンに乗っていた男たちが「ビルの破壊とのつながりを示唆する地図を所有していた」と報じた。『バーゲン・レコード』によると、ある警察筋が次のように証言したという。「車には市の特定の場所に目印が付いた地図があった。これは事件と何らかの形で関わっていることを示唆するものだ。リバティ・ステイト公園にいた時点ですでに何が起こるかわかっていたのではないか」。ただし、この記事を裏付ける報道はなく、アーバン・ムーヴィング社の社主も従業員も9・11に関与していたとの嫌疑はかけられておらず、起訴もされていない。

最高機密情報にされた捜査証拠

9・11の捜査で拘束された数百名の容疑者が、すべてアラブ人やイスラム系だったと思っている人は多い。だが実際は、白いバンに乗っていたような連中は他にもいた。9・11後の捜査で密かに拘束されたイスラエル系ユダヤ人は、およそ六〇名にもおよぶ。その多くは現役の（あるいは元）軍・諜報関係者である。このこと自体は別におかしなことではない。イスラエルでは軍役が国民の義務となっているからだ。そして、これらのユダヤ人のうち少なくとも一人が、「爆破および爆発物の専門家」だった（『タンパ・ベイ・ウィークリー・プラネット』二〇〇二年四月二二日付け）。

二〇〇一年一一月二三日、『ワシントンポスト』の記者、ジョン・ミンツが「イスラエル人拘束者のほとんどは入国法関連容疑で、テロリズムとの関与は疑われていない」と指摘した。ただし、国際外交の世界では「入国法関連容疑」とはスパイ行為などの重大な違法行為をやんわりと表現したものであることも多い。さらにミンツは次のように指摘する。

クリーヴランドとセントルイスのＩＮＳ（移民帰化局）職員が、裁判所の審理において、（拘束されたイスラエル人に）「政府が特別な関心」を持っていたと証言した。これは、ＦＢＩがテロ事件以降に国内で拘束した数百名（大半がイスラム系アラブ人）の多くに対して用いていた表現である。

あるＩＮＳ職員（本人の希望で匿名）は、同局がイスラエル人に関してコメントすることはないと述べた。彼によると「特別な関心」という言葉は、「９・11の捜査がらみ」であることを意味するという。

二〇〇一年一二月一二日の全米向け放送で「Ｉ（イスラエル人）スパイ」の特ダネを伝えたフォックスニュースのカール・キャメロン記者も、事件に直接関わったことを「示す証拠はない」と断ったうえで、イスラエル人拘束者のなかに９・11に関与した者がいる可能性を示唆している。

捜査官によると、このイスラエル人たちは攻撃に関する情報を事前に集め、それを当局に伝えなかった可能性があるとのことです。上層部のある捜査官は「協力はあった」としていますが、具体的にどんなものかについて尋ねると、それは答えらないということでした。この捜査官によると「イスラエル人を9・11と結びつける証拠は機密になっている。見つかった証拠について話すことはできない。最高機密情報だ」とのことです。

忽然と姿を消したイスラエル人露店商たち

カール・キャメロン記者はレポートのなかで、国内のイスラエル人スパイが9・11にとどまらない問題であることも示唆した。

フォックスニュースが入手した多数の極秘文書によると、9・11の事件以前にこれ以外にも最大で一四〇名のイスラエル人が拘束あるいは逮捕されていたようです。これは、全米で密かに進められていたアメリカ国内のイスラエル人スパイの捜査の結果で（中略）、捜査で最初に注目されたのは、エルサレム大学やバザラ・アカデミーの美術学生を自称するイスラエル人たちでした。

キャメロンのレポートやその他の情報筋によると、この「美術学生」たちは自分たちの工芸作品を売るふりをして米政府関係者と何度も接触を図っていた。キャメロンはこの活動の規模について、次のように述べている。「彼らは米軍基地やＤＥＡ（麻薬取締局）、ＦＢＩをはじめとする数十の政府施設を標的にして内部に入り込んでいました。またそのなかには警察、情報関係者の非公式の事務所や、電話帳に載っていない自宅までが含まれていました」

実は、このイスラエルの「美術学生」の一人が、筆者に直接接触してきたことがある（断っておくが、筆者は政府とは何の関わりもない）。数カ月前、一人の女子美術学生が私のオフィスにやってきて、自分の作品を見てほしいと言ってきた。買ってほしいわけではなく、どの作品がいいか意見を聞きたいのだという。自分以外の学生も同じことをしているとのことだった。私は一番独創的に思えた作品（象が何頭か描かれた変わった画）を選んで彼女に示した。この美術学生が私のところに来たのはIスパイのスキャンダルが報じられる前であるが、それでも私は、イスラエルの美術学生がなぜわざわざアメリカまでやってきて私に批評を求めるのかと、疑問に思ったものである。

この疑惑を探ると、さらに不可解な背景が見えてくる。キャメロンは、一九九〇年半ばに政府機関が行った別の捜査において「米国内の商店街で露店を出していたイスラエル人数十名が拘束ないし逮捕されています」と述べている。「彼らはパズルカーとズームコプターというおもちゃを売っていました」。『ニューヨークタイムズ』と『ワシントンポスト』がイスラエル人の拘束を報じた後、露店のワゴンは姿を消していったという。そしてズームコプターのホームページにはすみやかに次のような説明が掲載された。「ぎりぎりの時間になって商店街で数千台のワゴンが閉鎖されたことについては承知しております。しかし、この出来事は当社の製品の品質や魅力には一切関わりがないことをお断りしておきます」

アメリカのメディアだけが無視するニュース

大手メディアがこの記事をまったく取り上げなかったわけではない。しかし、その重要性に比べてあまりにも小さな扱いであった観は否めない。フォックスニュースのレポートは親イスラエルの圧力団体から批判され、イスラエルの官僚たちも「まったく事実無根」と否定した。結局、レポートは削除され、今は存在しない。

「中東報告確度向上委員会」のアソシエイト・ディレクター、アレックス・サフィアンもレポートに反発を示した一人である。陰謀論者のグループを極右に結びつけるという近年の（誤った）視点に立ち、「陰謀理論のメディアや人種憎悪グループにより、どんどん尾ひれが付いていくだろう」と嘆いている。

一方、ABCはニュース番組『20／20』で、今述べたような事実の一部を報じている。ただ、バーバラ・ウォルターズはなぜか、国民を安心させるようなコメントでレポートを締めくくった。あるインターネットの評論家も「こんなウワサはさっさと消えてしかるべきだ」と一蹴している。

また、『USAトゥデー』はこの事件を都市伝説として片付けようとしている。この〝国民的新聞〟は二〇〇一年九月二八日の記事で、五人のイスラエル人が拘束されたという話は「イスラエルを陥れようとする根拠のない噂」であるとし、「イスラム社会の連中がこの手の話を延々と流しては蒸し返している」と批判している。

しかし、この国のメディアが半ば黙殺しているこの事件は、大西洋の向こう側ではきちんと報じられている。以下は情報・軍事分析で定評のあるイギリスの「ジェーン・インフォメーション・グループ」の報道である。

9・11以降最も重大なニュースの一つと思われる事件を、アメリカのメディアはほとんど無視しているようだ（例外と言えるものは一件のみ）。その事件とは「アメリカにおけるイスラエルの大規模なスパイ活動が終結したらしい」というものだ。この活動は司法省および国防省を探ることを目的としたもので、ハイジャックが起こる前にアルカイダのテロリストたちを監視していた可能性がある（二〇〇二年三月一三日付け）。

エクスタシー密輸で逮捕されたユダヤ人

クリストファー・ケッチャムは『サロン』の記事で、イスラエルの「美術学生」のスパイ網について次のような詳報を伝えている。

なぜかFBI捜査官に作品を売り込むことに熱心だった奇妙なイスラエル人の報告は、アメリカ国内の四〇以上の都市から寄せられている。（中略）DEA、BATF、空軍、シークレットサービス、FBI、連邦法執行局が報告している「美術学生」の事案は、合計すると一三〇件以上にもなる。これらのイスラエル人のなかには連邦の建物の内部の間取りをチェックしていた者もおり、連邦職員の身分証を持っていた者もいた。またある者の鞄にはプリンターで打ち出した「DEAグループ」に関する文書があった。

ケッチャムによると、「美術学生」のほとんどはDEA（麻薬取締局）を探っていたという。アメリカ国内のイスラム過激派グループについては、自国内でのテロへの関わりを疑っているイスラエルが動向を探るのは十分理解できる。しかし、イスラエルの情報機関はなぜＤＥＡにこれほど関心を持っていたのか。

Ｉスパイに関しては、極めて重要な証拠がある。ＤＥＡの捜査官をはじめとする法執行職員の報告をまとめた六〇ページの文書だ。この文書の信憑性について、『タンパ・ベイ・ウィークリー・プラネット』のジョン・Ｆ・サッグが二〇〇二年四月二二日付け記事でこんなことを書いている。

この文書の作成者は不明だが、ＤＥＡその他の法執行職員の実名が多数挙げられている。三人の連邦職員がこの報告書に書かれている内容が事実であると認め、誰も信憑性に疑いをはさんでいない。ＤＥＡのある上級職員は自分の報告が述べられている部分を読んで「間違いない、私の報告だ」と証言している。

ただし、このＤＥＡ職員は「これだけではスパイ活動が行われている証拠とは言えないだろう」とも付け加えている。サッグはまた「（連邦）防諜執行局の二〇〇一年三月の報告のまとめに『連邦施設に不審者の訪問があった』と書かれており、（ＤＥＡの）文書に記された〝先鋭的〟な活動に触れている」ことも明らかにしている。サッグによると「これらの事件は詳細に記録されていて、イスラエル人の名前や免許証の登録番号、住所、電話番号などまでが記載されている」という。

とりわけ注目すべきなのは、このＤＥＡ文書がＩスパイを、進行中のいくつかの麻薬捜査と結びつけている点だ。以下は報告書からの抜粋である。

DEA（麻薬取締局）オーランド支局はこのグループと麻薬とのつながりを初めて発見した。（中略）オーランド（支局）にやってきたイスラエル人美術学生から得た電話番号は、DEAがフロリダ、カリフォルニア、テキサス、ニューヨークの各州で進めていたいくつかのMDMA（エクスタシー）関連捜査に関わるものだった。

二〇〇二年七月二五日にはフロリダのNBC系列局「チャンネル9」の特派員アイク・シーメンスが、イスラエルとMDMA取引網とのつながりを裏付ける報告を行っている。

DEAマイアミ支局の責任者トーマス・W・ラファネロ特別捜査官によると、同支局の大規模捜査で浮かび上がったイスラエル人のうち、まずメイア・ベン・デイヴィッドとジョセフ・リヴィの二人がフォートローダーデイルに送られて麻薬関連容疑の審理を受けることになります。（中略）この二人は二〇〇〇年一〇月に、国内へのエクスタシー密輸および販売目的での所有の容疑で起訴されています。（中略）DEAによると二人は密輸の中心的役割を果たし、イスラエルの組織犯罪シンジケートにも属していたもようです。これについてマルマン元連邦検事は「この地区ではもちろん、全米的に見ても麻薬摘発における重大事案だ」と話しています。マルマンによると、「イスラエル人がフロリダ州南地区で送検されたのはこれが初めて」とのことです。

シーメンスはさらに、ほとんど知られていない意外な事実を明らかにしている。「イスラエルはアメリカのエクスタシー市場の七五%を支配して」いて、「イスラエルの売人は、元マフィアのボディガードでエクスタシーを売っていたサミー・〝ザ・ブル〟・グラヴァノにも薬を流していました」。シーメンスはまた、業界で運び屋と呼ばれている国内のエクスタシーのネットワークに関する驚くべき情報も伝えている。

DEA職員によると、イスラエルの麻薬ネットワークではブルックリン出身のハシッド系ユダヤ人を密輸に利用することが多いそうです。実際、ハシッド系ユダヤ人数名がニューヨーク市警に密輸の容疑で逮捕されています。その一人はマクローフ・ベン–コトリットという七二歳のイスラエル系アメリカ人で、六万一〇〇〇錠のエクスタシーを国内に密輸していました。

イスラエルに記録されている全米の通信・通話

これらは、Iスパイの一部がDEAのエクスタシー捜査を攪乱していた可能性を示唆している。では、彼らは具体的にはどのようなことをしていたのだろう。前掲の『タンパ・ベイ・ウィークリー・プラネット』の記事には、ジョン・F・サッグの一九九〇年代後半の次のような報告が記されている。

アメリカの情報機関は、遠距離通信という非常に重要な分野の多くをイスラエルの企業が支配していることを懸念していた。たとえば、アメリカの法執行官に盗聴用のコンピュータ機器を供給しているコムヴァース・インフォシス（現ヴェリント）社は、システムに「傍受ゲート」を仕込んで通話内容を盗聴できるようにしているのではないかという疑惑が浮上している。また、やはりイスラエルの企業であるアムドックスは、アメリカの電話会社上位二五社の回線のほぼすべての通話記録を取っている。

後者のアムドックスは、アメリカのほぼすべての通話の課金情報を把握している。フォックスニュースのカール・キャメロンはこれについて「通常の電話をした場合は、ほぼ確実にアムドックスに記録される」と指摘している。同社はまた、クレジットカードの信用情報の収集も行っている。これらはどちらも、あらゆる情報機関にとって貴重な情報となる。なお、二つの会社とその従業員が、9・11への関与の嫌疑をかけられたり起訴されたりしていないのもまた事実である。

サッグによると、コムヴァース・インフォシスおよびアムドックと、拘束されたIスパイたちとの関連についても、DEAの六〇ページの文書に詳しく記されているという。「DEAがこの事件に強い関心を抱いているのは、一九九七年に複数のイスラエル企業から二五〇〇万ドルの傍受機器を購入したことに端を発している」。この企業のなかには、おそらくコムヴァース社が含まれているのだろう。サッグはさらに、フランスのインターネットサービスサイト『インテリジェンス・オンライン』に二〇〇二年三月一四日に掲載された報告を紹介している。

この報告によると、DEAは「購入したシステムに意図しない仕掛けがあるのではないかとの懸念を明らかに抱いていた」

カール・キャメロンの報告には、さらに興味深い事実も記されている。一九九七年に連邦・州・市町村レベルで進められたエクスタシーとコカインの捜査は、膨張した「イスラエル人の組織犯罪」を「主な捜査対象」にしていたというのである。その理由は次のようなものであった。

フォックスニュースが入手した法執行機関の極秘文書によると、この不心得者たちは警官のポケットベルや携帯電話、さらには自宅の電話までをも監視下においていた。捕まった者のなかには、何百もの電話番号を把握し、逮捕を逃れるために利用していたと認める者もいた。

だが、彼らが監視の対象にしていたのは、警官などの市町村レベルの法執行職員のみではなかった。Iスパイたちは FBI、シークレットサービス、そしておそらくはDEAの通信もモニターしていたのである。

これもフォックスニュースの伝えた情報だが、多くの連邦政府機関が懸念を強めるなか、徹底した秘密主義で知られるNSA(国家安全保障局)が「極秘の機密区分情報報告書(TS/SCI)を発表した。この報告書は、アメリカ国内の通話記録が外国——とりわけイスラエルの手に握られていると警告していた」

キャメロンによると、やがて連邦捜査官は二つの企業に的を絞った。それが、アムドックスとコムヴァース・インフォシスだった。そしてコムヴァースのほうは、「捜査官が情報漏れを調べるために自分たちの盗聴システムを点検した際」に、「盗聴した電話を傍受し、記録・保存を行うコンピュータに脆弱性が潜んでいる」懸念が出てきたという。フォックスの報告によるとコムヴァースはこの分野の最大の納入先で、「イスラエル政府とも深いつながりがある。また、政府の特別支援で研究開発費の最大五〇%を、イスラエル産業貿易省から助成されている」という。

彼らはすべてを盗聴している

Iスパイはコムヴァースとアムドックを利用し、大規模な麻薬捜査を少なくとも一度は妨害していた疑いがあることになる(二つの会社は気づかないうちに彼らに利用されていた可能性がある)。彼らは、9・11関連の捜査についても同様のことをしていたのだろうか。その可能性はあるだろう。キャメロンもレポートで次のように述べている。「フォックスニュースが入手した情報によると、アメリカのテロ捜査官のなかには、どの捜査官がいつ電話をかけたかという情報を9・11の容疑者の一部が把握していて、そのため先手を打たれていたのではないかという懸念を指摘する向きもあるようです」

特に気になるのは次のようなくだりだ。「容疑者を盗聴しようとするとすぐに通信手段が変更されるという事例が多数ありました。盗聴装置が仕掛けられたとたんに行動ががらりと変わったと言います」

『アンチ・ウォー・コム』では、ジャスティン・レイモンドが、コムヴァースのソフトウェアに「イスラエルの情報機関が容易に開けることのできる〝バックドア〟が仕掛けられていた可能性がある」と指摘している。「コムヴァースはシステムのメンテナンスに必要という名目で、盗聴用コンピュータとのリンクを持っており」、実際そういうことは可能だという。レイモンドによると、このリンクは一九九四年の法執行通信支援法によって認められたものだとされる。レイモンドはさらに、核心をつく指摘をしている。

問題は、盗聴でイスラエルをターゲットにしたときと、ビン・ラディンをターゲットにしたときの違いだ。もし前者の場合にのみ行動が変わったのなら、それはイスラエル人が情報を利用して自分たちを守るために行動したのだと解釈できる。だが後者の盗聴で相手の行動が変わったのなら、イスラエル人は情報を利用してビン・ラディンを守っていたことになる。

Iスパイのスキャンダルのさまざまな側面に関わりがあると思われる一文で、レイモンドはこの可能性が「私自身を含めてだれも考えたくない」ものだと述べている。

巷で囁かれているこれだけの疑惑

インターネットを巡っていると、ユダヤ人と9・11に関するさまざまな噂が見つかる。主なものをまとめ、筆者の知る事実を付け加えてみる。

① 9・11の当日に四〇〇〇人のイスラエル人が世界貿易センタービルに出勤しなかった。

ヨルダンの新聞『エル・ワタン』が報じたものが広まったようだが、まったくのデマ。ニューヨークの攻撃で四〇〇〇人のイスラエル人が不明になったというイスラエル領事館の誤報が元になっている可能性がある。

②9・11の数千名の犠牲者のうち、イスラエル人の死者は二人だけだった。

意外なことだがこれは事実だ。ブッシュ大統領は、テレビ中継された二〇〇一年九月二〇日の演説で、アメリカ人は「我が国の国民と共に亡くなった八〇の国の人々のことを忘れない。数十人のパキスタン人、一三〇人以上のイスラエル人、二五〇人以上のインド人……」と述べている。この演説をテレビで見た八二〇〇万人の国民のうち、二日後の『ニューヨークタイムズ』の小さな訂正記事に気づいた者はほとんどいない。その記事にはこうあった。「死亡が確認されたユダヤ人は三名のみ。二人は別々の飛行機に乗っており、もう一人は仕事でツインタワーを訪れていた」。その後、死亡者はさらに減って二名となった。ブッシュ大統領はあまり数字に堪能ではないようだが、それを差し引いても一三〇人以上と二人ではあまりにも違いすぎる。意図的なものにせよ情報が間違っていたにせよ、大統領の言葉がイスラエルと9・11の関係を疑わせるものであることは事実である。ただ、犠牲者二名という数字は一見少ない印象を受けるが、最近明らかになった外国人犠牲者の実際の数字を見ると少々事情は変わってくる。これによると、事故に巻き込まれて亡くなったアイルランド人は一名、中国人は二名、ジャマイカ人が一六名だった。つまり、イスラエル人の犠牲者数は、単に偶然と見ることもできるわけだ（そうでなければ、この二名はスイス・アルプス山中のイスラエル秘密司令部から連絡が入ったときに、たまたま自宅にいなかったということなのかもしれない)。

③ あるユダヤ人ビジネスマンが、9・11のわずか半年前に世界貿易センタービルの九九年間の賃貸契約を結び、現在は多額のテロ保険金をめぐって争っている。

これは事実である。この人物はラリー・シルヴァースタインといい、ツインタワーへの攻撃が単一の出来事か二つの異なる出来事かをめぐる大規模な法廷闘争を展開している。『ウォールストリートジャーナル』の電子版に掲載された記事によると、後者だった場合は「破壊物に対する保険金の支払額が倍になり、約七〇億ドルとなる」。確かに怪しいと言えば怪しいが、9・11以前も有名なビルにテロ保険をかけるのが珍しいことではなかったのも事実だ。また、シルヴァースタインのグループが三二億ドルを支払ったこの賃貸契約の話が持ち上がったのは、9・11のはるか以前の一九九九年である。シルヴァースタインが二年前から二〇〇一年の攻撃のことを知り、個人的な利益のために三〇〇〇人の人々を見殺しにしたというのは、少々現実離れしているように思える。

④ あるイスラエル企業が事件の直前に世界貿易センタービルの賃貸契約を打ち切った。

これも事実だ。この企業はシム・アメリカン・イスラエリ貿易社といい、親会社にはイスラエル政府が半分以上出資している。そしてシム社は9・11の少し前、ノースタワーの賃貸契約を打ち切って引き払っている。『アメリカン・フリープレス』のクリストファー・ボリンの記事によると、「世界貿易センターのシム社の事務所は年内いっぱいの契約だったのに、九月初めに突然引き払ったことはシム社にとっては五万ドルの損失だった」。ただし、シム社やその従業員が9・11の情報を事前に知っていたという証拠はない。また、会社側は事前に移転したのは「単なる偶然だ」と主張している。

⑤ 9・11の攻撃の前日、陸軍高度軍事研究学校（SAMS）が「モサドがテロ攻撃を実行してそれをイスラエルの敵のせいにする」という予測を出していた。

これは事実ではない。ただし事実に基づいている部分もある。『ワシントンタイムズ』は二〇〇一年九月一〇日、陸軍のSAMSが作成したある報告書の件を報じた。その報告書には、モサドは「予測不能であり、非情にして策に長けている。米軍を標的にし、それをパレスチナ人やアラブ人の所業に見せかけることも可能である」と記されていた。これは予測というよりは可能性を述べているのであり、しかも中東で米軍が平和維持活動を進めることを想定しての指摘である。

ただ、このようなことが現実となった例も過去にはある。ほとんど知られていない事実だが、一九五四年、エジプトで活動していた複数のイスラエル工作員が、米軍の外交施設を含むいくつかの建物に爆弾を仕掛け、アラブ人の犯行をほのめかす〝証拠〟を残した。ところが爆弾が予定より前に爆発して犯人の一人がエジプト当局に捕まり、イスラエルのスパイ網が摘発される事態になった。

イスラエルはこのスキャンダルに対して、「スパイ網などは存在しない。反ユダヤ主義の陰謀だ」と主張した。しかし裁判が進むと、実際にイスラエルが爆弾工作に関与していたことが明らかになり、最終的にはイスラエル国防相ピンハス・ラヴォンが罷免される事態に発展した。だが、ラヴォン国防相が計画の真の黒幕たちを守るためにスケープゴートにされたのはほぼ間違いない。この計画は諜報分野で「フォールスフラッグ（偽旗）」作戦と呼ばれているもので、「スザンナ作戦」という暗号名が付けられていた。

⑥ 9・11の当日、コリン・パウエル国務長官がパレスチナ国家の建設を呼びかける歴史的演説を行う予定だったが、事件で流れ、二度と行われなかった。

これは事実のようだ。しかし、9・11の数カ月後、似たような趣旨の演説をブッシュ大統領自身が行っている。また、旅客機を空飛ぶ爆弾に仕立てて数千人のアメリカ人を殺害するという残虐な行為は、アメリカの中東政策を変えさせる方法としてはあまり合理的とは言えない。この点に関してイスラエルは、金と政治でずっと効率的にやっている。

あの攻撃によって「対テロ戦争」がスローガンとなり、パレスチナ紛争の枠組みを変えるチャンスをイスラエルが手にしたのは事実だ。また、アメリカ国民の共感もそれなりに得られたかもしれない。9・11の攻撃の数時間後、事件がイスラエルとアメリカの関係に与える影響について尋ねられたベンジャミン・ネタニヤフ前イスラエル首相が「とてもよいことだ」と言っているが、これはおそらくそういうことを指していたのだろう。これが誤解を招きかねない表現だということに気づいた前首相は、すぐに「まあ、よいこととは言えないが、共感が生まれるだろう」と取り繕っている。

意図的な情報リーク、「リミテッド・ハングアウト」

本記事の情報の元になっているのは、反イスラエルのアラブ系メディアでもなければ、ネット上の匿名投稿でもない。もちろんアルカイダのパンフレットでもない。筆者は可能なかぎりアメリカおよびユダヤ系の大手ニュースメディアを情報源とした。イスラエルやユダヤ人の行動を批判する記事は、時に反ユダヤ主義のひと言で片付けられてしまう傾向があり、そういう意味でこのようなスタンスは重要である。

ただし一方では、大手メディアを情報源にすると、それを理由に記事が信用できないと考える人々もいる。陰謀理論を扱う雑誌はそもそも、大手ニュースメディアに対抗する存在であるべきだからである。主流となっている情報に疑問を投げかけるはずの雑誌が、大手メディアの特定の情報に信憑性があるというのは確かに矛盾しているようにも思える。陰謀理論に合致した部分だけを信用して、合わない部分を切り捨てるというのはおかしいと言う人もいるかもしれない。しかし、依拠する情報の価値をそのつど見極める真摯（しんし）な姿勢があるなら話は別だ。筆者はまさにそうした姿勢を心がけてきたつもりである。

ただ、大手、マイナーを問わず、すべての「スキャンダル」が、反骨の記者たちの地道で果敢な努力によってのみ表に出てくると考えるのはあまりにも能天気と言わざるを得ない。もちろんこうした記者たちは存在するし、彼らの努力は賞賛されるべきである。しかし実際のところは、多くのスキャンダルが権力者の意図的な情報リークによって表面化するというのが実情なのだ。露見するのではなく、あえて露見させているのである。そしてそれらは、必ずしも偽の情報というわけではない。むしろ、多くの場合は事実である。実際、政府や情報機関は本当に重要な事実や大きなダメージにつながる事実を隠しておいて、当たり障りのない事実をリークするということがよくある。このようなコントロールは、諜報分野では「リミテッド・ハングアウト（限定的暴露）」と呼ばれている。

つまり、スキャンダルに関する記事は、内容以外にも考えなければならない部分があるということだ。それが明るみに出ることで、誰が、あるいはどの機関が困り、また得をするのか。そのスキャンダルにエリート同士の権力争いが関わっているか。Iスパイのスキャンダルに関して言えば、リークが何らかの報復であったということもありうる。そのような可能性としては、少なくとも次の二つが考えられるだろう。

①　Iスパイのリークは、イスラエルがアメリカに9・11の情報を伝えなかったことに対する報復であった。

言い換えるなら、イスラエルが監視網の情報（そしておそらくはアメリカ人とアルカイダの外国分子への潜入捜査で得た情報）の一部を隠匿していたことに対する懲罰的な意味合いだったということである。

②　Iスパイのリークは、イスラエルが（「美術学生」を通じて）アメリカに対してスパイ行為を働いていたことへの報復だった。

これが一番わかりやすい解釈だろう。もしこれが真相なら、リークをしたのはFBIかDE

A、もしくはその両方の可能性がある。イスラエル人に対する捜査、とりわけ9・11以前にDEAが進めていたエクスタシー関連捜査を邪魔された（あるいはブロックされた）ことに対する復讐というわけだ。

メディア王マードックへの疑念

スキャンダルについては、もう一つ考えなければならないことがある。それは、より深刻な事実から目をそらさせたり、他の事実に紛れさせて撹乱するためにスキャンダルを暴露しているのではないかということだ。Iスパイの暴露の目的がこれなら、彼らが本当に隠しておきたいのは、イスラエルが事前に9・11が起こることを知っていたか、何らかのつながりがあったという事実である可能性がある。つまり、イスラエル政府による「限定的暴露（リミテッド・ハングアウト）」ということだ。

この場合は、Iスパイのスキャンダルの暴露をリードしてきたフォックスニュースにも目を向ける必要が出てくる。フォークスニュースのオーナーは世界のメディア業界の立役者の一人であるルパート・マードックであるが、彼はイスラエルにかなり積極的な投資を行っており、イスラエルの強力な支持者のようだ。

たとえばマードックは、二〇〇一年の「アメリカ－イスラエル友好協会」の略式晩餐会の共同ホストを務めている。この晩餐会にはイスラエルのアリエル・シャロン首相も来賓している（『エルサレムポスト』二〇〇一年六月二七日付け）。また、先ごろニューヨーク市で開かれたユダヤ人コミュニティ関係会議二五周年記念晩餐会では、ジョージ・パタキ、ニューヨーク州知事が「『ニューヨークポスト』は国内のどの新聞よりもイスラエルに好意的だ」とマードックの新聞を称えている。そもそもこの晩餐会自体、マードック氏を顕彰することが目的の一つであった。イスラエル寄りの雑誌として知られる『15ミニッツ』によると、マードックはこの日のスピーチで、週末にニューヨークとロンドンの記者たちをシャロン首相の農園に招いたというエピソードを得意げに語った。シャロン首相は彼らを「攻撃用ヘリに乗せて、イスラエルの観光をさせてくれた」そうだ。

こうしたことからもルパート・マードックがイスラエルの敵でないことは明らかだ。だとすれば、彼の所有するフォックスニュースの論調にも、そうした態度が影響を与えている可能性がある。場合によっては、番組そのものがイスラエルの情報機関の「限定的暴露（リミテッド・ハングアウト）」だったということも考えられるだろう。もしそうであるなら、隠しておかなければならない「本当の」スキャンダルが別に存在することになる。モサドが9・11を事前に知っていたか、あるいは9・11に関わっていた可能性があるわけだ。

CIAとFBIはなぜ動かなかったのか

事実だとすれば穏やかならぬことであるが、これを裏付ける状況証拠も少なくない。そもそも、あれだけ熱心にアメリカの政府を探っていたイスラエルが、アルカイダなどのアメリカ国内の反イスラエル分子に対して同じくらい熱心に取り組んでいたとしても、何の不思議もないだろう。

実際、イスラエルの情報機関員のグループがフロリダのモハメッド・アッタの住居の近くにいたことがわかっており、不自然な数のIスパイがフロリダに集中していた（フロリダ州には

9・11のハイジャック犯の少なくとも一〇名が一時期住んでいた)。さらに、白いバンの「移動者」の一人は、自分と仲間たちは「事件のドキュメントを制作する」つもりだったと証言している。また、前述したようにフォックスニュースと『ワシントンポスト』はともに、イスラエルの情報機関員と9・11の水面下の関わりを示唆する報道を行っている。

一方、CIAとFBIも、9・11の情報を事前につかんでいて何もしなかった可能性がある。『ニューズウィーク』二〇〇一年九月一六日号の記事によると、「ハマスがらみのテロ事件で捜査に協力していたFBIサンディエゴ支局の」情報提供者が、9・11のハイジャック犯の二人と「近い関係」にあったという。この男は二〇〇〇年九月から一二月にかけて、問題の二人と同じ部屋に住んでいた。イスラエルに対する自爆攻撃の多くはこのハマスが黒幕だと考えられており、モサドは当然ながらこの組織にも目をつけている。

海兵隊員二四一名を見殺しにしたモサドの前科

情報員を美術学生や商店街の露店の売り子に化けさせるというのはかなり奇異ではあるが、イスラエルのスパイ網自体は決して珍しいものではない。友好国同士でも、お互いをスパイするのはごくありふれた行為であり、その意味でIスパイが国家安全保障に与えた損害はさほど大きいものではない。実際、過去にはもっと深刻な事例もあった。その一つが、やはりイスラエルがコントロールしていた一九八〇年代の「ポラード海軍スパイ網」だ。Iスパイは、アメリカの官僚や組織の基本情報を収集するルーチンワークだった可能性もある。

しかし、こうした地味なスパイ行為が、より重大な潜入・諜報その他の作戦に発展していくこともままある。また、DEAが標的になっていたことから、モサドが麻薬取引で荒稼ぎをしていた疑いも浮上している。こうした活動で得た金を裏活動の資金にすると都合がいいというのは、CIAがずっと以前に発見したことでもある。

実際、イスラエルの情報機関とアメリカの情報機関の間には、ある種の共存関係もある。評論家のスティーヴン・J・スニーゴスキーによると、「アメリカ政府はイスラエルが国内外で秘密活動を行うことを容認し、奨励すらしている。これはイスラエルの機関がアメリカの国益にかなった仕事を、国内の機関よりも効率的に実行できるからである」という。

イスラエルはアメリカよりも自由にダーティな活動をすることができる。だからこそレーガン政権は、中米での一部の秘密作戦をイスラエルに任せたのだ。メディアを支配している体制寄りのリベラル主義者は、これらの作戦にほとんど注目していない。仮にこれらがアメリカの工作員によって実施されていたなら、彼らは大いに騒ぎ立てたはずだ。

だが、情報の流れは必ずしも双方向とは限らない。元モサド機関員のヴィクター・オストロフスキーは「CIAはモサドに情報を伝えているが、モサドから見返りがあることはほとんどない」と話す。それどころか、「モサドは収集した機密情報は外部に伝えない方針であり、たとえアメリカ国民の人命に関わる情報でも秘匿する」という。

オストロフスキーはその例として、一九八三年にレバノンの米軍基地のバラックにおけるテロ攻撃を挙げている。この攻撃では二四一名の海兵隊員が死亡した。オストロフスキーによると、モサドはこのテロ攻撃の情報を事前に知りながらアメリカに警告しなかった。

なぜか徹底報道されないイスラエル人の不審行動

モサドと9・11との関わりを示すものは他にもある。次に紹介する二つの短い報告記事はほとんど知られていないものだが、これらがもし事実なら状況証拠は大きく補強される。少なくとも、調べて真偽を明らかにする価値はあるだろう。これらの報告記事は、アメリカのメディアが国の情報機関以上の無能ぶりを発揮していた可能性を示唆している。一つ目の記事はメキシコの権威ある日刊紙『クロニカ・デ・ホイ』に二〇〇一年一〇月一二日に掲載されたもので、書き出しから衝撃的な内容となっている。

下院に侵入した二人のイスラエル人が〔メキシコの〕司法長官の取調べを受けている。この二人（一人はすでに帰化済み）は捕まったとき、口径九ミリの拳銃二丁と手投げ弾九個、複数の爆発物と三個の起爆装置、銃弾五八発を所有していた。現在、テロリストや反体制グループと何らかのつながりを持つグループに所属しているかどうかを中心に調べを進めている。

記事は続く。

二人の容疑者はサン・ラザロの立法府施設内にいるところを逮捕された。ベアトリス・パレデス下院議長との話し合いを終えた砂糖生産労働者の団体がロビーに戻って協議をしていたところ、この二人が写真撮影を始めた。

この後、事態はさらに奇妙な展開を見せる。

この行為と、カメラをベルトの下に向けていた異様さが目に留まり、労働者たちは二人に身分を明かすよう求めた。（中略）二人のイスラエル人は、自分たちは報道カメラマンであると説明したが、これを不審に思った労働者たちが二人に詰め寄ったところ、拳銃と殺傷力の高い武器を所持していることが明らかになった。

同紙によると、翌日、メキシコのイスラエル大使館のヒラ・エンジェルハート報道官が事件報道を受けた声明を発表した。彼女は記者に対して電話で、大使館員に「何があったのかを調査させている」と話した。そして「逮捕されたイスラエル人については、すみやかに事態が解決されることを望んでいる」と述べたという。

二〇〇二年一〇月一五日、メキシコのメディアは事態が解決されたと報じた。イスラエル大使館の「強い要請」により二人が釈放されたのである。公式の説明は、彼らが武器の所持を合法的に許可されていたからというものであった。

もう一つの鍵となる情報を、二〇〇二年五月一三日の『フォックスニュース』電子版が伝えている。この記事もカール・キャメロンによるものだ（彼の果敢な報道姿勢には頭が下がる思いである）。記事によると、二〇〇二年五月七日の午前零時を回ったころ、「ワシントン州オークハーバーのホイッドベイアイランド空海軍基地の近くに、バジットレンタカー社のトラックが停まった。その後、このトラックの「シフトレバーからTNT火薬、ハンドルからRDXプラスチック爆薬が検出された」。キャメロンによると運転手は、自分と助手席の相棒は「カリフォルニアから家具を運んできた」と説明したという。「国籍はいずれもイスラエル」で、二人は入国法違反により逮捕された。どこかで聞いたような話だが、記事は二人の取調べが進められていると報じたのみで、その後は続報記事は出ていない。

ニクソンとケント州立大学銃撃事件における陰謀

ケイティ・クレメンチンチ

ケイティ・クレメンチンチは、一九七〇年五月四日に起こったケント州立大学学生銃撃事件が「未解決の国民的トラウマ」だと指摘する。『ナショナル・エグザミナー』誌が選んだ二〇世紀の一〇〇大スキャンダルで五一位にランキングされているこの事件については、米連邦議会議事録にも「陰謀が実行されたことを強く示唆する多くの要因がある」との見方が示されている。クレメンチンチは「ケント州立大で引き金にかけられていた指をたどると、それはニクソン大統領に行き着く」とし、「ニクソンは心中の敵に気づくことなく、他者にそれを見い出そうとした。その結果、ケント州立大の理想に燃えた無辜（むこ）の学生や、ヴェトナムとカンボジアで数百万の人々が犠牲となった」と喝破する。彼女いわく、「安全保障の大義の裏に隠れていたのは精神的に不安を抱えた子供であり、思考に一貫性がなく人の話に耳を傾けることもできないその子供は、空想の世界に逃げ込んだ」のだ。以下に紹介するのは、ケント州立大学の事件と謎多きリチャード・ニクソンについてのたぐいまれな視点による考察である。

*

米国がヴェトナム戦争の渦中にあった一九七〇年四月三〇日、リチャード・ニクソン大統領が全国放送に出演し、戦争を拡大してカンボジアに侵攻する意向を国民に告げた。同年五月四日、オハイオ州兵がケント州立大学の学生たちに向けて発砲。この学生たちは大学構内に州兵がいることに抗議していただけで、武器は所持していなかった。この発砲により学生四人が死亡、九名が負傷した。「ケント州立大銃撃事件」として知られるこの事件は、私たちの記憶のなかではほんの小さな出来事にすぎず、今ではほとんど忘れ去られている。しかし、この事件が暴き出した政治的、心理的影響は今なお消え去ってはいない。

ニクソン大統領はヴェトナムとカンボジアの爆撃の具体的な部分に直接関わっていた。弟のドナルド・ニクソンも「リチャードはいつも計画を立てていた。思いつきで行動することはなかった」と話している（『大統領の人柄（*The Presidential Character*）』）。

スタンリー・カトラーが著書『権力の乱用（*Abuse of Power*）』で紹介した「極秘」メモ（公開極秘文書12958）において、ニクソンはJ・エドガー・フーヴァーFBI長官に対して「何千人ものアメリカ人が我が国の社会を崩壊させようとしている」と嘆き、この「新たな脅威」に対応するため「必要不可欠な情報の正当かつ合理的な収集の促進」という視点に基づいて、情報収集活動を「再評価」するべきだと訴えている。ニクソンはさらに「これにまつわる問題や選択肢について自ら考えたい」とも述べている。

ニクソンが一九七三年五月二三日に言及したのは、おそらくこの文書のことだろう。ニクソンはこの日、アレクサンダー・ヘイグ国務長官に対して「(ヒューストン＝プランの)第一案のなかで(中略)目的達成に必要ならば、違法なものも含めていかなる手段を用いてもかまわないと私が言ったことになっているが、アメリカ大統領がこのようなことを認めるわけにはいかない」と述べている。

この動きには、一九七〇年三月六日にニューヨーク市で起きた「タウンハウス(棟続き住宅)爆発事件」が密接に関わっている。この事件では「ウェザー・アンダーグラウンド」という過激派組織が作っていた爆弾が誤って爆発し、三人が死亡した。この事件や他のグループによる一連の爆弾事件や暴行事件が、抗議運動が一線を越えて暴力的な段階に達したとの印象を与えたのである。

ヒューストン＝プランとウォーターゲート

一九七〇年三月二五日、ホワイトハウスでバド・クローグがトム・ヒューストンに送った内部メモがある。このメモには「ウェザーメン(ウェザー・アンダーグラウンド)」という過激派に関する文書が付属しており、トム・ヒューストンの「マスタープラン」にシークレットサービスを組み込む旨が記されていた。当時はすでに、暴力に暴力で応じることを正当化することが可能な状況にあった。トム・ヒューストンがバド・クローグに宛てた国内の治安に関するホワイトハウス「極秘」メモが最近公開されたが、一九七〇年三月二〇日付けのこのメモには、「高まりつつあるアメリカ国内の脅威」に対応するため、FBIやCIA、国家安全保障局、国防諜報局を横断するチームのことが書かれていた（これが後に「ヒューストン＝プラン」と呼ばれることになる）。トム・ヒューストンはこのメモのなかで、一九七〇年五月一日を最終報告期限として「具体的なプラン」を提出すると述べている。

また、ドワイト・チャピンがH・R・ホールドマンに宛てた一九七〇年四月二四日付けのメモでは、この最終報告に関する話し合いに、J・エドガー・フーヴァーFBI長官、トム・ヒューストン、H・R・ホールドマン、ジョン・アーリックマン、リチャード・ヘルムズCIA長官らが出席することが示唆されている。

ヒューストン＝プランには、盗聴、左翼グループへの潜入活動の強化、電子的監視、情報提供者の活用などが盛り込まれていた。最近公開されたこれらの文書は、ヒューストン＝プランが始動したのがニクソンの多くの伝記で伝えられているように一九七〇年六月五日ではなく、ケント州立大銃撃事件の前にあたる同年三月であった可能性を示唆している。一九七三年五月にウォーターゲート・スキャンダルが明らかになると、ニクソンと関係者は「ヒューストン＝プランやウォーターゲートの窃盗事件が国内の反体制分子と戦うために必要であった」と主張した。ウォーターゲートの公聴会では、ウォーターゲート窃盗事件に関与し、過激派学生の誘拐を提案したG・ゴードン・リディがCIAと関わっていたといった重要な事実は公表されなかった。

一九七三年五月一六日、ニクソンがホワイトハウスの顧問弁護士J・フレッド・バザートとヒューストン＝プランをウォーターゲートの言い訳にする算段を話し合っていたときに、ヘイグ国務長官はヒューストン＝プランが生まれた背景に触れている。当時は「カンボジアの直後であり、市街で暴動が起こっていた」とヘイグが言うと、バザートは次のように述べた。「カンボジアの直後で、ちょうどケント州立大の事件があった」。バザートはさらに、ダニエル・エルズバーグが精神科医の診療室に侵入したことはヒューストン＝プランで正当化できると主張している。「診療室のことを、あれ（ヒューストン＝プラン）にからめて正当化することを考えるべきです。（中略）重大な情報漏れがあって、安全保障が脅威にさらされていた。そのことと結びつけてしまいましょう、大統領。全部その線で説明してしまうのです。別々に弁明するよりその方がいい。ひっくるめて処理できないか考えてみるべきですよ」

一九七三年五月一六日のこのやりとりは、一九七〇年五月のケント州立大の事件とヒューストン＝プランをウォーターゲートの正当化に利用するという発想がニクソンの頭の中にあったことを示すものだ。カトラーの『権力の乱用』によると、アレクサンダー・ヘイグが「一九七〇年の五月ならうってつけだ」と言ったのに対して、ニクソンは「あれ（ヒューストン＝プラン）は単なる行動計画だった。もともとは緊急対策だ」と応じている。ヘイグが「それに大学で学生が殺される事件があった」と述べると、ニクソンは「そこだよ。向こうは大統領を罷免する口実にしてくるだろう」と指摘している。

ニクソンはさらに、カンボジア侵攻とメーデー、ケント州立大の事件、ヒューストン＝プランを結びつける。「カンボジアが（一九七〇年に）あった。それにメーデー。暴動鎮圧のために組織が作ったプランを国民が歓迎するとは思えない」。そして一九七三年五月一六日、ニクソンはヘイグとバザートにこんなことを言っている。「大統領が一九七〇年に大胆な活動を承認した（中略）、その一環として窃盗事件や盗聴その他が起こった」

ニクソンに最も近かった補佐官の辞任とウォーターゲート事件に関して、あるホワイトハウス顧問はこんなことを言っている。「（ニクソンにとって）二つの点を結ぶ最短距離が四つの死体だった」（ヒューズ『ニューヨークタイムズマガジン』一九七四年六月九日号）。これはニクソンに最も近かった補佐官がウォーターゲート・スキャンダルでニクソンの身代わりとなって辞任したことに関するコメントだが、ケント州立大で殺害された四人の学生のことを指しているとも取れる。どちらもある意味、〝犠牲〟となったのだ。

二人の弟を結核で亡くしているリチャード・ニクソンは、それによって〝死〟を学んだはずだ。ケネディ兄弟の暗殺からも〝死〟を学んだことだろう。国家権力の乱用によりケント州立大で四人の学生が犠牲になり、学生の暴動が終結して他の反体制活動が地下に潜るきっかけとなった事件からも、やはり学ぶところがあったはずだ。あの銃撃は、文字通りの意味でも象徴的な意味においても、反戦運動の志を打ち砕くためのものであった。その後の偽善的儀式では犠牲者の精神までもが打ち砕かれている。ハル・ドーランドが個人声明で指摘したように、全世界に知られることとなった一三秒間の政治テロにおいて「学生の反乱を鎮圧する暴虐的計画が実行に移され、効果を上げた」のである。「これは国内のファシズムにほかならない」とハルは警告している。

ロックフェラー一族の「遺伝的極悪非道性向」

一九七〇年五月四日、「ブランケット・ヒル」と呼ばれていたケント州立大学構内の丘にオハイオ州兵が配置された。州兵は標的から六メートルの高さの場所で、抗議活動に参加していた学生や、駐車場とその周辺にたむろしていた学生たちに向けて発砲した。警告は一切なかった。一発の銃声が響き、それに対して一斉に射撃が浴びせられたという。まさに虐殺であったが、事件はうやむやになり、誰も殺人罪に問われることはなかった。これはよくある筋書きである。典型的なロックフェラー・スタイルの反乱鎮圧で、集団をコントロールする効果的な手法なのだ。

ピーター・コリアとデヴィッド・ホロウィッツが執筆したロックフェラーの伝記『ロックフェラー家――アメリカの名門（*The Rockefellers : An American Dynasty*）』には、コロラド州ラドローで起こった鉱夫ストライキのことが描かれている。テントを設営してストライキを始めたジュニア・ロックフェラー所有のコロラド燃料鉄鋼社の鉱夫たちに対し、一九一四年四月二〇日、投入された州兵部隊が高台からぼろぼろのテントに向けて機関銃を乱射した。発砲があったので応戦したと当局は弁明したが、この銃撃により女性と子供を含む四〇名が亡くなった。この虐殺事件のちょうど一カ月前、ジュニア・ロックフェラーはワシントンで開かれた鉱山・採掘下院委員会において、劣悪な労働環境とストライキの激化を理由に採掘キャンプを閉鎖することはありえず、従業員が全員死亡したとしても仕方がないとの立場を名言し、それが「大いなる原則」であると述べていた。

一九七一年九月一四日には、ニューヨーク州北部のアッティカ刑務所で起こった囚人暴動の鎮圧のため、何の警告もなくヘリコプターが中庭に大量の催涙ガスを撒いた。そしてこれを合図に、州警察の狙撃要員たちが上方から中庭に閉じ込められた囚人に向けて発砲、さらに州警察と刑務官の突撃部隊数百名が六分間にわたって一斉射撃を行った。これにより囚人四三名が死亡し八〇名が負傷、アメリカで起こった一日の戦闘としては南北戦争以来の血なまぐさい結果となった。もっとも、一方だけが銃器武装していたことを考えると、この事件を「戦闘」と呼ぶのは無理があるかもしれない。

コリアによると、ネルソン・ロックフェラーの義理の息子にあたるトム・モーガンは、この事件についてこんな見方を示している。「アッティカはロックフェラーの象徴的な対応だ。彼は〝リベラル〟な対応の余地がなくなるまで事態を静観し、もうどうしようもないというところで強硬手段に打って出る。しかし実際は最初から強硬手段が目的なのだ」。そして当のロックフェラーは、アッティカについて語った際に、虐殺を政治的、象徴的に利用することについてこう述べている。「近視眼的に見るのではなく、社会に対して何をしているかという、より大きな視点で見る必要がある」

アッティカの事件では六一名の囚人が罪を問われた一方で、州警察や刑務官は一切罪を問われなかった。一九七〇年五月四日のケント州立大の事件でも、学生二五名が罪を問われたのに対し、州兵で罪を問われたのは八名、その八名も結局は無罪となっている。そしてラドローでもアッティカでもケント州立大学でも、引き金となった一発の銃声は鉱夫や囚人、学生の側から発せられたとされている。

米国国立公文書館によると、銃撃事件翌日の一九七〇年五月五日にH・R・ホールドマンが書いた手書きのメモには「狙撃手の話を広める必要がある」と書かれていた。ホールドマンが国民に〝広め〟ようとしていた「狙撃手の話」とは、学生あるいは過激派の誰かが州兵に向かってまず発砲し、それが引き金となって一三秒間の応射が起こったというものである。しかしこの話の証明になるようなものは一切示されていない。

ウィリアム・ゴードン著『オハイオ州の四人の死亡者（*Four Dead in Ohio*）』によると、FBIに雇われていたテリー・ノーマンという内部情報提供者が、自分が発砲したと認めているという（この男は伏せた学生の傍らに立って拳銃を掲げているところを目撃されている）。また、同大学の学生新聞『デイリー・ケント・ステイター』のドン・フレッドによる記事には、ダンバー講堂の屋根の上にライフルを持った男がいるのを見つけた大学保安官が「銃撃の後に屋根に上って、二発のまだ温かい薬莢（やっきょう）を回収した後、一人のFBI捜査官に会った」という証言が紹介されている。回収した薬莢はこの捜査官に持っていかれたという。つまり、狙撃手はいたかもしれないが、それは政府の人間だった可能性があるということだ。

一九一四年にコロラド州ラドローでストライキをした鉱夫が虐殺された事件と、一九七〇年にアッティカ州立刑務所で囚人のデモが鎮圧された事件には、いずれもロックフェラー一族が関わっていたが（前者はジュニア・ロックフェラー、後者はネルソン・ロックフェラー）、ケント州立大の事件にも明らかに同じパターンが見られる。犠牲を厭わない当局の姿勢、狙撃部隊が高所から逃げ場のない標的を狙っていること、発射した人間が特定されない一発の銃声と、それに続く一斉射撃などの共通点があるのである。そして起こった虐殺に対し、責任者や銃撃した者たちは処罰を受けていない。

ルドローでストライキをした鉱夫たちはあの事件によってストが無益だと悟り、アッティカの囚人も劣悪な環境に抗議するとどうなるかを知った。ケント州立大の学生反戦活動家も、戦争を止めることはできないと思い知らされた。

ロックフェラー一族は戦争から大きな利益を得ている。ロックフェラーはアメリカの名門一族であり、極東への投資が利益の半分以上を占めるソコニー・モービルの株式を大量に保有しているのだ。一九六六年、デヴィッド・ロックフェラーはサイゴンにチェース・マンハッタン銀行の支店を開いている。コリアとホロウィッツは「ロックフェラー一族の事業は多くの場合、アメリカの対外政策と一致してきた」と指摘する。

ＪＦＫ暗殺事件を担当したジム・ギャリソン検事は「アメリカの石油・銀行・軍需カルテルは、恐るべき力によってその意志を実現するための機構を実際に作り上げていく」と書いている。我々の社会を牛耳っているさまざまな勢力は、利益に多くの共通点があり、必要に応じて結託して「集中的陰謀」を実行するのだ。ケント州立大の虐殺は、ヴェトナム戦争遂行の脅威となっていた国内の学生デモを抑え込むのが目的だった。そしてこの戦争がストップすることで不利益を被るのは、石油に投資していたロックフェラー一族であった。

石油会社や大銀行はこれまで、東南アジア地域への投資を防衛する意志を露骨に示してきた。ケント州立大の事件の直後は一時的に国内の大学で学生デモが盛り上がったが、その後は思惑通り、学生運動は鎮まっている。イルミナティの専門家であるフリッツ・スプリングマイヤーは「ロックフェラー一族を調べれば、彼らが二〇世紀にアメリカの政治を密かにコントロールしていたことがわかる。この国の政治的決断や方針は、ロックフェラー一族の息のかかった者たちに下された無数の指示の結果だ」と指摘する。そしてハル・ドーランドは、ケント州立大銃撃事件は「デヴィッド・ロックフェラーによるケント州立大学反戦運動簡易処刑」とでも呼ぶべきものだと総括している。

歴代大統領の性癖は「インディアン嫌い」

『西側との対面（*Facing West*）』の著者リチャード・ドリノンは、「インディアン嫌い」という言葉について「英米の拡張の障害となってきた〝野蛮人〟という四百年の歴史を持つ言葉に置き換わる、白人の敵意を示す用語」であると説明している。これをケント州立大銃撃事件に当てはめると、この場合の「拡張」はヴェトナム戦争をカンボジアにまで広げる政策ということになる。

家庭内で虐げられて育った者は、自らが虐げる側になることがある。抵抗できない惨めな子供の立場に立つのではなく、自分を虐げてきた大きな力の側に回ってしまうのである。ニクソンは、祖父のサミュエル・ブレイディ・ニクソンが名前をもらった人物からその性格を引き継いだ可能性がある。その人物とは、インディアンを憎んで狩り続けたサミュエル・ブレイディという有名な大尉だ。

オハイオ州に住んでいたブレイディは生涯を費やしてインディアンへの復讐をし、「知性ある猛禽（もうきん）」との異名を取っていた。アメリカにはこのような人物が、建国者の気概を代弁する存在としてのさばっていたのだ。エドウィン・ホイトの書いたニクソンの伝記によると、このサミュエル・ブレイディは、リチャード・ニクソンの曽祖父にあたるジョージ・ニクソン・シニアと軍隊時代に知り合い、交流を持っていた可能性がある。

クリスチャン・C・キャクラー著『古き開拓民の回想録（*Recollection of an Old Settler*）』（一八七四年刊）によると、ジョージ・ワシントン将軍は一七八〇年、サミュエル・ブレイディをオハイオ領西部保留地の諜報員に任じて政府の偵察者として雇用、その後アメリカの西部辺境に関しても同じ任務を与えた。ブレイディはインディアンに二度捕らわれ、死刑を宣告されている。一七九一年に彼を拘束したインディアンは、オハイオ州サンダスキーで大々的にこれを祝った。ところがブレイディは、火あぶりの刑に処せられる直前に赤ん坊を捕まえて火の中に投げ込み、混乱に乗じて裸のまま遁走（とんそう）する。クヤホガ河に沿ってサンダスキーから一六〇キロメートル逃亡し、ついにケントに逃れたブレイディは、最後に河幅が狭まったところを跳び越えた。その場所は今、「ブレイディズ・リープ（ブレイディが跳んだ場所）」と呼ばれている。

アメリカでは一千万人のインディアンが殺されたと推定されている。一七五四年から六三年まで続いたフランスとインディアンの戦いに参加して訓練を受けたジョージ・ワシントンは、オハイオ渓谷の上流域を中心に多くのインディアン虐殺に加わった。実際インディアンは、彼のことを「赤子殺し」や「町の破壊者」と呼んでいた。また、ワシントンは私信のなかでインディアンを肉食獣になぞらえており、人間扱いしていない。

アンドルー・ジャクソン大統領も、自ら殺した原住民の頭皮を多数保存していた。ウォード・チャーチル著『インディアンは我々か（*Indians Are Us?*）』によると、ジャクソンは、アラバマ州のホースシューベンドにおいて、女性と子供を含むインディアン八〇〇名が切り刻まれた事件の責任者でもあった。この事件で細長く切り取られた肉は、馬の手綱に加工されたという。このような虐殺、人を切り刻んで勝利を祝う行為は、悪魔的カルトの儀式を連想させる。

ニクソンが崇拝していたエイブラハム・リンカーン大統領は、一八六二年にミネソタ州マンカトのサンティ・スー蜂起において、歴代大統領のなかで最も大規模なインディアンの処刑を命じている。リンカーン政権下では、他にも多くのインディアン虐殺が起こった。有名な「シャイアンの虐殺」では、ジョン・M・チヴィントン大佐の指揮で一五〇名を超える女性と子供が殺害されている。大佐はこの虐殺の後、コロラド州デンヴァーで祝勝パレードを行い、犠牲者の頭皮や生首、性器をさらしながら練り歩いたという。また、ニクソン自身がH・R・ホールドマンに語った話によると、リンカーン大統領は南北戦争中に「徴兵忌避者を脅すためにニューヨークの街路に大砲を設置していた」そうである。

ケント州立大学の若者が公衆の面前で儀式的に殺された事件は、アングロサクソン帝国の中心で起こった。そしてこの事件は、ニクソンにとっては悲願の実現にほかならなかった。ケントの町を兵糧（ひょうろう）攻めにし、そこから派生する流れをせきとめることに成功したのである。そして、米国の権力と暴力はいつもそうであるが、ヴェトナム戦争やインディアンとの戦いと同様、この事件においても人の命が利用された。

ホロコーストを逃れたアメリカで殺される

ケント州立大の事件には、リチャード・ニクソンのもう一つの人種憎悪も見え隠れしている。それは「ユダヤ人に対する憎悪」だ。ユダヤ人はケント州立大学の学生の二%にすぎなかったが、殺された四人のうち三人はユダヤ人だった。アリソン・クラウゼとジェフリー・ミラー、サンドラ・ショイアーの両親は、ナチス・ドイツのホロコーストを逃れるためにやってきた新天地で、別のホロコースト（生け贄の儀式と言ってもいいだろう）によって子供を奪われたのである。ジェームズ・ミッチェナーはこの事件についてこんなことを言っている。「ケント州立大を訪れた者は、そのうち誰かからこんなことを耳打ちされる。『殺された四人のうち三人がユダヤ人だったのは知ってると思うけど、あれは偶然じゃない……』」。殺されたケント州立大学の学生は「インディアンの後釜」であり、新たな人種憎悪の標的だったのだ。

スティーヴン・アンブローズ著『ニクソン――政治家の勝利（*Nixon: Triumph of a Politician*）』は、ニクソンの心は偏執的でバランスを欠いており、それがより具体的な標的を選ばせたと指摘する。またジョン・アーリックマンは「ニクソンはユダヤ人の反逆者や東方ユダヤ体制――ハーバードのユダヤ人について話すだろう」と話している。

ウッドワード、バーンスタイン共著『最後の日々』（邦訳：立風書房刊）によると、ニクソンは最も近い補佐官に「ユダヤ人の秘密結社が私を狙っている」とよく話していたという。殺害されるユダヤ人が七五％になる確率は、数学的には三万二一八九分の一である。アリソン・クラウゼの高校時代の教師リチャード・ジャウォースキー（故人）は、一九九四年の筆者の取材に対して「ニクソンはユダヤ人を憎んでいた。そしてユダヤ人が殺された」と述べている。

なぜケント州立大でユダヤ人が標的とされたのか。ジャウォースキーによると「カメラマンを装ったおとり工作員が学生と州兵の間を行き来していた」という。これを裏付けるように、「銃撃の数分前にカメラマンに化けたＦＢＩの情報提供者テリー・ノーマンが、フットボール練習場で州兵と身を寄せるようにしていた」という記録文書が残っている。このノーマンという男は、ケント州立大学に在籍し、前年に過激派として活動していたとされる。ジャウォースキーは、ノーマンは活動家の学生たちと面識があり、ユダヤ人学生を州兵に密告することが可能だったと指摘している。

アリソン・クラウゼの死後、遺族には多数の手紙が送り付けられた。エール大学資料館のケント州立大学資料集にはこれらのユダヤ人差別に基づく手紙の多くが保管されている。これらの手紙は、学生が射殺された事件を多くのアメリカ国民が正しかったと考え、ユダヤ人に対するニクソンの憎しみを共有していることを示すものだ。アリソン・クラウゼの両親に宛てられたある手紙には「あなたに娘がいたのが残念だという人が多いですが、私もその一人です」と書かれており、別の手紙には「ジューデンさん。これでアメリカにシオニストの扇動家の居場所がないということがあなたにもわかっただろう」と記されていた。また、すべてのアメリカ人の親より、という匿名の手紙には「あんたが育てた娘は犠牲になる運命だった」と書かれていた。ジェフリー・ミラーの母親には、卑猥な電話がかかってきたり、汚物の塗りたくられた手紙が届いたりしたという。

ニクソンが発した「プログラミングされた思想」

ニクソンは、「ケント州立大銃撃事件後の日々が大統領時代で最もつらかった」と後に書いている。学生を死なせてしまうという取り返しのつかない行為への後悔にさいなまれたようだ。四人の若者の死は、ニクソンに過去の死のトラウマを呼び起こし、自殺願望につながった（フォーン・ブロディー著『リチャード・ニクソンの人格形成(*Richard Nixon: The Shaping of His Character*)』)。

筆跡鑑定の専門家エレイン・センコーは、一九七〇年五月六日にニクソンが書いた手紙を次のように分析している。「過去の辛い思い出や不愉快な記憶を追い払おうとしていました。自尊心を打ち砕かれ、責任を感じていましたが、その罪悪感から逃れたいがために怒りの感情にすがっていたのです。人々と向き合うことを避け、国民とその批判に背を向けていました」(センコーへの筆者の取材より)

敵を排除することで得られたのは、束の間の満足に過ぎなかった。ニクソンはこの事件で、自分自身の一部をも殺してしまったのである。彼は当初、自らの信念の正しさを確かめようとしていた。ニクソン自身の『回顧録』には、ケント州立大銃撃事件の公聴会で補佐官のホールドマンに「死んだのか?」と尋ねたと記されている。

当時ニクソンを診ていた精神科医アーノルド・ハッチネッカーは、ニクソンが「神経衰弱」に陥っていたと証言する。一九七〇年五月九日の午前四時に事件の報告で眠りを覚まされたニクソンは、午後九時二二分から翌午前四時二二分までのあいだに外部に向けて五〇本の電話をかけてから、ホワイトハウスの「リンカーンの間」に移動した。電話の一本は『リーダーズダイジェスト』の編集者宛てで、ジェームズ・ミッチェナーにケント州立大がらみの記事を書かせるので同誌に連載してくれないかという依頼の電話だった。これは銃撃を偶発事故のように見せかけるのが目的であった。当時の心境について、ニクソン自身も不安で動揺していたと述べているが、このような不安定な心理状態が、彼を、銃撃事件に抗議するデモ隊がいたリンカーン記念館に向かわせたのだろう。

ハッチネッカーによると、このときニクソンの心にあったのは「罪の意識――ただそれだけ」であった。筆跡鑑定家のセンコーは「現在と過去の罪の意識が混在しています。何年も前に似たようなことがあったのかもしれません。（ケント州立大学で）起こったことについて無意識に責任を感じていたのです」と分析する。

眠ることもままならなかったニクソンは、リンカーン記念館におもむいた。この場所は彼にとってリンカーンを祀る寺院のようなもので、神聖な魂が宿っているように感じていた。ニクソンはその記念館で若い学生たちに会う。銃撃で亡くなった犠牲者とさして変わりないように思える彼らに、ニクソンは旅行やサーフィンの話をして「心を通じ合わせ」ようとした。しかし、学生たちは他の人々と同様に彼の表面的な態度を拒絶する。ニクソンは、君たちが何を思い、どう感じているかは私もわかっていると言い、自分は「最低の人間」だという趣旨のことをほのめかして、ヴェトナム戦争の弁解を始めた。

ブルース・マズリッチ著『ニクソンを探る（*In search of Nixon*）』には、その日ニクソンに会ったロニー・ケンパーという一九歳の青年の証言が載っている。「恐ろしげな空気が漂っていて、本当に大統領本人なのか手で触れて確かめたくなりました」

ある学生新聞はニクソンのことを「仮面を着けているようだった。厚く化粧をし、おびえて落ち着かない様子で、霧の中にでもいるかのように（中略）眼がうつろににごっていた」と書いている。そしてニクソンは、人生の不可思議やフリーメーソンの教義を思わせる言葉を口にした。おそらく、自分自身がプログラムされた考えを、目の前の者たちに植え付けようとしたのだろう。エレイン・センコーはこのときのニクソンについて「逃げ場を探していました。（中略）幼児退行し、母親のような存在に助けを求めていたのです」と分析する。

一方、ハーバート・パーメット著『リチャード・ニクソンと彼のアメリカ（*Richard Nixon and His America*）』は、リンカーン記念館でニクソンが若者たちのことをどう思っていたかは、彼自身のこんな言葉に表れているとする。「彼ら（学生たち）が迷い込んでいた惨めな知性の荒野から助け出そうとした」。こちらのほうがニクソンの本音だったというわけだ。H・R・ホールドマンも、記念館の出来事の直後にこんなことを書き記している。「青年たちのことだが——自分で自分を苦しめる自己憐憫（れんびん）から救い、現実を教える」。しかし、ハッチネッカー医師はこれを「完全なナチスの発想。私はナチス・ドイツを身をもって知っているからわかる」と一蹴する。

一九六九年五月一三日付け米連邦議会議事録には、ニクソンが世界の指導者として示した資質は、イデオロギー犯罪者のそれであったという見解が示されている。「彼は政治的目的のために法を犯す。破壊的行為によって、より良い世界を構築できるという幻想に突き動かされ、独善に陥っている」

目前に迫っていたヴェトナムへの原爆投下

筆跡鑑定家のセンコーはケント州立大銃撃事件の二日後のニクソンについて、「人を苦しめるようなこともする。（中略）プレッシャーを感じれば暴力的手段にも出る状態。独善にも陥りやすかった」と指摘する。独善とは、自分の動機が純粋なものであるという信念に極端に偏った状態であるが、これに陥った者はやがて非情な態度に出る。人間の幼児性に関する研究者であるジョン・ブラッドショーも、「独善のあとは、悪しき行動に向かうのは時間の問題」という。マズリッチいわく、リチャード・ニクソンは「白人革命」の信奉者であり「過激な手段、革命的手段を用いて保守的な目的を遂行しようと」していたのである。ニクソンは自著『ニクソン　わが生涯の戦い』(邦訳：文藝春秋刊)のなかで「我々は、歴史に登場した侵略者がほぼ例外なく、平和が目的であると語っていた事実を記憶に留めておく必要がある。この平和とは、彼らに都合の良い解釈の平和だった」と書いているが、これは無意識に自分のことを語っていたのかもしれない。

ニクソンは、「(ヴェトナム)戦争を終わらせる秘密の計画」を持っていた。これは公にはなっておらず議会でも明らかにされなかったが、その実態は、第二次世界大戦の終わりに日本の広島と長崎に投下したような原爆をヴェトナムに複数発落とし、何万人もの人々を蒸発させるという懲罰的手段に出ることだった。ハル・ドーランドは「ニクソンは精神に異常を来たすことがあり、核戦争を起こす権限を持っているので冷や冷やした。核兵器使用の意思がほぼ固まっていたところに、一九七九年一〇月一五日と一一月一五日にワシントン市でデモがあり、これに動揺して計画を撤回した」と話している。

ケント州立大学で殺された学生のうち、アリソン・クラウゼとジェフリー・ミラーの二人は、このデモにも参加していた。ドーランドは、戦争に反対する努力が無駄だという無力感に陥ったと話しているが、彼らも同じ感覚を共有していたことだろう。ドーランドはこれらのデモについて「両方のデモに参加したが、終わったあとは徒労感だけが残った。ずっと後になってから、いろいろなことがわかってきた」と述懐している。

この事実からニクソンの心理状態を推測することは可能であろうか。「少なくともニクソンが時おり、精神に異常を来たしていたのは確かだ。（中略）三人の精神科医が二四時間対応できる態勢が整えられていた」。デヴィッド・エイブラハムゼン医師は著書『ニクソン対ニクソン――心の悲劇（*Nixon vs. Nixon : An Emotional Tragedy*）』のなかで、ニクソンは精神病に罹っていたと述べている。これは、利己的態度と反社会的行動を特長とする精神障害である。ニクソンはウォーターゲート・スキャンダルが幕を閉じようとしていた政権末期、「涙を流し、足元もおぼつかず、理性を失って酒に溺れていた。（中略）苛立ち、激昂していた」という（ジェームズ・D・バーバー）。ヒトラーと同じように、自殺願望にもとらわれていた。ハル・ドーランドは「自殺させようとする人間も多かった。（中略）政治家としてのニクソンは、サディズムとマゾヒズムの間を揺れ動いていたように思える」と述べている。

ウォーターゲートの盗聴テープで明らかになったリチャード・ニクソンは、彼に近いある人物が知っている人間とは大きくかけはなれていた。話し方そのものが違っていたという。ウッドワードとバーンスタインによると、テープのなかのニクソンは「ぶつぶつ言い、最後まで言い終えず、思考も定まらなかった。いきなりあることを話し始めたかと思うと、最後にはまるで別のことを話していた」

ニクソンの国内問題首席補佐官であったアーサー・バーンズは、「テープでは今まで聞いたこともないような『腰抜け』や『ぶちまける』等の言葉を使い、正しい英語を使って明瞭かつ断固とした話し方をするニクソンにはちょっと考えにくいしゃべり方だった」と証言している。

話し合いの場では理性的な話し方をし、それが終わると支離滅裂な言葉を発していたわけだ。あるいは彼の二面性が、人前では理性的にふるまうのを助けていたのかもしれない。

全米にテレビ中継されたホワイトハウスのスタッフへの別れの挨拶では、その理性をほとんど失いかける場面も見られた。ニクソンは、金、父親、母親、兄弟と、とりとめなく話題を変え、果ては彼の人生最大のテーマである死を語りだした。彼はホワイトハウスで独り、壁に並ぶ写真に向かってそんなふうにスピーチを行っていたのだ。

闇と恐怖に心を売り渡した大統領

自己弁護と秘密主義、消極的態度と悪徳行為の衣の下にいたのは、強大な闇の力の手先として、混沌や不秩序、死をもたらすのにうってつけの傀儡(かいらい)であった。ニクソンは一九七二年に「リーダーシップはそれ自体は道徳的に中立だ。善のためにも悪のためにも用いることができる」と書いている(『ニューズウィーク』一九九四年五月二日号)。ニクソンの精神的アドバイザーだったビリー・グレアムは、ニクソンは「睡眠薬と悪魔」の影響下にあったと指摘する。「明らかに悪魔的な力が働いていた。(中略)歴史を通じて、薬物と悪魔は常に結び付いている」(フォーン・マッケイ・ブロディー)。

筆跡鑑定家のセンコーは「人の言葉の影響を受けて行動する可能性がありました。他者の影響を受けていたことも考えられます」と分析する。また、ジョン・ミッチェルは一九六九年に「彼はプログラムされ、大統領に仕立て上げられた」と述べており、ハッチネッカー医師も「ニクソンは私に『自分は党に言われたことをやっている』と言った」と証言している。一九六〇年代後半に制作された『リチャード』という映画でも、ニクソンを政治に引き込んだ政界の陰の実力者たちによって彼がプログラムされたことが暗示されている。

ニクソンは自己と他者の間に明確な境界を持てず、本当の「自分」というものがなかった。これは機能不全に陥った家庭に育ったアダルト・チルドレンに典型的に見られる状態である。ニクソンの伝記の著者であるデヴィッド・エイブラハムゼンは、ニクソンの人格には核になるものが存在せず、空白状態であったと説明している。東南アジアで行われた史上空前の爆撃は、闇と恐怖に心を売り渡した大統領によって遂行されたのである。

ケント州立大学がもたらした渦

過激な学生運動の終わりをもたらしたケント州立大学の事件は、ニクソン政権の終焉（しゅうえん）を告げる出来事でもあった。ニクソンに最も近かった補佐官H・R・ホールドマンによると、一九七〇年五月は「ウォーターゲートへの下り坂の始まり」だった。カンボジアへの侵攻とケント州立大の事件はマスコミや議会の激しい非難を呼んだが、ニクソンは逮捕されるまで、事件で用いたような卑劣な手法に頼り続けている。

一九七三年三月二一日のホワイトハウスの盗聴テープで、ニクソンはウォーターゲートの侵入者たちに対して口止め料として一〇〇万ドルを払う旨の話をしている。これは、クラウゼの遺族にケント州立大学の事件の映画化の放棄と引き換えに一〇〇万ドルを提示したのとそっくりだ。ウォーターゲートは、ニクソンがヴェトナムやカンボジア、ケント州立大の事件で流した血の代償だったのである。そして最終的には、ニクソンは自分自身をウォーターゲートの生け贄として捧げなければならなかった。それが、アメリカ大統領初の辞任劇にほかならない。ニクソンは『私は彼らに剣を渡した（*I Gave Them a Sword*）』のなかでデヴィッド・フロストにこう述べている。「私はヴェトナムの死傷者の一人だった。最後の一人と言ってもいいかもしれない」

ニクソンは死ぬまでケント州立大学に固執し続け、あの事件の真相が広まることに神経をとがらせていた。プリンストン大学に建てられたエリック・シーガル作の像についても、友人のイヴァン・ボエスキーに金を払わせている。クラウゼの遺族に宛てたニクソンの手紙について、筆跡鑑定家エレイン・センコーはこう分析する。「（ニクソンは）自分が将来置かれる状況について画策していたのでしょう、ずっと先のことを。隠蔽（いんぺい）と似たようなものです」

ケント州立大学で犠牲になった若者たちは、声も権力も持たない〝物〟とみなされていた。彼らは下層階級を代表する存在でもあった。米連邦議会議事録には次のように書かれている。「四人の人間の命が不当に奪われたというだけでなく、おそらくあの事件は故意であった。ずっと昔に罰せられてしかるべきだったとみなしていた〝階級〟の人々に対する私的な敵意を満足させるため、制服と匿名、言い訳の嘘を隠れ蓑にした者たちによって意図的に殺されたのだ」

リチャード・ニクソンが私たちに残したのは、大統領を選ぶ投票では慎重の上にも慎重を重ねるべきだという教訓である。作家ゴア・ヴィダルも「我々はニクソンであり、ニクソンは我々だ」と述べている。民衆は、自分たちが感じている敵意を具体化し、自分たちが聞きたいことを言ってくれる指導者を求めるものだ。不完全な家族の遺産である虐待や近親相姦、暴力、弾圧は、元をたどれば始祖にまでさかのぼり、未来永劫にわたって受け継がれてゆく。そしてそれらは、抑圧と否定、解離という形でもたらされるのである。

ケント州立大で引き金にかけられていた指をたどると、それはニクソンに行き着く。ニクソンは心中の敵に気づくことなく、他者にそれを見い出そうとした。その結果、ケント州立大の理想に燃えた無辜の学生や、ヴェトナムとカンボジアで数百万の人々が犠牲となった。

バーバーによると、ニクソンはかつてこんなことを言っていたという。「いずれ、しかるべき場所で、地べたにひれ伏せさせてやる。足で踏みつけて、かかとをねじ込んでくれる。（中略）容赦はしない」。安全保障の大義の裏に隠れていたのは精神的に不安を抱えた子供であり、思考に一貫性がなく人の話に耳を傾けることもできないその子供は、空想の世界に逃げ込んだ。それまでの人生でそうしてきたように、大統領職でも殻に閉じこもったのだ。ニクソンは聡明な政治家だったが、その人格は空虚で、モラルが存在していなかった可能性がある。一九九四年に他界したニクソンは、やがて別の形で復活を遂げるだろう。私たちの生きる世界は彼のような人間を作り出してゆくし、私たちの社会そのものが彼の同類を求めているのだ。

『ナショナル・エグザミナー』誌の一九九九年一二月二八日号は、二〇世紀の一〇〇大スキャンダルの五一位にケント州立大銃撃事件を選んだ。国民的トラウマを生み出したこの事件が圧殺された結果、さらに多くの問題が生まれて尾を引くことになった。四人が殺され、殺した側が一切罰せられなかったこの事件の中心には、老人が若者に対して密かに抱く敵意が横たわっている。それは、若者は戦争の捨て駒であり、意のままに虐待し、陵辱し、殺害してもかまわないのだという妄想にほかならない。スコット・ペックはベストセラーとなった著書『平気でうそをつく人たち――虚偽と邪悪の心理学』（邦訳：草思社刊）のなかで、「悪とは、殺害の形態の一つである」と述べている。「悪が殺しと関わっているというのは、肉体的な殺害のことだけを言っているわけではない。心を殺すのもまた悪なのだ」

殺された者たちは、特定の目的のために犠牲にされたのであろうか。元活動家やジャーナリスト、政府関係者、歴史家たちが口をそろえて言うのは「ケント州立大の事件は、若者の集団抗議の一つの時代の終わりを記すものであり、社会の急激な再構築への大衆の情熱が失われたことを告げるものだった」ということだ（スージー・エレンリッチ編『ヴェトナム世代（*Vietnam Generation*）』）。一九七〇年に表面化した「心の圧殺」は、ヴェトナム戦争反対運動に終止符を打つ一方で、芸術におけるポストモダン時代の幕開けにつながった。二つの大戦を生き延びたユートピア的楽観主義が終焉を迎え、未来に何の希望も持つことのできない時代が始まったのである（マリリン・ストックスタッド『芸術の歴史（*Art History*）』）。ケント州立大学の銃撃で殺されたのは四人の罪なき学生だけではない。一つの世代の心が殺されたのだ。そして、それこそがそもそもの目的だったのである。

より大規模な機能不全家族と言っていい米国の社会は、今なお生け贄を必要とし、反動の声を封殺しようとしている。米連邦議会議事録には「我々の社会に、抗議活動をする学生を憎み、その殺害を肯定するのみならず、もっと多くが射殺されていればよかったと心から願う者たちがいるということを否定するのは、現実を否定することだ。犠牲になったのはアメリカ人であり、虐殺はアメリカの大学で起こった。考えるのさえ忌まわしいこの事件を受け入れることなど、とてもできない」と記され、さらに「一発の銃声に対してすばやく、正確に、多くの州兵が振り向いた。駐車場を意図的に狙い、（中略）そばにいた大勢の学生はあえて無視している。

（中略）これらの事実は陰謀が存在したことを強く示唆するものだ」

ニクソン政権で財務長官を務めた元海兵隊員ジョージ・シュルツは、後にテレビで放映されたケント州立大学の事件の録画映像を見て、音が「斉射」のものだったと証言している。国防省はこの斉射について「多数の銃火器を同じ標的に向かって同時に発射する攻撃法」であると説明している。ニクソン時代にホワイトハウス顧問を務め、演説原稿の作成を担当していたウィリアム・サファイアは、著書『凋落の前（*Before the Fall*）』で、「政府は組織的にデモ参加者の一部を処刑する命令を出し、実行させた」と述べている。

ヴェトナムで若者たちが殺されなければならなかった理由は、今なお明らかにされてはいない。ケント州立大学で若者が犠牲になった理由についても、私たちは未だに向き合うことはできていない。陰謀の責任者は誰で、誰がそれを支持したのか。ハル・ドーランドは「もうそろそろ真実を教えてもらってもいいころだ」と話す。ケント州立大学の事件を終結させ、犯罪の全貌を明らかにするときが来たのだ。私たちは、嘘と憶測に訣別しなければならない。

ドーランドは言う。「事件で生まれた大きな怒りのうねりは、今に至るまで消えることなく続いている」

秘密と抑圧の科学

第二部

科学的独裁制の支配――ダーウィニズムの起源

フィリップ・ダレル・コリンズ

古代から現代への移り変わりに伴って、宗教的権力体制は「知識」の支配、つまり「科学の独裁」体制へと変化した。支配階級は巧妙かつ機敏に科学を掌握し、それを大衆に対する「認識論的武器」として利用した。本稿は、こうした「科学的独裁制」の歴史背景が陰謀であることを明らかにしている。ダーウィンの進化論をめぐって計画され、緻密に進められてきたこの陰謀の基盤は、フリーメーソンにあるという。

*

ダニエル・プーズナーは『現代政治権力の構造（*The Architecture of Modern Political Power*）』のなかで、エリートが権力を維持するために用いる手法をいくつか挙げている。その一つが、

「知識を完全に支配することである。これは制度として認められた学問を、物事の真の理解への唯一の手段として提供することによって行われる」。つまり、支配階級は権力によって人間の知識を惑わし、個人の理性を妨げようとするのだ。こうした知識の抑圧による支配は、著者不明の文書『静かなる戦争のための沈黙の兵器（*Silent Weapons for Quiet Wars*）』でも繰り返し言及されている。

エネルギーは地球上のすべての活動の鍵とされている。自然科学は自然のエネルギー源を研究し、それを支配するための学問である。社会学（建前としては経済学と呼ばれる）は、社会のエネルギー源を研究し、それを支配するための学問である。しかし、実態はどちらも帳簿のシステムにほかならない。数学は、エネルギーの基礎科学である。そして、もし大衆がその帳簿の手法に無知であれば、帳簿係は王になれる。そもそも学問は目的に対する手段にすぎない。その手段とは知識であり、目的とは支配である。

（ジム・キース『秘密と抑圧（*Secret and Suppressed*）』より）

知識を支配する者がこの世を自由に動かす

science（サイエンス）（学問）という言葉は、「知ること」を意味するラテン語のscientiaに由来する。認識論は知識の本質や根源についての学問である。だとすれば、制度として認められた学問を通して知識を独占するエリートは、「認識論のカルテル」と言えないだろうか。支配階級は「帳簿係」（自然科学者や社会学者）を買収する。一方、大衆は「帳簿係」を崇拝するだけで、「帳簿の手法に無知」のままだ。『静かなる戦争のための沈黙の兵器』の知られざる著者は、これを見事に要約している。「その手段とは知識であり、目的とは支配である。これ以外のもう一つのポイントは、誰がその恩恵を受けるかということだ」（キース『秘密と抑圧』）。『文明の危機：すばらしい新世界再訪』（邦訳：雄渾社刊）で、オルダス・ハクスリーはこの認識論のカルテルについて簡潔に表現している。

かつての独裁者たちが失脚したのは、臣民に十分な食べ物や娯楽、奇跡や神秘を与えられなかったからだ。科学的独裁制の下では、教育が実によく機能する。ほとんど誰もが自らの奴隷状態を愛するようになり、決して革命を夢見たりしない。徹底した科学的独裁制が打倒されるべき理由は見当たらない。

エリートたちの最終目標とは、独断で選ばれた「知識」の解説者による寡頭政治であり、ハクスリーの言う「科学的独裁制」である。二〇世紀の科学的独裁制はどのように始まったのだろう。それまでの支配階級は、太陽崇拝に代表される神秘的信仰によって大衆を支配してきた。しかし、二〇世紀はそうではない。ジム・キースは『イルミナティの受け皿（*Saucers of the Illuminati*）』のなかで、太陽神権政治から科学的神権政治への転換を示している。科学的神権政治では、僧侶や儀式に代わって、「帳簿係」や「帳簿の手法」という新しい体制が社会を支配する。キースは次のように述べている。

太陽崇拝ないし月崇拝の人気が失われると、「科学者たち」は急いで体制のたるみを直そうとした。彼らのプロパガンダによれば、宇宙の物理的法則が物事の根源的要因とされた。そして当然のことながら、こうした物理的法則は科学の（イルミナティの）エリートだけにしか理解できないとされた。

（キース『イルミナティの受け皿』）

ただ、知識をめぐるこうした新しい体制は、それまでの宗教体制と変わらず神秘主義的なものだ。現代の科学は経験論に基礎を置き、すべての知識は五感によってのみ得られると考えている。しかし、経験論だけに頼るアプローチでは、原因は抽象的な空想の領域に委ねられ、科学は莫大な選択肢を抱えることになる。我々は物事の本当の原因を知っているとは言えない。時間的な長さや空間的な近さは明らかでも、因果関係は明らかではない。因果関係を明らかにすることは科学では不可能だ。AをBの原因と考えたとしても、それはただ状況から並べ置かれたものにすぎない。はっきりした原因がない以上、科学者の発見は何でも鵜呑みにされてしまう。徹底した経験論の枠組みの下では、我々は推察することしかできないのである。このように、科学であれ、宗教であれ、エリートたちはただその形式を取り替えただけで、体制の中身は同じ神秘主義なのである。

冒頭のプーズナーの言葉に戻ると、「知識の完全な支配」は、「制度として認められた学問」を広めることによって実現される。つまり、エリートはその認識論的支配を確実にするために、二つの条件を満たさなければならなかった。一つは、彼らの要求に見合うように設計された学問、もう一つは、それを認可・普及させるための制度である。

英国王立協会とフリーメーソンの目的

エリートたちの新しい体制の起源は英国王立協会にある。王立協会の創設メンバーはいずれもフリーメーソン会員であった。マイケル・ベイジェント、リチャード・リー、ヘンリー・リンカーン共著『レンヌ＝ル＝シャトーの謎――イエスの血脈と聖杯伝説』（邦訳：柏書房刊）には次のような説明がある。

この王立協会の創設会員は、実質的に全員がフリーメーソンである。したがって、王立協会自体は、少なくともその創設時には、「目に見えない薔薇十字友愛団」に端を発し、アンドレーエのキリスト教同盟を経たフリーメーソン組織であった。

〔訳註：『レンヌ＝ル＝シャトーの謎』林和彦訳より引用〕

ジム・キースによれば、フリーメーソンは「エリートたちの意図を伝えるパイプ役と言われてきた」。王立協会のフリーメーソンはエリートの手先として、認識論的概念を創り直し、プロパガンダを広めることになった。キースは王立協会のその後の役割を簡潔にまとめている。「十七世紀後半の英国王立協会は、後世におけるメディア・コントロールの先駆けだった」

英国王立協会ができる以前、科学（自然現象についての学問）と神学（神についての学問）は切り離せないものだった。両者は別個の学問ではなく、自然の摂理という点で相関関係にあった。ゴトフリート・ヴィルヘルム・ライプニッツは『自然の告白（*Confession of Nature*）』のなかで、科学にとって神は中心的存在であることを示した。ライプニッツによれば、物体の「第一性質」を構成する「大きさ・形・動き」の近因は、「物体の本質には見出せない」という。リンダ・デ・オヨスは科学のジレンマを次のように説明している。

その物体がなぜこの空間を満たし、これ以外の空間は満たさないのかということを考えるとき、科学者は問題に直面する。たとえば、その物体がなぜ三フィート（約九〇センチ）であって、二フィート（約六〇センチ）ではないのか、あるいは、なぜそれが四角であって円ではないのかといったことである。これは物体そのものの性質からは説明できない。四角であろうと円であろうと、その物体の形が特定されないからだ。無形のものに原因を求めようとしない科学者にとって、答えは二つしかない。つまり、その物体がはるか昔から四角だったか、あるいは、別の物体の衝撃によってそうなったかのどちらかである。しかし、「はるか昔から」というのは答えにならない。その物体ははるか昔から丸かったかもしれないからだ。また、もし仮に「別の物体の衝撃」によるとしても、その衝撃が作用する以前、なぜその物体が特定の形を持っている必要があったのかという疑問が残る。この疑問は無限に遡って繰り返される。したがって、物体が特定の形や大きさをしている理由は、物体そのものの性質には見出せないのである。

物体の結びつきや揺るぎのなさについてもこれと同じことが言える。ライプニッツはそこから次のような結論を導き出した。

無形の存在（神）がなければ、物体は特定の形や大きさ、動きを持ち得ない。このことが証明された今、この無形の存在こそが万物の原因であるということが明らかになる。物事の間で調和が取れているのは、無形の存在によって物事が個別に動かされているのではなく、お互いによって動かされているからである。この無形の存在が物事に特定の大きさや形や動きを選ぶのは、それが物事の美しさに関する分別を持ち、物事を命令に従わせる強さを持っているからである。つまり、そうした無形の存在とは、全世界を支配する叡智、すなわち神なのである。（デ・オヨス）

言うまでもなく、この結論は科学的独裁制の原則に反するものだった。彼らの教義においては、「宇宙の物理的法則が物事の根源的要因とされた」からである（キース『イルミナティの受け皿』）。形而上学的自然論（自然を神とする考え方）が崇拝されなければならない一方で、科学の領域では神の存在は邪魔だった。そこで、王立協会は科学と神学を区別し、科学的探究を第一とする立場を守った。

『種の起源』は神を追放する

英国王立協会をプロパガンダの拠点として機能させる一方、エリートは特別に設計された「学問」を正当化する制度を創った。彼らはその「学問」を広める必要があったのである。王立協会の創設メンバーはいずれもフリーメーソン会員だった。ということは、彼らが設計した

「学問」は、それがどんなものであれ、フリーメーソンの教義に基づいていたはずだ。W・L・ウィルムハースト著『フリーメーソン主義の意味（*The Meaning of Masonry*）』には、メーソン的なその新しい「学問」の基礎となる世界観について次のような説明がある。

> これ――人間を超人へと進化させること――は古代の神秘的教義の常なる目的であった。現代のフリーメーソンの目的は、多くの関心を集めている社会事業や慈善事業ではない。彼らの本当の目的は、自らの性質に磨きをかけ、神のような性質に近づかせたいと願う人々の精神的進化を促すことである。また、これは厳格な学問であり、崇高な芸術であって、誰でも実践することができる。言い換えれば、この学問を学び、追究する以外の目的でフリーメーソンに加わることは、その意味を誤解していることになる。

『フリーメーソン主義の意味』の後半で、ウィルムハーストは再びこのテーマに触れている。

> この世に生まれ出た人間が、低レベルな性質の領域から現在の理性的状態へと発展しても、その進化はまだ完成していない。神のような存在となり、神と意識を通じ合わせることによって初めて、イニシエーションが唯一の目的とするものが達成される。

科学から神を追放することで、「神の形に似せて創られた（imago viva Dei）」とされる人間の地位は損なわれた。そこでフリーメーソンは、人間を次第に神へと進化させるという考えを取り入れ、神秘主義的な「生成」の教義を広めようとした。『マッキーのフリーメーソン百科事典（*Mackey's Encyclopedia of Freemasonry*）』によれば、進化の概念を最初に発表したのは、チャールズ・ダーウィンの祖父エラスムス・ダーウィンだという。

エラスムス・ダーウィン博士（一七三一～一八〇二）は、英国で最初に生物進化説を唱えた人物で、その考え方は後に孫のチャールズ・ダーウィン（一八〇九～一八八二）によって「ダーウィン説」としてまとめられ、一八五九年に『種の起源』が発表された。

（ジョン・ダニエル『スカーレットと野獣（*Scarlet and the Beast*）』）

エラスムスは月光協会の創設者だった。イアン・テイラーによれば、月光協会は一七六四年頃から一八〇〇年まで活動し、その多大な影響力は「王立協会の旗印の下、その後も長く続いた」。月光協会という名称は、メンバーらが毎月満月の晩に会合を開いたことに由来する。この組織のメンバーには、蒸気機関で名高いジェームズ・ワット、有名陶器会社の設立者ジョサイア・ウエッジウッド、大砲を製造したジョン・ウィルキンソン、技術者のマシュー・ボールトン、化学者のジョゼフ・プリーストリー、政治家のベンジャミン・フランクリンなど、錚々たる人物が名を連ねていた。この月光協会を始まりとして、エラスムスとフリーメーソンの結びつきが明らかにされる（テイラー）。

興味深いのは、リチャード・コールダーの論文で、月光協会のメンバーに「光の商人」という、実に深遠な名前が付けられていたことだ。これはフランシス・ベーコンの『ニュー・アトランティス』に出てくる架空の組織の呼び名と同じである（テイラー）。陰謀研究家のネスタ・H・ウェブスターは、J・G・フィンデルの『フリーメーソンの歴史（*History of Freemasonry*）』を検証して、次のような意見をまとめた。「フィンデルが率直に認めるところによると、『ニュー・アトランティス』にはフリーメーソンへの紛れもない言及が含まれている。また、ベーコンはメーソンの最終的変化に貢献した」（ウェブスター）。テイラーはさらにこう説明する。

ウェブスターの指摘によれば、フリーメーソンの初期の著名人にはフランシス・ベーコンがいたと言われている。彼は薔薇十字団員でもあったとされ、薔薇十字団とフリーメーソンは密接に関わり、共通の起源を持っていた可能性がある。

ただ、こうした結びつきは決して確かなものではない。ダーウィン説とフリーメーソンの関連を裏付ける資料はないのだろうか。『マッキーのフリーメーソン百科事典』は、結論としてその関連性を認めている。

（エラスムス・）ダーウィン博士は、一七八八年にダービーへ来る以前、スコットランドの有名な第二キャノンゲート・キルウィニング太古支部でメーソン会員となった。エラスムスの息子の一人フランシス・ダーウィンも、一八〇七年ないし一八〇八年にダービーの第二五三ティリアン支部に入会した。さらにフランシスの息子レジナルドも、一八〇四年にティリアン支部に入会した。支部の名簿にチャールズ・ダーウィンの名前は出てこないが、彼がフ

ランシスと同様、メーソン会員だった可能性は高い。（ダニエル）

一七九四年、エラスムス・ダーウィンは『ズーノミア（*Zoonomia*）』と題する本を執筆し、そこで生物進化説を説いた。メーソン会員だったダーウィンが、支部の神秘的な「生成」の教義を自由に盗めたことは間違いない。

エラスムスが生物進化説の先駆的概念を発表する以前、同じくメーソン会員だったジョン・ロックは、ヒンドゥー教の生まれ変わりの教義を科学に当てはめ、進化説を形成した。生まれ変わりの信仰は英国東インド会社によってイングランドへ持ち込まれ、そこで英国王立協会に採用されることになった。王立協会の重要メンバーだったロックは、生まれ変わりを徹底的に研究し、神秘主義と重ね合わせて、独自の進化思想を創り上げた。事実、ロックの進化説はダーウィン一族の男たちに支持された（ダニエル）。

それから二〇〇年後、彼の「生成」という神秘的概念はチャールズ・ダーウィンに伝えられ、『種の起源』が誕生した。

「ダーウィン計画」と『シオン長老の議定書』

『エグゼクティヴ・インテリジェンス・レヴュー』誌のジャーナリストであるジョナサン・テネンバウムは、「新しい生命科学に向かって」という記事で次のように語っている。

現代生物学の支柱の一つをなすダーウィン説は、一種のカルト宗教以外の何ものでもない。

私は大げさに言っているわけではない。ダーウィンのいわゆる進化論には、いかなる科学的正当性もない。それは馬鹿馬鹿しいほど不合理な主張に基づくもので、科学的な観察の結果ではなく、政治的イデオロギーのために外部から人為的に導入されたものである。

（テネンバウム）

ダーウィン説の根拠がフリーメーソンの神秘的教義、つまり、超人――エリート――の出現を促そうとする彼らの思惑にあったとすれば、この評価はなかなか的確である。チャールズ・ダーウィンはエリートたちの使徒となって、進化という新しい世俗的福音を伝道したわけだ。ダーウィン説はフリーメーソンの策略であり、彼らの宣伝活動が成功した結果だと考えられる。この考えを裏付ける証拠が、物議をかもした『シオン長老の議定書』（邦訳：成甲書房刊）のなかにある。本稿の目的は『議定書』を検証し、その信憑性を批判することではない。ただ、この文書の出所については取り上げる必要がある。『議定書』は歴史を通じて、ユダヤ民族の虐殺運動にたびたび利用されてきた。しかし、『レンヌ＝ル＝シャトーの謎――イエスの血脈と聖杯伝説』の著者らは、この文書の起源がフリーメーソンにあるとしている。

以上からこの『議定書』は、一八九七年にバーゼルで開かれたユダヤ会議で発行されたものではないと結論することができる。これからただちに生じる疑問は、この『議定書』の出所はどこかという点だ。現代の学者は、これは完全な偽物で、ユダヤ教の信用を失墜させるため、反ユダヤ主義者が捏造したばかばかしい文書と片付けている。しかし、この『議定書』

は、そのような結論とは真っ向から矛盾している。たとえば、この内容には、明らかにユダヤ的でない不可解な言及がいくつも見られるが、その言及はあまりにユダヤ的でないのが明らかなので、逆にだれかが造り出したとも考えにくい。わずかでも知識があれば、ユダヤ教の信用を落とすためにこのような言及を反ユダヤ主義者が捏造するとは考えられない。なぜなら、これに述べられている内容がユダヤ教に由来するとは、だれも信じないからである。たとえば、この『議定書』の文面は、「三十三位階のシオンの代表者により署名された」という一文で終わっている。

反ユダヤ主義者がこのような文を捏造するだろうか。どうしてすべてのユダヤ人でなく、「三十三位階のシオンの代表者」という少数のユダヤ人だけに罪を被せるのだろう。どうしてこの文書を、たとえば国際ユダヤ会議の代表者によって署名されたとしなかったのだろう。実際、「三十三位階のシオンの代表者」では、ユダヤ教はおろか「国際的なユダヤ人の謀略」に関わるとはとても思えない。むしろフリーメーソンに関係すると考えてしまうだろう。しかも、フリーメーソンの三十三位階はいわゆる「厳守令」で、これはチャールズ・ラドクリフらの「未知の上位者」の命令でフントが導入したフリーメーソンの体系である。

（ベイジェント）

ベイジェント、リー、リンカーンの三人はこう結論づけている。

出版された『議定書』が基にした原版が存在する。この原版の文面は捏造ではなく本物である。しかし、これはユダヤ教や「国際的なユダヤ人の謀略」となんの関係もなく、むしろフリーメーソンの組織かフリーメーソン的な志向をもつ「シオン」という言葉を含む秘密結社によって発行された。

フリーメーソンが起源だとすれば、『議定書』が「国際的なユダヤ人の謀略」の証拠であるという人種差別的主張は切り捨てられる。ともあれ、この文書にはいくらかの信憑性がある。出版された『議定書』は完全な贋作ではなく、むしろ過激に修正されたものである。しかし、修正されたといっても、（中略）原版の痕跡を見つけだすことができる。

原版の痕跡はフリーメーソンがその起源であることを強く暗示している。仮に『議定書』の出所がフリーメーソンであったとして、例の問題――メーソンがダーウィン説の普及に関与していたという問題――に戻ってみよう。次の引用は『議定書』からの抜粋であり、使命書のような内容が明確に記されている。

彼ら（非ユダヤ人）には、我々が科学の命令として従わせようとしてきた理論を重視させなければならない。マスコミを使って、こうした理論を盲目的に信じるように誘導し続けているのはこのためだ。インテリのゴイム（goim）（＝非ユダヤ人）は自らの知識をひけらかし、何の論理的証拠もなく、科学から得られる情報を実践するだろう。しかし、それは彼らの思想を我々の望む方向へ教育するため、我々の代理人（エージェント）の専門家が巧妙に創り上げた学問である。この声明を一瞬たりとも無意味だと思ってはならない。我々がダーウィン説、マルクス主義、ニーチェ哲学のために立てた計画の成功を真剣に考えよ。

（クーパー）

この抜粋が示すのは、フリーメーソンがダーウィン説を公認していたこと、また、後述するマルクス主義やニーチェ哲学が進化論と直接的な関係にあったということである。

オルダス・ハクスリーの祖父トマス・ヘンリー・ハクスリーは、「世捨て人同然だったダーウィンの公式代弁者」を務めた（ホワイト）。その数十年後、オルダスは『文明の危機――すばらしい新世界再訪』で「科学的独裁制」を描いた。これがオルダスの気まぐれな発想だったのか、あるいは数十年にわたってハクスリー家に伝わる思想だったのか、断定はできない。ハクスリー家の寡頭支配的な伝統を考えると、確かに後者の可能性は高い。ただ、フリーメーソンと深い関わりがあったことから、「科学的独裁制」の概念はメーソンに由来していたと考えられる。

トマス・ヘンリー・ハクスリーはメーソン会員であり、しかも、これといった業績もなく二六歳で王立協会会員になった。彼は同じくメーソン会員だったＨ・Ｇ・ウェルズの個人教師となり、ウェルズは後にハクスリーの二人の孫ジュリアンとオルダスの教師となった。ジュリアンとオルダスはどちらもフリーメーソン会員である（ダニエル）。

ハクスリー家にこうしたメーソンの教育が続いたことを考えると、ハクスリーの「科学的独裁制」の概念がフリーメーソンのものだった可能性は高い。王立協会の宣伝活動や、進化論の熱烈な支持者だったトマス・ヘンリー・ハクスリーによって、ダーウィン説は広く社会に普及した。その種は深く根を張り、やがてエリートによる「科学的独裁制」としてあちこちで芽を出すことになる。

「秩序は混沌から生まれる」

ダーウィン説を形成する多くの概念をすべて説明するのは至難の業だ。この学説はあらゆる「理論」を緻密に組み合わせ、それを神秘的概念や哲学的教義、イデオロギーなどの薄いベールで覆った形になっている。ダーウィン説は「馬鹿馬鹿しいほど不合理な主張に基づくもので、科学的な観察の結果ではなく、政治的イデオロギーのために外部から人為的に導入されたものである」とするテネンバウムの言葉は、やはり的を射ているようだ。問題は、「外部から」というのが一体何を指しているか、である。

ダーウィン説を支える世界観の一つとして、ヘーゲル哲学がある。ゲオルグ・ヘーゲルによれば、汎神論における神が「人間を含めて、自然界で継続される発展（進化）のプロセス」を導いており、それは「積極的存在と消極的存在の弁証法的衝突」として体現される。そして、この衝突は常に「調和的ジンテーゼ（総合）」を生み出す（テイラー）。これと同じ弁証法的枠組みがダーウィン説にも見られる。

神秘学研究家のテクス・マーズは『策略の輪（*Circle of Intrigue*）』のなかで、ダーウィンの進化説にヘーゲルの哲学体系が備わっていることを明らかにした。生物（テーゼ・定立）は自然（アンチテーゼ・反定立）と衝突し、その結果、新たに高められた種（ジンテーゼ・総合）が生まれ、進化のプロセスが達成される（マーズ）。言うまでもなく、そうした衝突が繰り返される世界では、暴力や殺戮が発展の要となる。このように、ダーウィン説には、「人間文化の始まりは野蛮なものだったというヘーゲルの考えが取り入れられている」（テイラー）

しかし、ダーウィン説の起源はヘーゲル哲学よりさらに古く、初期の神秘的思想に遡る。一方、ヘーゲルの概念はフィヒテに由来する。フィヒテは「フリーメーソンの会員であり、ほぼ間違いなくイルミナティの会員でもあって、おそらくイルミナティの援助を受けていた」（アントニー・サットン『アメリカの秘密体制（*America's Secret Establishment*）』）

実際、ヘーゲルの弁証論ではフリーメーソンの格言──「秩序は混沌から生まれる（ordo ab chao）」が繰り返される。ダーウィン説が拠りどころとする原理は、エリートの利益につながるフリーメーソン主義だったようだ。

ヒトラーとマルクスが心酔した進化論

ダーウィン説は、ヘーゲル哲学の枠組みを二つの思想体系と共有している。アントニー・サットンは『体制の秘密カルト（*The Secret Cult of the Order*）』のなかで、「マルクスもヒトラーもその哲学的起源はヘーゲルにある」と述べている。ここで初めて、ダーウィン、マルクス、ヒトラーの三人がヘーゲルを中心に結びつくわけだ。『シオン長老の議定書』で、ニーチェ哲学とダーウィン説、マルクス主義が並べて言及されていたことを思い出してほしい。これはただの偶然ではない。ナチズム（ファシズムの変種）はニーチェ哲学から発生し、共産主義はマルクス主義から発生した。どちらもその根拠はヘーゲル哲学にあった。しかも、どちらもダーウィン説という「科学」に基づく「科学的独裁制」であった。イアン・テイラーはこれを詳しく説明している。

しかし、ファシズムやマルクス主義、右翼や左翼といったものはどれも、オルダス・ハクスリーのすばらしい新世界（科学的独裁制）につながるイデオロギーにすぎない。一方、こうしたイデオロギーの根拠はダーウィンの進化説にある。ファシズムは生物学的決定論と同一線上にあり、生まれつきの適者が不平等な衝突によって社会を支配すると強調する。マルクス主義は革命を繰り返すことによって社会が発展すると強調し、同時に平和と平等を力説する。これは決して思い違いではない。ヒトラーはマルクスの思想を取り入れた。その結果、ファシズムとマルクス主義は同じ運命に行き着き、エリートによる全体主義的支配が生まれたのである。（テイラー）

ヒトラーとマルクスがダーウィンの進化論に関心を持ったのは事実である。マルクスはロンドンに住んでいた頃、トマス・ヘンリー・ハクスリーによる進化論の講義に通った。彼は共産主義の階級闘争という概念と、ダーウィンの自然淘汰という法則に奇妙な共時性（シンクロニシティ）を見出し、一八七三年、ダーウィンに『資本論』の一巻を送った。進化論に心酔していたマルクスは、六年後、ダーウィンに次の巻を献呈する許しを求めた。しかし、無神論的な論客と関わることで、一族の者から反発が出ることを恐れたチャールズ・ダーウィンは、その申し出を丁重に断った（テイラー）。

ダーウィン説とヒトラーのナチズムが密接な関係にあったことは、多くの研究家が明らかにしている。ダーウィン説の信奉者であるアーサー・キースは、ヒトラーの人種主義政策と進化論との強い結びつきを証明した。一九四七年の『進化と倫理（*Evolution and Ethics*）』で、キースはこう書いている。「私が一貫して主張してきたように、ヒトラーは進化論者である。彼は意図的にドイツを進化説に従わせようとした」（キース）。また、ウェルナー・メーザーは『わが闘争』を分析し、ヒトラーの「生物学、崇拝、支配、闘争に対する考え方、そして、歴史に道徳的な因果関係を認めない考え方」は、ダーウィン説から生まれてきたことを示した（ティラー）。アルフレッド・ケリーも、ドイツでダーウィン説が普及した背景を包括的に説明している。

二一 世紀は「世界総統たち」の時代になる

ヘーゲル哲学はダーウィン説とマルクス主義、ナチズムを結びつける要であり、ファシズムや共産主義の「科学的独裁制」はどちらも進化論を政治に応用したものである。マルクスがヘーゲルに大きな影響を受けていたのは間違いない（テイラー）。

階級闘争という概念は、ダーウィンの自然淘汰に相当し、マルクスがヘーゲルの弁証法を社会経済的領域に当てはめたものである。つまり、プロレタリアート（テーゼ・定立）がブルジョアジー（アンチテーゼ・反定立）と衝突し、その結果、階級のないユートピア（ジンテーゼ・総合）が生まれるというわけだ。しかし、マルクスは神の概念を否定し、革命の原因をプロレタリアートそのものに求めた。

ヘーゲル哲学の枠組みは、ヒトラーの「最終解決」（ユダヤ人全滅計画）においても明らかである。ドイツ人（テーゼ・定立）はユダヤ人（アンチテーゼ・反定立）と衝突し、アーリア人（ジンテーゼ・総合）の国家を創ろうとしたわけだ。しかし、共産主義もナチズムも、その行き着く先は大量殺戮だった。これはダーウィン説の当然の成り行きであり、「科学的独裁制」の遺産である。

ダーウィンの考え方を実践することで、共産主義者とファシストは何百万という人々の命を奪ってきた。彼らの起源はエリート（イルミナティ）であり、エリートたちは今日も同じ目的を追求している。ダーウィンの「適者生存」の法則に従えば、勝利には流血が求められる。ハクスリーが描いた未来の世界秩序では、ダーウィンの法則に従って社会が優生学的に組織されることになる。

『文明の危機――すばらしい新世界再訪』で、オルダス・ハクスリーはこう警告している。

二一世紀は「世界総統たち」の時代になるだろう。

もしこうした「世界総統たち」による科学的独裁が過去の例と同じであれば、人類は近い将来、再び流血の歴史を繰り返すかもしれない。

マーセル・ヴォーゲルと「第五の力」の秘密

ジョン・ダーク

ジョン・ダークは本稿において、ＩＢＭで多数の特許を保持している発明家のマーセル・ヴォーゲルを取り上げ、彼のさまざまな実験や発明について説明している。ダークによると、古来、すべての創造物には生命エネルギーとしての「第五の力」が存在すると考えられてきた。ヴォーゲルはこれを「情報帯」と呼び、物体を生じさせる事象の記録媒体と位置づけた。人間と植物のテレパシーに関する実験から、情報を蓄積するヴォーゲルカット・クリスタルや「オメガ－5」の発明まで、彼の研究は魔術と科学が表裏一体であることを示している。本稿は、この強力なオカルト的知識を支配しているのが、アメリカ政府の手先としてあらゆる諜報活動を行うエリート集団であると結論づけている。

＊

古来、すべての創造物には、生命エネルギーとしての「第五の力」が備わっていると考えられてきた。ジョン・ホワイトの『サイキック戦争——事実か虚構か（*Psychic Warfare: Fact of Fiction?*）』によれば、この力は古代の魔術師たちの間では「アストラル・ライト（星幽光）」、中国や日本では「氣」、インドやチベットのヨーガの伝統では「プラーナ」、ポリネシア人や古代ハワイの呪医カフーナの間では「マナ」、イスラム神秘主義では「バラカ」、ユダヤ教のカバラ主義では「イェソド」、イロコイ族では「オレンダ」、イトゥリの森のピグミー族では「ムゲベ」、キリスト教では「精霊」と呼ばれている。

エリファス・レーヴィは『超越的魔術（*Transcendental Magic*）』で次のように述べている。

そこに存在するのは、自然で神聖、物質的で霊的な因子であり、宇宙の造形的媒体であり、動きの振動と形態のイメージを有する貯蔵庫であり、流動体であり、力であり、何か「自然の想像力」とでも言うべきものである。この力の存在は、実用的魔術における偉大な神秘である。

現代では、ルパート・シェルドレークが「形態形成場」と呼ばれる原因構成フィールドの存在を主張し、それによって生命体の進化（変転性）と静止（非変転性）の両方を説明できるとしている。また、ヴィルヘルム・ライヒは科学的研究を通して、質量のない、核以前の原始の生命力を突き止め、それを「オルゴン・エネルギー」と呼んだ。発明家のマーセル・ヴォーゲルは「情報帯」と呼ばれるエネルギーを発見し、それがあらゆる物質、あらゆる生命体の間で伝達されるエネルギーだとしている。さらに研究者たちは、空間に充満するこのエネルギーと旧ソ連の「バイオプラズマ」の概念との類似点に注目している。いずれにせよ、これは超常能力として認められるエネルギーのようだ。ホワイトは電気技師ローレンス・ベーナムの次のような言葉を引用した。

生物には微弱な未知のエネルギーがあり、それは屈折したり、分極化したり、一点に集中したり、他のエネルギーと結びついたりできる。それはまた、磁気、電気、熱、光と同じような作用を示すことがあるが、そのいずれでもない。このエネルギーをコントロールし、利用しようとする試みはほとんど失敗に終わっている。研究者たちはまだその働きを支配する法則を突き止めていないのだ。

本稿を書いている今、こうした生命エネルギーの働きを支配する法則はかなり明らかになってきたようだ。また、それが一点に集中したり、他のエネルギーと結びついたりする働きについても、軍産共同体による研究が進んでいるらしい。この分野で先駆的研究を行ったのが、マーセル・ジョゼフ・ヴォーゲル（一九一七〜九一）である。彼はカリフォルニア州サンノゼにあるＩＢＭの主任研究員で、「燐光体テクノロジー、液晶組織、ルミネセンス、磁気学」に関する研究を行っていた。レミー・シェヴァリはマーセル・ヴォーゲルが発見した「氣」についいて次のように書いている。

一九八〇年代後半のアメリカ心理工学会議で、マーセルは、一つのクリスタルに蓄積された「氣」を放出した。彼は聴衆全員を起立させると、クリスタルを我々の方へ向け、今からこのなかに蓄積された三日分の「氣」を一斉に放ちますと言った。すると、彼の方から会議場の奥へ「霊的な風」のようなものが吹き、我々の顔を優しく撫でた。壇上に扇風機があったわけでもなく、エアコンが突然故障したわけでもなかった。それはマーセルにしかできないことだった。

彼が亡くなる数カ月前、電話で長々と彼と話したことがある。マーセルによれば、電磁気学とは「氣」を伝達する一種の「箱」であるという。気は電磁気という列車の乗客のようなものであり、電磁気よりも細かい粒子で、電磁気はそれを運ぶ媒体だというのが彼の説明だった。マーセルの研究は「ニューエイジ」社会にそろそろ再認識されるべきである。誰かが彼の研究を継続し、そのクリスタル・デザインを利用することになるはずだ。

実際、その誰かとは秘密政府だと思って差し支えない。それは法律の及ばない秘密の企業や軍隊、諜報機関である。彼らはおそらく、ヴィルヘルム・ライヒやニコラ・テスラ、マーセル・ヴォーゲルといった現代の天才たちが、古代の知恵に「取り憑かれて」行った研究を利用している。ローレンス・ベーナムは、この「第五のエネルギー」の特徴を次のようにまとめている。

＊それは熱、光、電気、磁気、あらゆる化学反応と同じ作用を示すが、そのいずれでもない。

＊それは空間に充満し、あらゆるものを通り抜ける。ただ、密度の高い物質ほど通りやすく、金属では屈折し、有機物では吸収される。

＊それは基本的に相乗作用によってより大きな総合体へと向かっていく。本質的にネゲントロピーそのもので、たとえ熱が増しても、形態を形成し、有機的構造を与える働きを示す。つまり、エントロピーの反対のエネルギーであって、熱力学の第二法則に逆らう。

＊それは生命エネルギーであり、その変化は観察可能な物理的変化に優先する。

＊高度な有機的構造物（クリスタル、植物、人間）においては、そのエネルギーが凝縮される幾何学的ポイントがいくつかある（これはチャクラや経穴（けいけつ）とも関係する）。

＊それは特定の色に対応し、霊能者を通して見ることができる。

＊それは物体から物体へと移動する（古代ハワイのフーナの伝統によれば、それは「粘着質」であり、目に見えないエネルギーの流れによって、過去に何らかの形で結びついていた二つの

物体が結びつけられる。これは共感的魔術の基本である)。

*それは急激に衰退しやすいエネルギーで、時間とともに外へと放射される。エネルギー密度は距離と反比例して変化し、電磁気や重力の法則とは区別される。

*それはあらゆる形で観察することができ、たとえば、単独で律動する点、螺旋、物体を取り巻くオーラ、炎、クモの巣状の細い線(マナ)として形を表す。

電子心霊研究装置「オメガ5」

一九四三年、マーセル・ヴォーゲルはピーター・プリングシャイム博士と共同で「液体および個体のルミネセンスとその実用性」という論文を書いた。その直後、ヴォーゲルはヴォーゲル・ルミネセンス・コーポレーションという会社を設立した。一九五七年、彼はこの会社を売却してIBMに入社し、IBM屈指の特許件数を誇る発明家となった。

ちなみに、ヴォーゲルは大学の学位を持っておらず、ほとんど独学で知識を身につけた。彼は人間と植物のコミュニケーション実験やクォーツ・クリスタルの研究においても先駆者で、微弱なエネルギーを蓄積・増幅・変換・結合する「ヴォーゲルカット・クリスタル」を生み出した。調整されたクリスタルの周りで水を回転させることにより情報を蓄積する、斬新なシステムを発明したのだ。

二七年後、ヴォーゲルがIBMを退社すると、IBMとスタンフォード研究所は彼が新しく設立したサイキック・リサーチ社に設備を提供した。この会社の目的は、科学と形而上学の究極の融合を目指すことだった。ヴォーゲルは人体から発せられる微弱なエネルギーの研究を続け、その正体と量を明らかにしようとした。また、彼はクリスタルとクリスタル発明品のヒーリング効果にも関心を持ち、蓄積されたエネルギーを人体の治療に役立てようと考えた。

さらに、ヴォーゲルは「オメガ－5」という電子心霊研究装置を発明した。これは人間の精神の霊的パワーを利用して、通常の科学的装置では検知できないフィールドを検知しようとするものだ。オメガ－5は主観的な装置だったが、通常の科学的測定を行うにはどうするべきか、どこに注目すべきかといった手がかりを与えてくれた。オメガ－5の実験は振り子を使って行われるもので、テレパシーによる「ダウジング」とよく似ている。ヴォーゲルはオメガ－5で検知された未知のフィールドを「情報帯」と呼んだ。

バイオエネルギー場を証明する実験

一九六九年、『アーゴシー』誌が「植物に感情はあるか」と題する記事で、ポリグラフ専門家のクリーヴ・バックスターの研究を取り上げた。この後、ヴォーゲルは人間と植物のコミュニケーションという概念を研究し始めた。

興味深いことに、クリーヴ・バックスターは、一九七三年にプラハで開かれた第一回国際心理工学会議に出席していた。彼の論文「動植物における細胞レベルの原始的知覚力の証明」は、議事録の第一巻の目次に掲載されている。バックスターの研究は、新興宗教サイエントロジーの創設者ロナルド・ハバートの目に留まった。

バックスターはウソ発見器の開発でも有名で、ハバートはこれを「Eメーター」として正式に採用した。ハバートはEメーターを使って、トマトの植物コミュニケーション実験も行った（バックスターのウソ発見器は、サイエントロジーの専門誌『アドヴァンス！』誌上で「マーク・スーパー・VII・クァンタム（TM）・Eメーター」という名前で売り出され、価格は通常版が四六五〇ドル、特別限定版が五五三〇ドルだった）。

一方、ヴォーゲルは別の実験で「バックスター効果」の再現に成功した。彼は植物を変換機として、人間の精神から発せられるバイオエネルギー場の存在を明らかにし、植物が人間の思念に反応することを実証した。植物を抵抗測定器の「ホイートストン・ブリッジ」につなげることで、彼は既知の抵抗と未知の抵抗を比較することができた。ヴォーゲルが鼻から律動的に息を送りながらある考えを抱くと、フィロデンドロンは劇的な反応を示した。

ヴォーゲルの実験は、こうした人間のバイオエネルギー場が呼吸と思念の両方に関係することを明らかにした。また、彼の実験により、こうしたエネルギー場の作用が既知の自然法則に当てはまらないこともわかった。人がバイオエネルギー場を近くで放出しようと遠くで放出しようと、植物への効果は変わらないのである。つまり、「逆二乗法則は思念には当てはまらず」、思念エネルギーの効果は距離に伴って減少するものではないということだ。

「人間と植物はコミュニケーションできる」

プラハで開かれた第一回国際心理工学会議には、マーセル・ヴォーゲルも出席していた。「植物と人間のコミュニケーション実験」と題する彼の講演は、議事録の第二巻（筆者所有）

に収められている。そこでヴォーゲルは、通常の観葉植物、特に葉の裂けたフィロデンドロンに対する離れた場所からの思念の影響について発表した。ヴォーゲルの四年間の研究の結果は非常に興味深い。彼によれば、いったん実験者と植物との心的結びつきが確立されると、植物は「(a)他の植物の葉を傷つける行為、(b)細胞や動物といった他の生命体を破壊する行為、(c)愛情、癒し、計算、想像、感情といった思念形式を発する行為」に対して反応を示すようになる。

ヴォーゲルの説明では、こうした思念形式それぞれに対して、植物は違った反応パターンを示すという。また、離れた場所から思念を発する場合、植物と人間との距離が一一〇マイル(約一七七キロメートル)までなら効果は維持される。さらに、ヴォーゲルは実験を何度も再現できたことから、「個人のあらゆる思念形式を再現できる」と述べた。

ヴォーゲルの実験でわかったのは、植物は切られたり、焼かれたり、裂かれたりといったイメージの思念に対して、実際の行為に対してよりも強く反応するということだ。植物は彼自身の心理的反応を反映しているようだった。結論として、植物は電池のような働きをしており、人の思念や意思のエネルギーを蓄積する。また、思念が伝わると、そこに結びついたエネルギーは吸着性になる。ヴォーゲルによれば、「愛」は唯一純粋なエネルギーであり、最大の吸着性因子である。吸着性の思念には「レーザーのようなパワー」があるという。彼は愛を重力にたとえ、愛は他を引きつける吸着性のエネルギーであって、存在のあらゆるレベルで働いていると述べた。

ヴォーゲルカット・クリスタルの誕生

クリスタルの実験では、ヴォーゲルは液晶の成長に思念を集中させることで最終形態を変化させることに成功している。

敬虔なカトリック教徒であるヴォーゲルは、ある実験で丸一時間、処女マリアの姿を頭にイメージしながらクリスタルの成長を顕微鏡で観察した。その結果、クリスタルは聖母マリアのような形になった。ヴォーゲルはこの奇妙な現象をビデオに録画し、「液状試料が液晶化する前に青い閃光が生じ、その直後に液晶状態に変化した」と説明した。一年後、彼はついに変化の瞬間を画像に捉えた。こうした特異な現象は形而上学においては論じられてきたが、それまで一度も目撃されたり、撮影されたりしたことはなかった。顕微鏡を通して目撃された青い閃光は、光に含まれた情報コードを物理的レベルに移動させる媒体だった。ヴォーゲルは次のように書いている。

フィルムに写っていたのは、クリスタルの最終形態の青写真であった。青い閃光には幾何学的形態の構成情報が含まれており、それを基盤としてクリスタルが成長・発達する。

ヴォーゲルによれば、いったんクリスタルの成長が止まると、その「情報母体」は消失する。つまり、クリスタルの形態は基本的に、人間のバイオエネルギーに活力を与えられるまでは空っぽであり、律動的な呼吸を通じて思念エネルギーが移動して初めて完成する。

ヴォーゲルはそれから一七年間にわたってクォーツ・クリスタルの研究を続け、クォーツが情報を蓄積し、増幅し、変換する能力を持つことを明らかにした。しかし、未加工のクォーツ・クリスタルではこうしたエネルギーを十分に吸着できなかったため、彼はクリスタルを様々な形にカットし始めた。表面を切子形にカットしたルビーでは、それを通った光が吸着エネルギーを生み出す。これと同じように、クォーツの表面を特別な形にカットすれば、それに接した意思は吸着エネルギーを生むのではないか。ヴォーゲルはそう考えた。

一九七四年のある朝、彼は夢の中でカバラの「命の木」のようなイメージを見て目を覚ました。それから一年かけて、彼はクォーツを研削し、立体的な「命の木」を作り上げた。完成した四面のクォーツ・クリスタルは、先端がピラミッドのようになっており、「ヴォーゲルカット・クリスタル」と呼ばれるようになった。

こうして、人間の心身のエネルギーを蓄積し、増幅し、変換し、吸着するための最初の道具が生まれた。このヴォーゲルカットを再現しようと、ドイツ屈指の宝石加工業者が何度も挑んでは失敗したと言われている。ヴォーゲルによれば、クリスタルは「正しい態度と理解と意識」がなければ加工できないという。それは単にクォーツをしかるべき形にカットするというのではなく、「吸着性の情報変換装置として調整する」必要があるらしい。ヴォーゲルカット・クリスタルの形状は吸着性のエネルギー場を生み出し、それが情報の搬送波として機能する。

クリスタルの情報蓄積能力は今や広く知られている。一九九四年九月四日付けの『ニューズウィーク』によれば、スタンフォード大学の物理学者らが、クリスタルの原子内構造にホログラムとして情報を保存するという初の完全デジタル装置を発明した。彼らはモナ・リザのホログラフィー画像を保存・再生することに成功した。ヴォーゲルのクリスタルのメモリーはわずか一六三キロバイトだったが、このホログラフィー装置は一〇〇万メガバイトまで保存できるとされている。記事の説明では、クリスタルは三次元で情報を蓄積するため、現在最速のシステムに比べて一〇倍の速さが期待できるという。

一方、ヴォーゲルは「苦しむ人から好ましくない霊気や意思を取り除くこと」によって、クリスタルを心身の治療に役立てようと考えた。彼はクリスタルが「精神の手術」における「エネルギーのメス」として働くことを知り、ヴォーゲルカット・クリスタルを使った治療法を開発した。彼はまた、形而上学で語られる一連の微弱エネルギーが、「水の分子を通して肉体とつながっているフィールドの漸次的変化」であると考え始めた。つまり、人体の四分の三は水分なのだから、クリスタルの深遠なヒーリング効果は水への共鳴と関係があるというわけだ。マーセル・ヴォーゲルの専門ホームページ（www.vogelcrystals.com）では、こうしたクリスタルの働きを次のように説明している。

クリスタルは量子の変換器であり、エネルギーを固有の生物学的効果を有した形で伝えることができる。これは共鳴の働きとほとんど同じだ。エネルギーレベルで言うと、人体はいくつもの振動点が層を成し、厳密な対称性と構造を持って配列されているものだ。こうした結晶構造はマクロレベルではもちろん、微弱なエネルギーや量子のレベルでも明らかである。人体の骨や組織、細胞、体液は一定の結晶構造を持っている。体液や細胞や組織の構造は、病気や苦痛が生じると統制や調和を失う傾向にある。脂肪組織や筋肉・神経組織、リンパ液や血液といった比較的大きな構造はもとより、細胞膜や細胞間液も液晶組織で構成されている。したがって、こうした構造が反応するように適切に調整されたクリスタルを使えば、必要な「情報」や足りないエネルギーを届けることができ、体内のバランスや統一性が回復される。

原子の意識「情報帯」にも知性がある

ヴォーゲルは、オメガ-5で検知された情報帯があらゆる物体の内部とその周囲に存在することを明らかにした。彼によれば、情報帯は物体を生じさせる事象や、そうした活動に対する物体の反応を「記録する媒体」である。彼の考えでは、そうした活動やエネルギーが結合して、一連の識別パターンやコードが創られる。また、すべての動きはフィールドを生み出すため、そうしたフィールドの複合が情報帯の基底状態である。つまり、活動によって物質の周りにエネルギーの雲が形成されるのであり、それが原子の〝意識〟ということになる。

ヴォーゲルはこのフィールドに律動性があること、つまり、情報帯に一つの周期性があることを発見した。彼によれば、情報帯は惑星との関わりにより、膨張したり縮小したりするという。ヴォーゲルは、アリス・ベーリーの『原子の意識（*The Consciousness of the Atom*）』からも一つの手がかりを得ている。

すでに見てきたように、原子にも知性のようなものがある。原子は初歩的な識別能力や選択能力を持っているらしい。つまり、原子の中の小さな生命が霊的な性質を表しているのである。鉱物を形成する原子などは、識別能力や選択能力ばかりか順応性も示している。ここで理解すべきなのは、無機物といったものはなく、どの原子も生命であるということだ。すべての物体は生命体であり、その中にある存在の表現媒体なのである。

ヴォーゲルの主張は、情報帯を通じてコミュニケーションが行われているということだ。彼はそのシステムが完全であるかぎり、物体の幾何学的形態は維持されると考えた。

厳重に秘匿される「オカルト的秘密知識」

オカルト的秘密を守ることは安全保障国家の暗黙の掟(おきて)である。神秘に関する科学的知識が社会のエリート集団に支配されると、それは権力の源になる。マーセル・ヴォーゲルのエピソードは、魔術と科学が表裏一体であることを示している。IBMがヴォーゲルの退職後も彼を手放さなかったこと、スタンフォード研究所が彼の研究所に設備を提供したことを思い出してほしい。この巨大なコンピュータ企業と優れた頭脳集団は、見返りにどんな情報を得たのだろう。我々には想像することしかできない。

アダム・マンデルバウムが『戦争とオカルトの歴史』(邦訳:原書房刊)で指摘しているように、軍や諜報機関のメンバーは専門家として高度な訓練を受けている。彼らは安全管理を叩き込まれ、秘密を漏らすことは極刑に値するという警告の下で働いている。これは秘密結社のメンバーも同じで、組織の秘密に対する忠誠心が何より重視される。マンデルバウムは「神秘的な秘密結社は、軍事の世界や政界でたびたび大きな役割を果たし、『軍事オカルト複合体』の恒久的な住人としての地位を確立してきた」と指摘し、さらにこう述べている。

固有の縁故、出処を追跡できない資金、そして内部だけで伝えられてきた命令系統を持つ秘密結社は、急進的組織またはスパイ組織の求めによって生まれた。革命や情報活動の歴史を見れば、秘密結社がどのように地政学的闘争にかかわってきたか、そして、政治体制の変革や専制国家の樹立――あるいは転覆――をなしとげた銃剣や爆弾と並んで、オカルトの象徴的表現と儀式がどのように利用されてきたかの例がいくつか見つかるだろう。

〔訳註：『戦争とオカルトの歴史』上野元美訳より引用〕

国家は今や「秘密結社」と化した

一九六〇年、こうした秘密結社による科学的知識の支配が意味するところを考察した重要な本が、フランスで出版された。ポーウェル、ベルジェ共著の『魔術の始まり（*The Dawn of Magic*）』である。

同書によると、過去の知られざる財産がアレクサンドリアやアテネ、エルサレム、エジプトの図書館に死蔵されているほか、多くの古代図書館が政治的・宗教的理由から燃やされたという。古代史のほとんどは物理的に失われ、現存している史料についてもその多くは忘れ去られている。というのも、現代人の多くは知識の発展と「何万年にもわたる無知の時代につながりはない」と考えているからだ。こうした見方はある目的に適っている。つまり、神秘的知識を曖昧にして、少数の人間だけのものにしておくことだ。

「文明化」が前例もなく突然生じたとする考えは、それまでの時代の歴史を曖昧にする。しかし、同書が指摘するように、古い時代の歴史には「あまりにも深遠で、単に古代の人々の直観によるものとは考えられない真理がいくつも」含まれている。たとえば、近代合理主義の起源はデカルトではなく、アリストテレスにあり、さらにその前のデモクリトスの科学的論理は初期のフェニキアの伝統に遡る。

現代科学においても事情は変わらない。テクノロジーの急速な発展は同じような秘密主義を必要としている。知識が進歩するにつれて、それはあらゆるレベルで秘密にされ、知識を伝える専門用語も素人にはますますわからなくなる。その結果、影の体制の上層部は無力な大衆には理解できないような決定を下す権限を持つ。『魔術の始まり』が警告するように、我々は「秘密を知る者の時代」、秘密結社の時代へと戻りつつある。我々は「魔術」が科学の誤解であると思い込まされようとしているのだ。しかし、いわゆる安全保障の当局はずっと前からこうした秘密を知っていた。この時間的なズレは調節されたものなのだろうか。

秘密結社はその科学的知識をはじめ、職人芸や工芸の伝統、魔術的手法を常に厳重に守ってきた。また、彼らはこうした秘密を伝え、守るために閉鎖的な団体や組合を入念に創り上げた。秘密結社の新入会員はその秘密や手法を隠しておくために組織化された。一九六〇年、ポーウェルとベルジェは『魔術の始まり』において、「近い将来、国家が秘密結社になる」と予測した。「精神科学」というものに諜報機関が大きな関心を向けていることからもわかるように、その予測はまさに現実になろうとしている。あえて言うならば、国家はこれまでも秘密結社にほかならなかったわけで、この点にこそ国家権力の根拠がある。

　現在の科学の進歩も、少数の人間が秘密の知識を守り伝えてきた結果にすぎない。こうした秘密の知識を安全に保護するのは閉鎖的な社会階級であり、彼らは政府や国家警察をはるかに超える地球規模の影響力を持っている。それはどの国の法律も及ばない秘密結社である。彼らのようなパワーエリートは独自の警察力を持っている。ＣＩＡや国家安全保障局、国防総省、軍事情報部隊など、アメリカ政府の手先として諜報活動を行う機関である。つまり、そうした「国家安全保障」の庇護の下に、秘密が秘密にされているわけだ。

　ポーウェルとベルジェは、こうした秘密結社が影の体制として「未来の政府」になると予測した。彼らによれば、諜報活動自体がある程度秘密結社のようなものであり、それが国境を越えて展開されるようになれば、その権力は無制限になる。我々は、秘密結社の概念を改める必要がありそうだ。二人はこうした見方が極端だと思われるかもしれないことを認めたうえで、次のように述べている。

「我々の言い方は少々性急で乱暴だが、危急の事態に眠っている人を起こすためにドアを叩くようなものだと考えていただきたい」

精神医学と心理学——インチキ学問

スティーヴン・フェリー

スティーヴン・フェリーによれば、精神医学はエセ科学にもかかわらず、それを学問として宣伝したペテンである。ドイツの心理学者ヴィルヘルム・ヴントから、スイスの精神医学者ヴィルヘルム・グリージンガー、そして有名なジークムント・フロイトまで、フェリーはこの精神分析という分野の隠れた歴史に触れる。フェリーによれば、こうした科学者たちのそもそもの間違いは、人間を「魂の無い動物」としたところだ。フロイトの精神分析はその正当性をほとんど問題にされない「学問」として、宗教を堕落させ、たちの悪いインチキ産業となって、学校を含む社会のあらゆる側面に入り込んだ。フェリーは、精神保健産業が社会に多くの現実的問題をもたらしたと結論づけている。

ナチスの集団虐殺、学校での銃乱射事件、犯罪率の上昇、社会のモラルの低下——これらに共通するものは一体何だろう。これらの背後には、一九五〇年から一九九〇年だけで、アメリカがこれまでに関与した戦争の犠牲者の二倍の国民を死に追いやった集団が存在する。この集団は社会の至るところで目につくが、信じられないようなことを堂々とやっているため、疑いの目を向けられることがない。誰かがこの集団の「王様」を裸だと指摘しても、無視されるのがオチだ。なぜならこの集団は権力を持ちながらも、権力の中枢からは大きく外れたところにいるからだ。

＊

かつてアドルフ・ヒトラーは自らの過激な行動について、極悪非道な行為ほど人々は信じないものだと豪語した。今日、我々は一九三三年当時のドイツ人のように、経済的破綻に打ちのめされているわけでもなく、メディアが政府に支配された警察国家に住んでいるわけでもない。我々は物事を自分の頭で考え、自分の目で見て、騙（だま）されないように注意することができる。しかし、もし我々がもっともだと信じ込み、物事の判断材料として利用している情報が実はインチキだったとしたらどうだろう。今世紀最大のペテンはここにある。

個人の集まりであるこの集団のメンバーは全世界で一五万人おり、我々の生活のあらゆる側面に入り込んで自己や人生全般に対する考え方を左右している。この集団の資金源は莫大な税金である。彼らは自らの無能さを盾にして、「問題」と闘うためにはより多くの政府資金が必要だと主張する。しかし、その「問題」は彼らが二〇〇年前に創り上げ、問題として提議するまで存在しなかった。彼らの活動は、結果として社会に多くの現実的問題をもたらした。

この神聖なる集団は「精神科医」と総称され、精神医学者や心理学者（とその類の専門家、メンタルヘルスワーカー、カウンセラーなど）で構成されているが、世に出てきた当初から何の業績も挙げていない。何を馬鹿なと言う前に、考えてみてほしい。精神科医はすでに一〇〇年にわたり精神の健康に関して我々を導いてきたわけだが、彼らは最初から方向性を間違えていたのではないか。人間は単なる動物ではなく、「心の病」は薬物や条件反射の強制によって治せるものではないとしたらどうだろう。そう考えると、精神科医が期待されるような症状の改善を果たせずにいる理由も見えてくる。

嘘つきフロイトが「権威」にされている分野

一八七九年のことだ。ドイツのライプツィヒ大学の心理学教授ヴィルヘルム・ヴントは、魂の学問──霊魂学──は無駄な学問であると断じた。この瞬間から、世界の人々は精神科医の指導のもと、人間は環境の刺激に反応する動物にすぎない、つまり、環境の犠牲者であると思い込まされてきた。

人間を霊的な存在だと信じていた当時の宗教的多数派にとって、これは大きな衝撃だった。ただし、このような考え方そのものは決して新しくない。物質主義は、すでにその二〇〇年前から広まっていた。流れを決定的に変えたのは、一八六五年、スイスの精神医学者ヴィルヘルム・グリージンガーが唱えた説である。彼は神経細胞のほとんどが脳にあることから、精神障害はすべて脳の障害に違いないと主張した。要するに、精神とは脳のことであり、ソフトだと思っていたものが実はハードだったというわけだ。

ある学問分野の概念が、その分野自体の正当性を否定するというのは面白い。学問を系統立てるアプローチとしては確かに興味深いものだ。しかし、霊や精神といったものは性質が漠然としているため、誰でも「私は専門家です」と言えばそれで認められてしまう。

このようにして、ヴントの実験心理学や、それに続く一八九〇年代後半のジークムント・フロイトによる精神分析は、ほとんどその正当性を問題にされない「学問」として、現代社会のあらゆる側面に入り込んできた。フロイトは人間の行動が性的抑圧の結果であり、神経症は道徳律が原因であると主張したが、彼はこの新しい「学問」を社会に広めるのに貢献した。フロイトはまた、宗教を「時代遅れ」であり、迷信の寄せ集めであり、「世界的な強迫神経症」であるとして拒絶した。ところが、彼は実験も研究論文の発表も行っておらず、学者としての二大義務を果たしていない。

フロイトは五六年間にわたる精神分析において六つの症例を発表し、いずれの患者も治癒(ちゆ)したと嘘の主張をした。フロイトの学問には、彼自身も常用していたコカインの影響が考えられる。彼はコカインで自分の鬱病が治ったとして、他人にもそれを勧めた。心身症に苦しんでいたフロイトは、今日の精神科医の言う「被害妄想」であり、ライバルたちが自分を傷つけようとしていると言い張った。彼の理論は非常に複雑で(その多くは出典を明示することなく他人から盗んだものである)、弟子たちはその解釈を彼に頼った。しかし、理論に証拠を求められると、フロイトは自分の考えに「反対する」のは精神異常であるとしてはねつけた。ちなみに、彼の同僚の八人は自殺している。そんなフロイトが精神医学の始祖とされ、今日も精神科医の鑑(かがみ)とされているのだ。

精神疾患は「神話」に過ぎない

フロイトが何と言おうと、彼の主張していたものは学問などではなかった。現在、精神医学や心理学といった「学問」は精神に関する二五〇もの理論を生み出している。しかし、現場の専門家によれば、いずれも一方より優れているとされながら、何の治療にもつながらないという。ヴントやフロイトといったドイツの優れた学者が本当に人間の本質を突き止め、人間が魂のない動物で精神的能力はすべて脳にあるというのなら、一〇〇年間の研究で人々の一般的な症状はかなり改善されていなければならない。それなのに、一五歳から五四歳までの現代人の四八％が何らかの精神疾患に罹っていると精神科医が言っているのは奇妙な話である。一八〇〇年代半ばでは、その比率はすべての年齢を通じて〇・一％だった。数字が上昇したのは、精神科医が精神疾患という〝神話〟を創り出してからだ。もし警察署長がこんな犯罪データを提出したら、おそらく馘（くび）になるだろう。

『精神疾患の診断・統計マニュアル（DSM）』は、あらゆる精神疾患を紹介した便覧の決定版で、一九五二年の第一版には一一二項目、一九九四年の第四版には三七〇項目の精神疾患がリストアップされている。

精神疾患がたった二世代のうちにこれほど急増するものかと、疑問に思う人もいることだろう。実際、DSMに新しく追加される疾患はすべて挙手で決まる。つまり、精神科医の学会でメンバーの誰かが口頭で症例を述べると、賛成多数でその存在が認められるというわけだ。レネ・ガーフィンケル博士によれば、「学会のレベルの低さは呆れるほどだ。診断は多数決によってレストランを選ぶような感覚で決められる。『君はイタリアンがいいのか。僕は中華がいいな。だったらファミレスへ行こう』といった具合だ。それがそのままコンピュータに打ち込まれる」

新しい症例のアイデアはどこから来るのだろう。DSM第四版の編集委員長であるロバート・スピッツァーは、釣り旅行で「自滅的人格障害」を思いつき、同僚を説得してこの障害をDSM第四版に載せたという。

「精神疾患」がこれほど急増した背景には、精神科医が「病気」の治療費――普通は薬物治療――として保険会社に請求できるのが、DSMに載っている「病気」に限られるという事実もある。ちなみに、最近追加された病気には、「算数障害」「買い物障害」「書字表出障害」などがある。

どうやら精神科医は単なる概念と事実の区別ができないようだ。彼らは病気らしく聞こえる言葉を造ることで、その病気が本当に存在すると思い込んでいる。DSM第四版では、精神科医は精神「障害」と身体「障害」の区別もしていない。たとえば、いつもボールを取り損なう子供が、自分や親や教師を苛立たせるような場合、その子は「発達性協調運動障害」と診断され、体育の指導の代わりにリタリンやプロザックを与えられる。

しかし、すべての精神科医がDSMを信じ込むほど愚かなわけではない。実際、二〇〇一年にロンドンで行われた精神保健専門家に対する国際調査によれば、DSMは精神医学書のワーストテンに入っている。内科医もDSMにはあまり良い印象を持っていない。彼らの大半は、問題行動の原因が精神的なものであると疑う前に、徹底した身体的検査を行うべきだと考えている。英国王立医科大学のデニス・ドーマン博士はＤＳＭについてこう言っている。「あれは精神医学にエセ科学的なイメージを与えるインチキ本だ。そして関係者の懐に入るのはもちろん血税だ」

精神医学という名の悪質な詐欺

精神医学が人間の霊性を否定することでその出発を誤ったとすれば、それが深刻化したのは一九六〇年代のことだ。その頃から、精神医学は神経学——身体異常や脳の病気に関する診断と治療を研究する本物の学問——の分野を侵食し始めた。脳の一部が物理的な損傷を受けた場合、それは神経学で身体的問題として扱われる。一方、それまでの精神医学では、身体に問題はないが行動に問題のある患者を精神分析し、懲罰的な抑制・鎮静手段によって彼らをおとなしくさせることがその目的とされていた。

ところが一九六〇年代、精神科医は問題行動を脳の化学的不均衡による身体的疾患と位置づけ、薬物治療によってその均衡を取り戻すという、問題と解決の図式を作り上げた。これにより、巨大な「市場」を創り出し、社会統制という自らの目的を果たせると知ったのである。問題行動を何でもかんでも「病気」と定義すれば、世界中の人々がそのための薬を買うようになるかもしれない。そしてこの戦略に従わない人間は、たとえ他に何ら問題がなくても、「治療遵守不良障害」と診断されて脳に化学的不均衡があるとみなされる恐れがある。

製薬業界は、精神異常や行動異常が「化学的不均衡」による脳の疾患であるとするこの新しい理論に飛びついた。しかし、国から承認される薬を作るには、まず病気を診断するための身体症状を明らかにしなければならない。ところが、莫大な税金や製薬会社の資金を投じて何十年も研究を続けているにもかかわらず、ＤＳＭ第四版にリストされた三七四項目の病気のいずれについても身体的根拠はわかっていない。それに、生きた人間の脳を化学的に分析するといった実験も行われていない。

しかし、こうした事実によって精神科医が引き下がったわけではない。それどころか、彼らは何千万という人々を騙して、偽りの「病気」の診断を下している。また、製薬会社は製薬会社で、こうしたでっち上げの病気の治療薬を作って売っている。

精神薬の効能については、心理学者のアーヴィング・キアシュとトマス・ムーアによる二〇〇二年の研究を見てほしい。米国心理学会のオンライン・ジャーナルで発表されたものだが、二人は、プロザック、パキシル、ゾロフトなどの抗鬱剤の承認のためにＦＤＡ（食品医薬品局）に提出された四七件の試験結果を見直し、砂糖の錠剤の方が効果があるという結論に至った。それにもかかわらず、製薬会社は抗鬱剤によってアメリカで年間六〇億ドル以上を稼いでいる。しかも、砂糖の錠剤と違って、これらの薬は服用をやめると暴力行動や精神病〔訳註：深刻な症状を伴う重度の精神障害〕を引き起こす恐れがある。

精神科医と製薬会社はグルになって、ドル箱事業を展開している。その良い例が「社会不安障害」である。一九九七年、社会不安障害は内気な性質の「社会的名称」として、精神科医によって考案された。九七年から九八年にかけて、この障害は五〇回にわたってメディアに取り上げられ、九九年にはさらに多く取り上げられた。また、そうしたメディアの九六％が、社会不安障害に効く唯一のＦＤＡ承認薬はパキシルであると報じた。

広告代理店が宣伝する精神治療薬

二〇〇一年七月一六日付けの『ワシントンポスト』によれば、パキシルを製造するグラクソ・スミスクライン社は、広告代理店のコーン＆ウォルフ社に大々的な宣伝を依頼した。彼らはマーケティングとPR活動に数百万ドルを投じ、「これまでこの障害にかかっていることを知らなかった多くの人々に情報を提供し」、「助け」を求めるように促したのである。

コーン＆ウォルフ社はメディアに対して、これは医師や非営利団体を代弁する活動であって、費用を負担している製薬会社の宣伝活動ではないと語った。しかし、コーン＆ウォルフ社の年次報告書にはそうした奉仕の精神は感じられない。彼らが広告業者であって、公衆衛生業者でないのは明らかである。同じく、グラクソ・スミスクライン社の二〇〇〇年度の年次報告書にも奉仕の精神は見られない。そこでは株主に対して、選択的セロトニン再取り込み阻害薬（SSRI）というアメリカの巨大市場で、パキシルがその年の処方薬第一位になったことを伝えていた。

オランダ政府はこうした虚偽の宣伝広告やPR活動を規制するようになった。二〇〇二年八月、オランダ広告規制委員会は国の脳学財団に対して、注意欠陥多動性障害（ADHD）が神経生物学的疾患や脳機能障害であると主張することを禁じ、財団にそうした誤った主張の宣伝を止めるように命じた。

詐欺といえば、プロザックの例もぜひ知っておくべきだ。一九七八年、製薬会社のイーライリリー社はプロザックが自殺願望や殺人願望を引き起こすことを知った。ドイツ政府は一九八四年にプロザックの承認を取り消した。臨床試験の結果、自殺の恐れがないとされていた人々のグループで、一四件の自殺未遂と二件の自殺が起こったからである。リリー社はアメリカでプロザックの承認を得る際、この情報をＦＤＡに申告しなかった。そのため、リリー社はプロザックの影響を受けていた人々による殺人や自殺について責任を追及され、自社の弁護に膨大な金を費やすことになった。

そこまでして弁護を続ける理由は、リリー社の主任研究員リー・トンプソンの言葉を借りれば、「プロザックを失ったら、リリーは倒産するかもしれない」からである。ＦＤＡの記録では、二万八六二三件の副作用が報告され、そのうち一八〇九件は自殺、一八八五件は自殺未遂だった。しかし実際のところ、プロザックによる自殺は一〇万八九〇〇件、未遂は一八万八五〇〇件に上る可能性がある。政府の会計検査院の推定によれば、ＦＤＡに報告されるのは実際の副作用の一％から一〇％にすぎないからだ。最近の調査では、プロザックによる死亡は五万件を超え、服用者の七％から一〇％が何らかの副作用を経験しているという。

一九九〇年、リリー社はこの事実を隠蔽するため、研究員にプロザックに関する臨床記録を改竄（かいざん）させ、「自殺未遂」は「過剰服用」に、「自殺願望」は「鬱病」に変えさせた。彼らはプロザックをめぐる二〇〇件の訴訟のほとんどを法廷外で決着させたが、示談の内容は秘密にされている。二〇〇二年、イーライリリー社はプロザックの新バージョンを宣伝する際、「重大な副作用の一つとされる自殺願望や自傷行為を引き起こすことはない」と明言したが、既存の製品に問題があったことを認めたのは新製品の売上げアップを考えたからにすぎない。

しかし、これについては心理学者でさえ詐欺だと見抜いている。ミネソタ州ロチェスターにあるメイヨークリニックの心理学者ジョナサン・アブラモウィッツはＤＳＭ第四版の作成に携わった人物だが、次のように警告する。「社会不安は脳の化学的異常ではない。それは正常な思考と行動が逸脱したものである」

一方で、こうしたマーケティング戦略は人命を危険にさらしている。身体的問題が治療されないまま、毒性の薬物が体内に広く吸収されると、さらに多くの身体的問題や精神的副作用が生じる。ある調査によれば、医師やソーシャルワーカーから精神的治療を受けた人の八三％が、身体的疾患を見逃されていたという。それでも、精神科医は身体的検査を行わない。彼らはただ精神異常のチェックリストを参照し、実際には何の根拠もないと知りながら「病気」と決めつけ、治療のためとして向精神薬を処方する。これは患者のインフォームド・コンセントの権利を侵害するものであり、医療過誤に等しい。

精神科医が、問題児の脳の異常や病変、化学的不均衡にリタリンやパキシル、ハルドールといった精神薬が効くと言うときには、いかにもそうした不均衡が実際に発見され、その治療法がわかっているかのようである。ところが、そうした発見や研究はこれまで全くなされていない。これでは一五〇〇年前に偽医者がインチキ薬を出していたのと同じである。

いつまでたっても変わらないものは変わらないようで、騙される人は後を絶たない。変わったことと言えば、今は政府がそれに資金を出していること、分別ある大人だけでなく、赤ん坊や子供も対象とされ、協力を拒めば刑罰に処されること、そしてその薬に毒性があるということだ。

精神科医や製薬会社の圧力団体の行為は、倫理に反するものでもある。彼らは何十億ドルもの金を費やし、自分たちは全知の科学者として「専門的な治療」を行っているとうそぶいているが、真の動機は個人的利益にほかならない。

ロボトミーは奇跡の治療法か

人生の多くの年月を費やした研究がペテンだとわかったら、精神科医は失望するに違いない。しかし、その原因は彼らが「学問」を構築するために、事実ではなく、証明不可能な理論を根拠にしたためである。たとえば、ロボトミー（前頭葉切断手術）を考えてみよう。この手術は一八四七年にアメリカで起きたある事件がきっかけとなった。岩盤の爆破作業中、フィニアス・ゲージという男の前部前頭葉に金テコが突き刺さった。彼はこの事故を生き延びたが、カルテに彼の病状が回復したという記述はない。それどころか、彼は非常に乱暴で反社会的な人間になったのである。

精神科医のウォルター・フリーマンは、症例研究を行うこともなくこの事件だけを根拠にして、アメリカで前頭葉白質切断法を導入した。これは眼窩（がんか）からアイスピックを打ち込み、額の裏側にある神経を切断するという手術で、少なくとも一〇万人に施された。ただし、ロボトミーで症状が改善されたという人の記録はない。実際はその逆だ。というのもこの手術の後は、みんな植物状態に陥ってしまうからである。ハリウッド女優として元気に活躍していたフランシス・ファーマーも、最後はロボトミーで廃人となった。それでも当時、ロボトミーは精神科医によって「奇跡の治療法」ともてはやされていた。一九三八年に電気ショック療法（ＥＣＴ）が奨励されたのも、今日、向精神薬が奨励されているのも、これと同じ状況である。プロザックは、体重増加から嫉妬、抜毛癖まであらゆる症状に効くとされているが、ほとんど一〇〇年前のインチキ薬の宣伝文句のレベルだ。

狂気の根源に精神科医がいる

精神科医は全世界に広がる精神異常や蛮行に対する文明の最後の砦とされているが、本当にそうだろうか。我々の周囲に狂気が増えているのは彼らのせいではないのか。精神疾患の予防のために政府に莫大な金を要求している彼らこそ、精神疾患の根源ではないのか。精神科医は救世主ではなく、人類の災いではないのか。

一九九五年、アメリカの国立精神衛生研究所（NIMH）所長のレックス・カウドリーは、うっかりこうした考えを裏付けるような発言をしてしまった。「我々には精神障害の原因がわからない。こうした疾患の〝治療〟法もまだない」

一九九九年の公衆衛生局の報告によれば、「特定の精神障害の原因となる遺伝子は一つも見つかっていない。精神疾患を引き起こす病変も臨床試験も、脳組織の異常も明らかになっていない」

世界精神医学会の会長ノーマン・サートリウスの発言も興味深い。一九九四年、彼は会員の精神科医らに向かってこう語った。「精神科医が精神疾患の患者を治せると考える時代は終わった。今後、精神疾患患者はその病気を受け入れることを学ばなければならないだろう」

誠意ある精神科医の一人として、同業者を批判したデヴィッド・カイザーは、一九九六年にこう言っている。「現代の精神科医はそろそろ精神疾患についての遺伝学的ないし生物学的原因を証明すべきである。患者を〝化学的不均衡〟と診断しておきながら、そうした診断を裏付ける実験はまったく行われておらず、（中略）正常な化学的均衡がどんなものかという概念も実際にはない」

彼らの言うことが本当なら、他の精神科医がメディアで発表する「見解」は、どれも実体のない誇大表現だと考えなければならない。そんな偽りの学問の研究や治療のために、何百万人もの人が犠牲になり、何十億もの金と時間が費やされているのである。

患者を黙らせ、死なせる治療法

人間は霊性のない動物であり、精神の実体は脳であるとする理論を考えれば、薬物治療、ロボトミー、電気ショック療法（ＥＣＴ）の三大治療法が生み出された背景も容易に理解できる。第一に、精神科医は目に見える行動を何でもひとまとめにし、それを精神障害や精神疾患と決めつけて、その人を中毒者や廃人、時にはその両方にさせてしまう薬を処方する。

こうした薬の副作用の多くは、精神科医が「精神疾患」とみなしている症状である。実際、『処方医薬品情報事典』（邦訳：産業調査会刊）には、リタリンやデキセドリンの副作用として、精神病様症状が表れると記されている。このため、精神科医はより強力な薬をより多く投与するようになり、その仕事がさらに増えることになる。それが患者にもたらすのは、知覚麻痺や有毒性、脳の中枢神経組織の損傷などだ。一九八九年までに、処方薬による死亡者の数は、街で売られている麻薬による死亡者の数を上回った。社会的にも、犯罪の増加、麻薬の蔓延、生産性の低下などの影響が出ているほか、コロンバイン高校の銃乱射事件のような悲劇も起こっている。

精神科医のローレン・モーシャーは一九九八年、「精神医学は製薬会社に買収された状態」であるとして、米国精神医学会(APA)を脱退した。彼はさらにこう言っている。「米国精神医学会は製薬会社なしではやっていけなかった。会議やシンポジウム、研究会、雑誌広告、症例検討昼食会、制約なしの教育助成金など、あらゆる側面が彼らの支援で成り立ってきた。精神科医は深刻な長期的副作用があると知りながら、毒性薬物の乱用や誤用を黙認し、それを奨励している。私はそんな精神医学の職権乱用や社会統制に加担したくない」

第二の治療法であるロボトミーは、一九五四年、ソラジンの導入によって基本的に行われなくなった。ただし、こちらは化学的ロボトミーと呼ばれている。

第三の治療法は電気ショック療法(ECT)である。これは患者のこめかみに最高四六〇ボルトの電流を流すもので、患者はそれに伴う痙攣(けいれん)で骨折しないように薬で麻痺(まひ)させられる。ECTは重大な悪性てんかん発作を引き起こしたり、酸素の欠乏によって脳に永久的な損傷を与えたりする。その結果、記憶喪失、学習障害、見当識障害、脳萎縮、昏睡を引き起こし、場合によっては出血多量や窒息で死に至ることもある。ただ、あるアメリカ人精神科医の言葉を借りれば、「知能の減退は治療の重要な要素である」という。

ECTは一九三八年、イタリアのウーゴ・チェルレッティ博士によって開発された。彼は解体処理される豚が電気ショックを施されているのを見てこれを思いついたが、一九七〇年に廃止を訴えた。それにもかかわらず、アメリカでは今も一一万人が毎年六回から一二回のECT治療を受けており、年間三〇億ドルもの費用が、税金や保険会社から精神科医へ支給されている。ECT支持者のハロルド・A・サッケイム博士の研究を見ても、三四〇人の鬱病患者のうち、ECTで持続的効果が得られた人が一人もいなかったことがわかる。

ロボトミーと電気ショックは今日ではほとんど受け入れられていないが、全盛期には非常に効果的とされていた。しかし、これらの治療を施された患者に実際に効果があったという証拠はない。

精神医学の最新のブレイクスルーとされ、精神「疾患」を治すと言われている向精神薬も、これと同じではないだろうか。この向精神薬の代表的な副作用を紹介しよう。軽い精神安定剤でも嗜眠、錯乱、性的機能障害、幻覚、重度の抑鬱、不眠、筋肉の震えを引き起こす恐れがある。しかも、いきなり服用を中断すると発作や死に至ることもある。抗鬱剤は眠気、嗜眠、思考困難、記憶障害、妄想、発作、発熱、肝臓障害、心臓麻痺、脳卒中を引き起こす恐れがある。選択的セロトニン再取り込み阻害薬（ＳＳＲＩ）は、服用者の五〇％に禁断症状、六〇％に性的機能障害を引き起こし、発作や難聴、妄想症、自殺の原因にもなる。

ペテン精神医学の合法化と制度化

ドイツの心理学者らによって実験心理学が紹介された当時、人々は精神について何も知らなかったが、「人間には霊的な要素がある」と信じていた。

新しい運動の初めは何でもそうだが、心理学も最初は大多数の人から非科学的だと冷笑された。しかし、なかには考えを改める者もおり、アメリカの影響力のある支持者たちがドイツを訪れ、帰国してその理論を学校に導入した。逆にドイツの学者たちがアメリカを訪問し、彼らの技術や理論を伝えることもあった。たとえば、ミュンヘンの精神医学博士で、カイザー・ヴィルヘルム研究所遺伝部門の主任エルンスト・ルーディンは、一九三〇年にアメリカを訪れた。彼はカーネギー財団の幹部たちから賞賛を受け、ロックフェラー財団から多額の助成金を提供された。このルーディンという人物は、ナチス・ドイツの断種法の考案者である。一九九〇年まで、カイザー・ヴィルヘルム研究所には何百人という子供の脳が精神医学の研究用に保存されていた。これらの脳はナチスの強制収容所で精神科医によって殺され、解体された子供たちのものである。

一九三〇年代には、ハリウッドが精神科医を良いイメージで映画に登場させ、彼らを正当化するようになっていた。一九四〇年代には、政府が精神医学の研究に資金を提供し、手に負えない破壊分子のマインドコントロールに役立てようとする事態になっていた。一九五〇年代半ばには、今ではもう忘れられてしまった悪名高いアラスカ法案が、わずか一、二票の差で可決を免れている。もしこの法案が可決されていたら、アラスカの精神保健施設では精神科医が患者を自由に監禁し、電気ショック療法を施す権限を与えられていただろう。

また、CIAはマインドコントロールをその目的に利用するため、ナチスの強制収容所で精神科医が行っていた研究を続けた。今日、国土安全保障省が新たに設立され、自由の国は再び精神医学に支配された強制収容所へと近づいている。

こうした過去の歴史と現状は社会に警鐘を鳴らすものだが、事態はむしろ悪化している。次に引用する世界精神保健連盟（WFMH）の創設者G・ブロック・チザムとJ・R・リースの言葉を読めば、精神科医が社会的・道徳的責任という意識を根絶やしにし、麻薬に溺れた無知な社会を構築して混乱を煽ろうとしていることは明らかだ。一九四八年に設立されたWFMHは、精神科機関の設置をはじめ、あらゆる事業や計画について複数の国々で影響力を持っている。

一九四〇年の演説で、リースは精神科医の取るべきアプローチについてこう語った。

市民生活、政治、産業はいずれも我々の勢力圏内に置くべきである。精神医学を人々の専門的・社会的活動に浸透させるには、我々は全体主義者を手本とし、第五列的な後方撹乱活動を計画しなければならない。精神保健のよりよい考えを発展・普及させるためには、我々はセールスマンとして、自己の正体を隠さなければならない。(中略)つまり、「第五列員」として極秘裡に活動するということだ。

その後、この目的はアメリカで四人の精神科医――ロバート・フェリクス、ウィリアム・メニンガー、フランシス・ブレイスランド、ジャック・エーヴァルト――によって達成された。一九四六年、彼らはある草案を作成して法律化した。それをもとに国立精神衛生研究所(NIMH)が創設され、国家精神保健計画に国民の税金が使われることになった。精神保健事業はその育成に税金が使われる唯一の医療であったが、それは今も変わらない。NIMHは精神医学の研究を遂行し、心理学の育成に資金を提供し、地域ベースの予防計画について州を助ける権限を与えられた。

精神保健を世界的に発展させるには三つの要素が必要だった。第一に、精神科機関を設置すること。第二に、一〇万人に一カ所の割合で地域外来センターを設けること。第三に、親や結婚を控えた人向けのガイダンス、子供や福祉に関するサービスを紹介し、学校に精神科カリキュラムを導入すること。

一九六三年、議会は各地のセンター建設のために一億五〇〇〇万ドルの支給を認め、一九六五年にはその人件費としてさらに七億三五〇〇万ドルを承認した。これらのセンターの経費は急激に増大し、一九六九年の一億四〇〇〇万ドルが一九九四年には九七億五〇〇〇万ドルとなり、何と六八〇〇％も上昇した。一九八〇年までに、センターに通う人々の五五％が強力な向精神薬を処方されていた。

ＮＩＭＨは精神医学者や心理学者をはじめ、精神医学関連のソーシャルワーカーや看護師、公衆衛生官の養成に長年資金を提供してきた。今日、精神医学の理論や影響はあらゆる面で見受けられる。学校、病院ならびに診療所、企業、メディア、エンターテイメント、老人ホーム、裁判所と、枚挙にいとまがない。具体的にどのような影響があったのか、主な精神科プログラムについて見てみることにしよう。

一九四五年、Ｇ・ブロック・チザムはこう述べた。「子供の教育の基本とされてきた善悪の概念を解釈し直し、最終的に根絶することが、（中略）効果的な心理療法のほぼすべてに通じる目標であり、早急に達成されなければならない」

「精神異常の申し立て」をはじめ、あらゆる「精神疾患」や「精神障害」を法廷に持ち込み、広めることによって、犯罪者はその行為の責任者としてではなく、過去の犠牲者として捉えられるようになった。また、それによって犯罪の取り締まりはほとんど不可能になった。一九六〇年から一九九五年にかけて、アメリカの凶悪犯罪は一〇〇人中一件から一〇〇人中八件に増加している。

どの裁判でも、検察側の精神科医と被告側の精神科医の意見は対立する。米国精神医学会は連邦最高裁判所で自ら陳述し、精神医学による「予測は基本的に信頼性の非常に低いもので、（中略）何の証拠にもならない」と認めた。

しかしそれでも、裁判制度や刑務所制度のあちこちで、精神科の訳のわからない用語が使われ、DSM第四版が権威ある資料として参照されている。精神科医は警察官と犯罪者の両方のカウンセリングを行っている。その結果、毎年三〇〇人の警察官が自殺し（全国平均の三〇％超）、犯罪者の八〇％が再び刑務所に戻ってくる。一九七四年のセントルイスでの調査によれば、逮捕者の八二％が犯罪を行う前に精神科の治療を受けていた。

学校は今や、精神保健治療所になった

しかし、それ以上の悲劇と言ってもいいのは、二〇世紀——特に最後の三五年間——を通じて、学校が精神科医の理論や治療に侵食されたことだ。アメリカの教育が最初に揺らいだのは、一八九九年に教員養成大学で心理学科が導入されたときである。同じ年、「米国教育の父」とされるジョン・デューイは、『学校と社会』でこう語った。「知識の習得には明白な社会的動機は何もない。最初の二年で学業の大半を読み書きに費やすのは教育の最大の過ちの一つである。そもそも教育の根本的な問題は、心理学的要素と社会的要素を混同することであり、（中略）学校は将来の社会的秩序を左右する点で積極的な役割を担うべきである」

一九〇三年、エドワード・ソーンダイクは「教育心理学」を打ち立てたが、彼も一九二九年の著書で読み・書き・計算の価値を否定した。精神科医もまた、形式偏重のカリキュラムや罰則規定、学科の落第といった教育の「圧力」要因を取り除こうとした。あらゆる名の下に「価値の明確化」のプログラムが導入され、最近では「結果に基づく教育」などと呼ばれている。

こうしたプログラムは、子供たちに善悪の判断基準が消滅したことを慎重に教える一方で、「適切な」行動の仕方も教えようとした。そこで、精神科医は方向性を見直した。生徒に知識を与えることから、生徒を支配・形成することへと目的を転じ、彼らの学習を難しくさせることで、こうした「問題児」が適切な学習をするためには薬が「必要」だと思わせたのである。

学校での精神科医の影響が確実になったのは、一九六五年、初等・中等教育法案が可決されてからである。これにより、学校における精神科のカリキュラムや実験、人員に対して資金が与えられるようになった。一九六九年、学校に配置された精神医学者の数は四五五人だったが、一九九二年には一万六一四六人に膨らんでいる。一九九四年には、学校を取り巻く精神科医とその関係者の数は教師を上回っていた。精神科医は子供の典型的な行動（落ち着きのなさなど）に対してあらゆる病名を与え、計算や読みが苦手な子供も教え方が悪いのではなく「精神障害」であると再規定した（「算数障害」および「読字障害」）。

このような動きは、教師の仕事が教えることから支配することへと変化していることを反映しているのだろうか。「素人心理学者」に成り下がった教師は、生徒たちに病名を与え、学校に組み込まれた「精神科医と製薬会社のシステム」に彼らを引き渡している。

一方、製薬会社は「ＣＨＡＤＤ（注意欠陥多動性障害を持つ子供と大人の会）」のような

「民間」団体に資金を提供している。リタリンの製造元から一〇〇万ドルを受け取ったCHADDは、学校での向精神薬の使用を訴えて世論の支持を獲得し、一九九一年、連邦法第一編や障害児法、追加保障所得プログラムの成立に貢献した。教育省の職員によれば、こうしたプログラムによって、学校には「障害」と診断された子供一人につき年間最高六五〇ドルが支給されることになり、学校には「特別な教育的配慮を必要とする児童をより多く発見することを促す状況」がもたらされた。

一九八七年から二〇〇一年にかけて、注意欠陥多動性障害（ADHD）と診断されたアメリカの子供は一一〇〇％増加し、二〇〇一年に書かれた処方箋は二〇六〇万枚に上った。一方、世界のADHD専門家が一九九八年の会議で出した結論は、「ADHDの原因に関する我々の知識は、ほとんど推測の域を脱していない」というものだ。一九九六年、アメリカでは子供たちに突然表れ始めた精神障害の数々に対応するため、一五〇億ドルが投入された。同じことが他の富裕国でも起きている。ドイツでは、子供に処方される中枢刺激薬の数が一九九五年の七〇〇万錠から、一九九九年の三一〇〇万錠へと急増した。イギリスでは、一九九二年に二〇〇〇枚だったそうした処方箋が、二〇〇〇年までに約一八万六〇〇〇枚になった。もちろん、その金は精神科医と製薬会社の懐に入る。

アメリカの学校教育に対するこうしたアプローチは、子供たちにどんな影響を与えているのだろう。

現在、小学生から高校生までの六〇〇万人以上の子供が精神作用薬を使用している。これに対して、街で売られている麻薬を使う子供は一〇〇万人である。ある親は子供の様子を観察して、「薬はこうした子供たちの人格を奪い、おとなしいロボットにしてしまう」と言っている。ただし、精神医学者で『有毒の精神医学（*Toxic Psychiatry*）』の著者であるピーター・ブレギンによれば、精神薬の使用者の四％は暴力行動を起こすという。

一方、メリーランド州ランドオーヴァーの「ＡＤＨＤの子供と大人の会」の会長を務めるマシュー・コーエンは、こうした暴力性について「薬が暴力行為を引き起こすのではない。もっと正確に言えば、薬ではそれを抑え切れなかったということだ」と言い切る。興味深いことに、麻薬取締局の報告では、アメリカで使われるアンフェタミンの八〇％がＡＤＨＤの「治療」用であり、一九九三年から二〇〇〇年にかけてアンフェタミンの生産は三七五〇％増加した。二〇〇〇年一一月には、学童五人につき一人の割合で一九〇〇万枚の処方箋が作成された。一九九五年の麻薬取締局の報告によれば、コカインと同じような薬理学的効果を持ち、より持続性の高いリタリンは、学校内の闇市場で一錠六ドルで売られている。

一九六〇年代からティーンエージャーの自殺が三倍に増えているという事実は、向精神薬の推進者にも責任がある。また、彼らの歪（ゆが）んだ「死への準備教育」も問題である。そこでは死や殺人や自殺に関する話をして、子供たちに墓石に何と書いてほしいか尋ねるという。

一九八七年、殺人で逮捕された一三歳から一七歳の子供は一三三六人であった。しかし、一九九二年までにその数は二八二九人に達していた。殺人ほど目立たない犯罪についても同じである。一九六五年から一九九二年にかけて、ティーンエージャーの麻薬による逮捕者は未成年一〇万人につき一〇人から一四七人に増加した。一九九二年、一八歳未満の子供によるレイプ事件は五三六四件に上り、そのうち二〇四九件は一五歳未満の子供によるものだった。

学力の面でも懸念すべきデータが出ている。SATの言語テストと数学テストの総合得点は一九六三年から低下し始め、平均点は八〇点下がって八九〇点になった。一九三〇年代、字を読めない大人が三〇〇万人いたのは、彼らが学校へ行っていなかったからだ。しかし、一九九〇年には、一〇年以上学校へ通ったにもかかわらず、文章の内容が理解できず、簡単な計算もできない人が四〇〇〇万人いた。二〇〇〇年に行われた全米学力テストでは、アメリカの小学四年生の三分の二を超える生徒が学年水準に満たない読解力を示した。これは音声学的な読み方の指導が行われなくなったからだろうか、それとも精神科医が言うように「精神障害による発達性学習障害」なのだろうか。

家庭の弱体化を図る精神科医

精神科医の狙いが人を弱らせ、コントロールしやすくすることだとすれば、自信と元気を与えてくれる強い家庭は彼らの敵であろう。事実、G・ブロック・チザムは一九四八年にロンドンでこう語った。「現在、家庭は精神保健の発展にとって大きな障害の一つである。したがってできる限りその役目を弱め、個人、特に子供を家庭生活の圧政から解放してやるべきである」。今日、アメリカの社会福祉当局には、親に児童虐待の容疑をかけ、無実が証明されるまでその子供を取り上げるという権限がある。

精神科医は善悪のあらゆる概念を破壊し、一つの単位としての家庭を弱体化させただけでなく、奔放な異性交遊や倒錯を促すような性教育を学校に取り入れた。いつセックスするべきかという質問に彼らはこう答える。「やりたい時にやりたいことをやればいい。大切なのは君の気持ちだ」。親のしつけは「児童虐待」とされる。子育てに神経を使う親は「過保護」とされ、時代遅れの宗教的・道徳的価値観を子供に強要していると言われる。現在では、子供が何をしても「大目に見る」のは「良い親」の資質とみなされる。ヒラリー・クリントンも著書『村中みんなで』（邦訳：あすなろ書房刊）でそう述べている。

司祭を小児性愛者に仕立てあげられた宗教

宗教に懐疑的なフロイトの考えを受け継いで、G・ブロック・チザムはこう語った。「世界政府を実現させるためには、個人主義や家の伝統への忠誠心、愛国心、宗教的信条を人々の頭から取り除く必要がある」。チザムとリースは聖職者の教育を通して、宗教を「精神保健に取り込もうと」した。

こうした狙いが隠されていたことを考えると、教会が精神修養や「人間の本質」についての知識を精神科医に求めているのは皮肉である。彼らが精神科医を信用した結果、教会の会員数や活動は大きく衰退した。

＊一九五二年までに、アメリカの一〇九の神学校や神学大学院の八三％が一つ以上の精神科課程を設けた。

＊一九六一年までに、九〇〇〇人の聖職者が精神医学に基づく「臨床教会」カウンセリング教室を開いた。彼らは教区民に地域の精神保健センターを紹介していた。

＊一九六〇年、教区民の四二％は牧師に助けを求め、精神科医を頼ったのは一八％にすぎなかった。ところが一九九一年には、三八％が精神科医を頼っていた。

＊一九六一年から一九九一年にかけて、アメリカの教会の会員数は二五％減少した。

小児愛をめぐる最近のアメリカでのスキャンダルは、カトリック教会に大きなダメージを与えたが、これも精神科医に責任の一端がある。彼らは小児愛者の司祭に対して、全く役に立たない更生プログラムを実施し、組織的に、性犯罪を「治療可能な」精神疾患にしたのである。

入院患者は「囚われの会衆」になった

健康保険に加入している高齢者は精神保健産業の重要なターゲットとされている。むろん詐欺も横行し、一九九八年、メディケアは全国八〇カ所の地域精神保健センターに対して高齢者や障害者へのサービスを禁止した。不幸なことに、毎年七万三〇〇〇人のお年寄りが、与えられた精神薬の副作用で亡くなっている。精神科医は精神病院の入院患者を「囚われの会衆」として、彼らの意思に反する「治療」や偽りの「治療」さえ行っている。

一九五〇年から一九九〇年にかけて、全米の精神病院における入院患者の死者は、独立革命から湾岸戦争まで、アメリカがこれまで関与したすべての戦争における犠牲者のほぼ倍に上った。精神科医はナチス・ドイツでも同じような役割を果たしている。一九三九年に三二万人いた。

た精神病院の入院患者のうち、一九四六年に存命していたのはわずか四万人だった。ドイツのブランデンブルク・ハーフェル病院の最後の生き残りであるエルヴァイラ・マンテイによれば、彼女と三歳の妹リーザは一九三八年、精神医学者から知的障害と診断され、施設に入れられたと証言している。リーザは翌年、ガス室で死んだ。

薬はこれほど金になる

カナダの心理学者で、『犠牲者の製造（*Manufacturing Victims*）』の著者でもあるターナ・ディニーンは先ごろ、心理学は学問でも職業でもなく、健康な人々を犠牲にして利益を得る「産業」にほかならないと述べた。チザムとリースの発言から見えてくるのは、精神科医の総体が、個人や社会を助ける振りをしつつ、世界政府の構築と社会統制を実現することをもくろんでいるようだということである。

精神科医たちは一体、どれほどの利益を得ているのだろう。毎年税金によって支払われる精神保健関連費用は、一九九五年には一九七〇年に比べて約八〇〇%増加し、年間二八六億ドルに達した。政府の補助金はアメリカ国立精神衛生研究所を通じて、各州の「研究」機関や、学校、裁判所、福祉事務所といった地域レベルのプログラムに支給される。そして学校、地域、軍隊、刑務所、裁判所など、あらゆる方面の精神科プログラムに分配されている。

向精神薬のメーカーも笑いが止まらないはずだ。一九九九年、抗鬱剤と「抗精神病薬」の市場はアメリカだけでも一〇〇億ドルを超えた。インチキ学問に基づいた製品やサービスからは当然予想されることだが、精神科医は現代社会の多くの問題を解決するどころか、創り出している。治療費の支給状況が悪化すると、彼らは問題を解決するにはより多くの薬と特別教育が必要で、そのためにはもっと金が要ると主張する。大統領からメディアまで、ほとんどの人々がこの言葉に騙されている。

コロンバイン高校での銃乱射事件の後、非難の矛先は銃規制に反対する圧力団体に向けられた。しかし、『ワシントンタイムズ』のベヴ・エークマンや『ロサンゼルスタイムズ』のアレグザンダー・コーバンといった少数の鋭敏なジャーナリストを除いて、ある重大な事実に目を向けようとした者はいなかった。この数年間における学校での銃乱射事件の多くは、薬物を使用していた子供による犯行だった。彼らは自殺や暴力性といった副作用の警告表示がある向精神薬を使っていたか、あるいは服用を中止しようとしていた。その例を紹介しよう。

＊コロラド州デンヴァーのエリック・ハリスは、コロンバイン高校のクラスメート一二人と教師一人を殺したとき、ルヴォックスを飲んでいた。

＊オレゴン州スプリングフィールドのキップ・キンケルは、二四人のクラスメートと家族を殺したとき、プロザックの服用を止める過程にあった。

＊アイダホ州ノータスの一五歳の少年ショーン・クーパーは、学校で散弾銃を撃ったとき、リタリンを飲んでいた。

＊アーカンソー州ジョーンズボロのミッチェル・ジョンソンは、クラスメートを撃ったとき、未確認の精神薬を飲んでいた。

＊ジョージア州コンヤースの一五歳の少年T・J・ソロモンは、六人のクラスメートを撃ったとき、リタリンを飲んでいた。

＊カリフォルニア州のジェーソン・ホフマンは、高校で五人の生徒を負傷させたとき、エフェクサーとセレクサを飲んでいた。

＊コリー・バーズガードは、学校にライフルを持ち込み、二三人のクラスメートを人質に取ったとき、パキシルを飲んでいた。

これらの子供たちがなぜ、そんな強力な薬を飲んでいたのか、なぜ誰もそれに目を向けないのだろう。理由は、誰もがそうした事件を起こす子供は「精神疾患」であり、彼らをおとなしくさせるためにはなるべく早い段階で薬を飲ませる必要があると思っているからだ。もしこの社会から娯楽産業が姿を消し、すべての銃が排除されたとしたら、我々はどうなるだろう。おそらく全米の人々が薬を使用し、沸き起こる怒りにまかせて、入手可能な銃以外のあらゆる武器を使って他人を殺そうとするだろう。

精神科医というペテン師たちの肖像

優しい態度で我々を騙し、ジョージ・オーウェルが五〇年前に予言したユートピアを実現しようとしている精神科医とは、一体どんな人間だろう。関連データを見てみよう。

＊現在、アメリカには四万二〇〇〇人に一人の割合で精神医学者がおり、彼らの職場となる一万二〇〇〇カ所の精神病院がある。

＊アメリカの精神科医の四〇％が医療過誤で訴えられている。

＊二〇〇一年、二二二人の精神科医が有罪判決を下され（一九九八年の一〇〇人から増加）、その五三％が医療詐欺、二六％が患者（しばしば子供）に対する性犯罪だった。

＊史上最大の医療詐欺訴訟（三億七五〇〇万ドル）に、医療の最小部門である精神医学が関わっていた。医療詐欺には、死んだ人間に対する治療や患者との性交渉、患者にテレビを見せたり、ビンゴゲームをさせたりしたことなどを医療行為と偽って保険会社に請求をする行為が挙げられる。精神保健産業によるこうした詐欺的請求は、毎年二〇〇億ドルから四〇〇億ドルに上る。

＊心理療法士が起こした不適切行為の事件は、彼らが治療しているとする人々の数の三倍近くに上る。

＊世界中の精神医学者の四人に一人が患者に対する性的虐待を認めている。ある調査では、一五万人の患者が精神科医から性的虐待を受けたとされ、その後自殺を試みた二万一〇〇〇人の患者のうち一五〇〇人が実際に命を絶った。

精神科医のペテンはあまりにも深く浸透しており、ナショナル・パブリック・ラジオからホワイトハウスまで、誰もが精神科医の言葉を受け売りしている。彼らは「精神保健均等法案」を支持し、学校での銃乱射事件の根本的原因には目を向けない。しかし、精神科医がナチス・ドイツやスターリン時代のロシア、さらには現代の中国のような全体主義的国家において君臨したらどうなるか。今以上に恐ろしい事態になることは間違いないだろう。

「NO」と言えない従順な大衆

二〇世紀に起きた大量殺戮の根底には精神医学者がいる。当初、それは「民族浄化」と喧伝された。ナチスのある精神医学者が巧みに表現しているように、「ヒトラー総統によって初めて、民族浄化という我々の三〇年来の夢が実現された」

ナチスと一九九〇年代のセルビア問題に類似点があるとすれば、それはセルビアの元指導者ラドヴァン・カラジッチとスロボダン・ミロシェヴィッチ（前者は逃走中、後者は戦争犯罪で審理中）がどちらも精神医学者であるということだ。また、アルカイダの陰の勢力で、オサマ・ビン・ラディンの主席顧問とされるアイマン・アル・ザワヒリ博士も精神医学者であり、ビン・ラディンの手下を訓練したアリ・A・モハメットは心理学者である。

G・ブロック・チザムが述べているように、心理学者や精神医学者は「新しい種類の人間の計画的発展」における指導者になる必要があった。ジョージ・オーウェルの予想は年代を誤っただけのようだ。法的・精神医学的要素が社会に定着したのは、彼が想定した一九八四年から約二〇年後のことである。人々は向精神薬にコントロールされた従順な社会を受け入れようとしている。思考能力の低下した大衆は、精神が化学的欠陥に陥りやすい物体であるという偽りの情報を与えられても、それを自分で判断することができない。国連の国際薬物統制委員会によれば、アメリカ以外の国々を合わせると毎日六五〇〇万錠のリタリンが服用されているのに対し、アメリカではその数は三億三〇〇〇万錠に上る。ADHD（注意欠陥多動性障害）の診断基準は非常に曖昧で、ほとんど誰もが処方箋をもらう資格がある。

連邦法や州法の規定を強制したり回避したりすることにより、精神医学者は今や赤ん坊にまで社会の脅威になる可能性を指摘し、乳児用ミルクにミント味のプロザックを加える権限を持っている。また、学校でトラブルを起こすと、子供たちやその親は薬を勧められたり、強制されたりする（これについては、ウソの診断によって薬を飲まされた何百万人もの子供が事実であると証言するはずだ）。一九八九年の国連子供の権利条約の第三三条で、子供は「向精神薬の不正な使用」から保護される権利があると定められたにもかかわらず、この状況は今も続いている。

それどころか、二歳から四歳の子供に対する向精神薬の使用は、一九九一年から一九九五年にかけて三倍に増加した。ミシガン州立大学の最近の研究では、リタリンとプロザックが一歳から三歳の幼児に処方されていることもわかった。リタリンの製造元であるノヴァルティス社は、「警告＝子供によるリタリンの長期服用の安全性および効能についてはまだ十分なデータが得られていない」とその危険性を認めている。オレゴン州の州議会では、「予防的精神保健検診プログラムの法案が可決され、「精神的危険ないし社会的危険」があるとされる新生児の発見および事前治療に対して二五〇〇万ドルが予算化されることになった。フランスでは、三四〇〇人の一歳児に向精神薬が処方されている。

精神保健均等法のもとでこの二年間行われてきたのは、国内の向精神薬の使用に無制限の資金を供給できるようにするための取り組みである。これを積極的に推進しているのが「全米精神障害者連合会（ＮＡＭＩ）」であり、彼らは主要な精神科団体として製薬会社と強いつながりを持っている。均等法により、医師はＤＳＭ第四版に基づいて患者を診断するように促され、処方した精神薬の代金がその利益となる。二〇〇二年に「患者の秘密保持」という持ってまわった名称の法案が可決されたせいで、たとえ何らかの「精神障害」の烙印が押されることになっても、本人やその家族には自分のカルテを見る権利がない。それどころか、フロリダ州のベーカー法やカリフォルニア州の条例第五一五〇号のように、そのような診断を下された者は容易に「措置入院」させられる可能性がある。

措置入院とは個人を強制的に拘禁する行為で、警官、救急医療関係者、牧師、学校長、あるいは各分野の医師、心理学者、ソーシャルワーカー、保護監察官などが、ＤＳＭの最新版に規定されている「精神障害、感情障害、または行動障害」の治療ないし監視、あるいはその両方の目的で、当人を精神病院に収容させるというものだ。

約二〇年前、レーガン大統領がソ連を悪の帝国と呼んだとき、それは反政府的な市民に精神異常者のレッテルを張り、その思想が精神薬や精神療法によって矯正されるまで精神科施設に閉じ込めるような国家のことを指していた。中国では今もそうしたことが行われており、平和的な修養組織「法輪功」のメンバーが精神病院に強制入院させられている。

改めて問うが、このような新しい人類を、あなたは本気で望んでいるだろうか。理想的な人間とは、道徳意識がなく、誰とでもセックスをする、犯罪傾向のある薬物中毒者なのだろうか。人間は単なる動物の一種であって、一部は他より不平等な状況にあるという考えは、本当に正しいのだろうか。

おそらく、G・ブロック・チザムとその仲間たちが鏡を見たときには、自分たちがそのように映るのだろう。しかし、我々の大多数は、本当にそんな生き物なのだろうか。

心理戦

第三部

天国の門、コロンバイン、ユナボマー、その他の残虐事件

ロバート・ガフィー

『陰謀大全』第一版でマインドコントロールの恐怖を指摘したロバート・ガフィーによる、政府のマインドコントロール実験とUFO現象の関連についての最新報告を紹介する。『パラノイア』二〇〇一年冬号に登場し、一九九七年から二〇〇〇年までを扱った本記事で、ガフィーは一九九七年の「天国の門」の集団カルト自殺の内幕を暴いている。彼によるとこの集団は、「遠隔視」にまつわる奇妙な地下世界から来た工作員によって宇宙のアーリア人の同胞に加わることを促され、悲劇の結末を迎えたという。ガフィーはさらに、一九九九年の銃撃事件の前にコロンバイン高校に見られた奇妙な心理的条件付けや、「ユナボマー」として知られるセオドア・カジンスキーが一九五八年から一九六二年にかけてハーバード大学の心理実験にボランティアとして参加していた事実などを明かしている。

一九九七年に私は、「あなた、またラングレーに脳ミソ置き忘れてきたの?――近代マインドコントロール技術小史(*Honey, Did You Leave Your Brain Back at Langley Again?: A Brief History of Modern Mind Control Technology*)」という記事を書いたが、その後も、政府の水面下のマインドコントロール計画と関わりのありそうな重大事件がいくつも起こった。本稿ではそのうち四つを取り上げることにする。

*

「天国の門」集団カルト事件

一九九七年三月二六日、「天国の門」の信者三九人の遺体が発見された。集団自殺を行ったと思われるこれらの信者の遺体を発見したのは、そのとき、〝たまたま偶然に〟ビデオカメラを持っていた元信者だった。こうして、現場の凄惨な映像が各局の夜のニュースで流されることになった(通常なら放送コードにひっかかるので、このようなケースは稀である)。信者の遺体はベッドに横たわり、顔には三角形をした紫の布がかけられ、傍らにはバッグ類が置かれていた。彼らが別れの言葉を告げているビデオテープも見つかり、その内容から、「高次の世界」に旅立ってヘイル・ボップ彗星を牽引している宇宙船とランデブーするために自殺を選んだらしいことが明らかになった。この宇宙船というのはラジオの深夜番組でコートニー・ブラウン教授が話したもので、それを聞いた信者が信じ込んだらしい。

一九九七年二月二三日、『ワシントンポスト』がブラウン教授に関する短い記事を掲載している。この記事によると、教授は一九九六年の著書『コズミック・ヴォエージ(*Cosmic Voyage*)』

（邦訳：徳間書店刊）で、自分は離れた場所の出来事を見る「遠隔視」の能力を獲得し、地球外生命体とテレパシーで交信できると主張している。これらの能力は、遠隔視の指導を行うサイテックという研究センター（たまたま偶然に〝元〟諜報員のグループが設立したとされる）の主宰者であるエド・デイムズ少佐から学んだのだそうだ。研究家のアレックス・コンスタンティンによると、「デイムズ少佐は軍の情報機関で訓練を受け、陸軍の『超能力スパイ部隊』の指揮官を務めていた。この部隊はＤＩＡと陸軍のＩＮＳＣＯＭ（安全保障情報局）の下で活動していた」。だがこの超能力というのは、実はマインドコントロール実験のカモフラージュにすぎないと、コンスタンティンは指摘する。

『ワシントンポスト』の記事は、ブラウン教授が示した彗星を牽引する「謎の物体」の写真が捏造（ねつぞう）ではないかと強く示唆する内容だった。一九九六年の一一月にアート・ベルのラジオ番組に出演した際、ブラウン教授はこの物体が異星人の宇宙船であると説明し、写真は「世界でトップテンに数えられる大学の天文学者」から譲り受けたものだと主張した。この天文学者は、一週間以内に大々的な記者会見を開いて身元を明かすことになっているという。ブラウンはベルに対して、この天文学者が公の場に出てくるまでは写真の公表を控えてほしいと頼んだ。だが結局、天文学者は現れなかった。そして一九九七年一月一五日にベルが写真をインターネットで公表したことで、それが捏造であることが決定的になった。ハワイ大学のオリヴァー・ヘイナット（天文学）はこの写真を見てすぐに、同僚のデヴィッド・トレンが撮影した写真を改変したものだと気づいたという。その後、あるリスナーから、ベルの番組の常連ゲストのホイットニー・ストリーバー宛てに、国防総省（ペンタゴン）で働くコートニー・ブラウンという人物の履歴書が送られてきた。

天国の門の指導者マーシャル・H・アップルホワイトについては、ジャック・ヴァレーの一九七九年の著書『欺瞞の使者（*Messengers of Deception*）』で取り上げられている。同書は政府のマインドコントロール実験とUFO現象を初めて結びつけた本であるが、ヴァレーは調査を進めるうちに「マーフィ少佐」なる情報機関の元幹部に出会い、この人物から、影の秘密結社がUFOカルトを操って「高次の種族という概念や、民主主義を駆逐する全体主義体制を広めようとしている」との情報を得た。

アップルホワイトには、ボニー・リュ・ネトルズという忠実な妻がいた。一九七二年、アップルホワイトが精神不安定のためテキサスの病院（ジョージ・ブッシュのお膝元である）で治療を受けていた際に、看護師として介護にあたったのが彼女であった。この数年後、二人はあちこちの大学に現れるようになる。二人は老若男女に対し、「地球という乗り物」を捨てて、星から来た金髪のアーリア人に加わるよう説き始めた。それが地球人の本来の居場所なのだという。このころから、二人は「ギニア」と「ピッグ」と名乗り始めた。何ともそれらしいネーミングではある〔訳註：ギニアピッグとは英語でモルモットのこと〕。

よくあるパターンだが、謎の集団自殺のニュースが報じられてほどなく、ABCの『ナイトライン』にルイス・ジョリョン・ウェストという博士が登場し、法に忠実な普通の市民がカルトに入って自殺してしまう精神状態について解説した。ウェスト博士はCIAに勤務する精神分析医で、ジャック・ルビーやパトリシア・ハースト、デヴィッド・コレシュ、ティモシー・マクヴェイ、O・J・シンプソンなどの心情に共感できるたぐいまれな才能を持っていた（少なくとも一九九九年一月七日に死去するまでは……)。二〇〇〇年のヴァレンタインデーが迫った二月一一日には、やはりCIAのマインドコントロール研究者として有名なマーティン・オーメ博士も癌で死亡している(ヴァレンタインデーにはオーメのマインドコントロールの犠牲になったと思われるティーンエイジャーも二人死亡したが、これについては追って述べる)。

なお、リチュード・ホウグランドなど一部の研究者は、天国の門事件がUFOコミュニティの信用を失わせるために情報機関が進めている手の込んだ作戦ではないかと考えている。

「666×3＝1998」のミステリー

研究者用の技術書『マインドコントロール操作(*Operation Mind Control*)』のなかで、ウォルター・ボウォートは、マインドコントロール実験を生き延びることのできた大人と子供の多くが、特定の日に「スイッチが入る」ようになっていたと述べている。

一部のセラピストの報告では、その特定の日とは、666を三倍した一九九八年にオカルトの数霊術を適用することで得られる六月六日だという。

私が最初にこの情報を目にしたのは一九九四年のことだ。そして問題の日が近づくにつれ、全米各地の学校で暴力沙汰が起こり始め、一部は外国にも飛び火した。アメリカの学校で起こった銃撃事件は、未遂に起こったものも含めると、カリフォルニア州ランカスター、オレゴン州スプリングフィールド、フロリダ州フォートピアース、フロリダ州フォトローダーデイル、ペンシルヴェニア州クリアーヴィル、ペンシルヴェニア州ピッツバーグ、ネヴァダ州パーランプ、ミズーリ州セントチャールズと、明らかに異常である。教会の焼き討ちなども起こり、イリノイ州シャンパーニュでは三三名が死亡した。

ヴァチカンではさらに異様な殺人事件が起こっている。少なくとも我々が知るかぎり一五〇年以上にわたって殺人が起こっていないヴァチカンで、法王の警護長であったアロワ・エステルマンが事件を起こしたのだ。もっとも、ヨハネパウロ一世の暗殺を巡る陰謀を暴きだした『法王暗殺』（邦訳：文藝春秋刊）の著者デヴィッド・ヤロップなら、事件は他にも起こっていると言うかもしれない。

しかし、米国の学校に見られたこうした暴力事件の急増は、マインドコントロール作戦の序章にすぎなかった。

コロンバイン高校乱射犯はもう一人いた

一九九九年にコロンバイン高校で起こった事件はとても興味深い出来事だった。私はこの年の四月一八日、この手の話をあまり信じない友人数名と会っていた。いろいろと情報を教えてやっても、たいてい取り合ってくれない連中だ。その夜、私は彼らにこんな警告をした。「もうすぐヒトラーの誕生日だ。言っておくけど、精神異常者の銃撃事件があちこちで起こるぞ。郵便局や高校やマクドナルドとかで」。彼らはこのときも、まさか、という顔をして見せた。

だが、四月二〇日、やはり事件は起こった。この日の朝、テレビをつけてCNNにチャンネルを合わせると、コロラド州リトルトンのコロンバイン高校で無差別銃撃事件が起こっていた。

友人の一人が電話をかけてきて、「何でわかった。お前、この事件に関わってるのか?」と言うので、私は「『マインドコントロール操作』を読んだからだよ」と言って電話を切った。

それから私は伝えられていることを急いでメモし始めた。リトルトンの保安官がレポーターにこんなことを言っていた。「子供がオートマチックの武器や爆弾を持っているなんて、親は何をしてたんだ。銃規制をもっと強化する必要があるんじゃないか」。だが、デイヴ・エモリーが指摘するように「高校にトラックが突っ込んだとしても、誰も自動車を禁止しろとは言わない」のも確かだ。

このときのメモの最初の方には、「白人三名、黒い上着と帽子、迷彩作業服」とある。注目してもらいたいのは〝3〟という数字だ。どのレポーターも、三人の白人男性が校内に入ったと話していた。私は数時間のあいだテレビの前に釘付けになって、生徒たちが校舎から逃げ出す様子を見守った。生徒たちがそばに来ると、レポーターたちは泣いている彼らの目の前にマイクを突き出して「どんな気分?」と尋ねていた。

生徒たちの目撃証言は完全に一致していた。犯人は〝三人〟の白人男性で、黒いトレンチコートを着た二人が自動小銃を乱射し、もう一人の白いTシャツ姿の男が爆弾を投げていたという。だが、数時間後には、彼らの証言は変わり始めた。ある女子生徒は「三人だと思ったけど、ニュースで二人って言ってたから勘違いかも」と語っていた。それでも、メディアは子供に影響はないとされているのだから呆れてしまう。

その日の夜までに、クリントン大統領がホワイトハウスで声明を発表した。「私たちは、意見の違いを暴力で解決することはできないということを子供たちに教えていく必要がある」

(クリントンはその一方でコソボを空爆していたのだ)。結局情報は改変され、マスコミはその情報に添った報道をするようになった。あの日、三人の黒ずくめの犯人について聞き回っていたレポーターたちが、手のひらを返したように、三人目の犯人は存在しなかった、集団妄想だったという立場を取り始めたのである。まるでオクラホマシティ爆破事件の「第二の容疑者」を彷彿とさせるような展開だ。

事件の混乱のさなか、一人の警官がCNNのレポーターに、銃撃者たちは逃げようとしたが、どこからか発砲があって校内に押し戻されたと話している。この警官は、自分たちは発砲していないと明言した。犯人たちを校内に閉じ込めようとしたのは、一体誰だったのだろう。

それが誰だったたにせよ、外に逃げられなくなった犯人たちは図書室に立てこもるしかなくなった。事件の一三人の犠牲者の大半はここで発見されている。血の饗宴が終わると、彼らは自らに銃口を向けた。少なくとも大統領の発表ではそうなっている。その時点で検視解剖がまだ行われていなかったにもかかわらず、そう言い切ったのである。普通に考えるなら、行方がわかっていない三人目が仲間を始末したと見るほうがずっと筋が通っているのではないだろうか。

翌朝、死亡した二人は、エリック・ハリス(一八歳)とディラン・クレボールド(一七歳)であることが明らかになった。そして、ヒトラーがらみの私の懸念も的中していた。ハリスとクレボールドは、ヒトラーの誕生日をあえて襲撃の日に選んでいたのである。ハリスの父親は空軍大佐だったが、これも私にはピンと来るものがあった。マインドコントロールの生存者キャシー・オブライアンによると、最も恐ろしい拷問を受けたのが、オクラホマ州のタルサに近いティンカーなどの空軍基地だったという。警察の捜査の結果、ハリスの部屋でブライオン・

ガイシンが発明したドリームマシンが見つかった。この装置は、回転・点滅する光によって催眠状態を誘導するというものである。ハリスはテレビゲームオタクでもあった。

『「人殺し」の心理学』(邦訳：原書房刊)で、著者のデヴィッド・グロスマンは次のように指摘している。「高速のスーパーコンピュータが登場したことにより、(軍は)すでにある程度確立されていた洗脳の基本技術を大幅に改良することに成功した。その目的は、人を殺人に対して無感覚にさせることであった」

研究家のジェフリー・スタインバーグは、銃撃事件からほどなく行った講義のなかで、さらなる情報を提示している。


一九八〇年代と九〇年代、軍は国防省のDARPA(防衛高等研究計画局)を通じてコンピュータ産業に莫大な予算をつぎ込んだ。その目的は、人間の姿をした標的をコンピュータの銃で「狙いを定めて撃つ」訓練を何十万回、何百万回と繰り返し、本能的にそうした行為ができるようにする訓練シミュレータを開発することであった。


その後、このシステムを開発するために軍に雇われた人々は産業界に進出していった。彼らはハリウッドの映画産業やコンピュータ業界と関わりを持ち、殺人者を作り出すための軍の技術と同じものを開発していった。これらの技術に数百億ドルが投入されたのは、本能的に殺人が出来る、良心の麻痺したロボットを作り出すためにほかならない。

私はテレビゲームをやっただけで人が殺人鬼になるとは思わない。しかし、あの学校で実施されていたような複雑な知覚的条件付けと組み合わされれば、破壊を好む人間が生まれるのは必然であった。

あの高校はマインドコントロールの実験場だった

問題のコロンバイン高校では奇妙な事態が進行していた。とりわけ犯人の二人の生徒に関しては異様な状況に置かれていたことがわかっている。たとえば『ワシントンポスト』の一九九九年四月二九日付け記事によると、エリック・ハリスは両親からルヴォックスという薬を与えられていた。この薬は医学的には抗鬱剤に分類されているが、アメリカ国内では鬱病の治療に使うことは認められていない。ルヴォックスは「躁の気のある患者に躁状態を誘発する」ことがわかっていて、「挑発的、介入的、攻撃的行動」の既往症がある患者への投与は禁忌とされている（ハリスはまさにこれに該当していた）。

ディラン・クレボールドと、FBI捜査官を父親に持つドウェイン・フューゼリアーとの関わりはさらに異様だ。一九九九年五月二二日付け『デンヴァー・ロッキー・マウンテン・ニュース』紙によると、フューゼリアーはコロンバイン事件の捜査責任者だったが、彼の息子が、クレボールドの親友だったブルックス・ブラウンのビデオ制作を手伝ったというのだ。そのビデオは「一九九七年に作られ、トレンチコートに身を包んだ学生たちが武器を持って学校の廊下を移動し、乱射をするという内容」だった。FBIのゲーリー・ゴメス報道官はこの事実に関して、「捜査に支障や影響はない」という信じられないコメントをしている。

コロンバイン高校自体も、自ら論議や死を呼び寄せているようなふしがある。この高校は一九九六年にベルナルド・ベルトルッチ監督の『1900年』という映画の倫理問題の焦点にもなった。この映画はイタリアのファシズムの台頭を描いたもので、「論理・議論」の授業においてファシズムの恐怖を教えるという名目で生徒に観せられた。そして恐怖は生徒に十分に伝わった。この映画には、ドナルド・サザーランド演じるファシストの頭目が少年を犯しながらぐるぐる振りまわし、壁に頭を叩きつけるというシーンがある。この殺人が共産主義者の犯行に仕立て上げられ（ドイツの国会議事堂の放火事件と同じパターンである）、弾圧の口実にされるという筋立てだった。

この映画を生徒に観せたアルフレッド・ワイルダーという教師は、高校生にファシズムの生々しい残虐行為を教えたとして解雇された。白人の富裕層が住む郊外の地域だったこともあって、このような教育は許容しがたいものだったようだ。その後の論争のなかで、ベルトルッチ監督はワイルダーを次のように弁護している。「倫理を盾にして私の映画から性的なものを排除しようとする行為は、政治や歴史をその背景と切り離す態度につながるものだ。未来の世代を担う子供たちが、過去を見つめて議論することを禁じられて、どうやって現在に向き合えるというのか」

一九九七年二月初旬、コロラド州控訴裁判所はアルフレッド・ワイルダーの解雇が言論の自由を保障した憲法修正第一条に違反するとの判断を下し、名誉の回復と職場への復帰を認めた。だが皮肉なことに、エリック・ハリスと仲間たちが校内乱射事件のリハーサルを行ったビデオの校庭での上映会は、ベルトルッチの『1900年』をめぐる論争の影響で取りやめとなっている。上映が行われていたなら、誰かが不穏なものを感じて対策を取り、事件は未然に防がれていたかもしれない。研究家のデイヴ・エモリーは次のように指摘する。「政府内外のナチ分子が、アルフレッド・ワイルダーを解雇しようとして失敗したコロンバイン高校に目をつけ、あえて同校を標的にした可能性がある」

ジェフリー・スタインバーグの解釈はさらに物騒だ。ベルトルッチの残虐な映画を子供たちに観せたこと自体が、感情を鈍磨させるための長期的な計画の一部であったというのである。同校で実際にそのような計画が当時進められており、現在も進行中であることをうかがわせる証拠らしきものも見つかっている。アルフレッド・ワイルダー事件以前の一九九〇年にも、コロンバイン高校は全米的な論争を巻き起こしていた。「湾岸戦争」という物騒なテレビゲームが世間をにぎわせていた当時、ABCの『20／20』に同校で必修とされている奇妙な課目が取り上げられたのである。このような課目が過去にアメリカの高校で教えられたことはなかった。もっとも小説の世界では、逆ユートピアを描いたオルダス・ハクスレーの一九三二年の著書『すばらしい新世界』（邦訳：講談社刊）においてそのような教育が描かれている。

この課程は「死の学習」という名前で、子供たちにさまざまな死を疑似的に「体験」させるというものだった。教師が映画を観せるだけでなく、地元の死体安置所に生徒を連れ出して見学させ、死体を見せたり検視解剖に立ち合わせたりするという。

『すばらしい新世界』の一一章には、ギャフニー博士が主人公のベルナルド・マルクスに「死体火葬場」の説明をする場面がある。「死に対する条件反射訓練は生後一八カ月で開始されるのです。どんな幼児もみな危篤者病院で毎週二日午前中をすごすことになっています。最上等の玩具が病院には備えてあって、死亡者の出る日にはチョコレート・クリームがもらえるのです。子供たちは死を当然の出来事と考えるようになります」〔訳註：松村達雄訳より訳文引用〕。なお、作者のハクスレーはＣＩＡの「ＭＫ－ＵＬＴＲＡ（ウルトラ）計画」に協力し、テモシー・リアリーを仲間に引き込んでいる。

スタインバーグの「リトルトン文化の創造」という記事によると、コロンバイン高校はこの課目について「死は誰でも経験するものですし、しっかり向き合うのはよいことです」と主張していた。記事はこう続く。

> 調査を行ったグロスマン博士や他の研究者の報告を見ると、これは感覚を鈍磨させる計画の一環のようだ。（中略）哲学やモラルの基盤を破壊し、一連の知覚体験を通じて、人間を人間たらしめているものを失わせる。

コロンバインに漂う死の影は、エリック・ハリスとディラン・クレボールドの起こした事件の後も消え去ることはなかった。一九九九年八月一八日付け『ニューヨークタイムズ』には、次のような記事が載っている。「学校が再開された日、授業の前に安全確認のため廊下を巡回していた保護者たちが、壁に四つの鉤十字（ハーケンクロイツ）が刻まれているのを見つけ、応急処置として粘着テープで隠した。同校の一五人の黒人在校生の一人の母親であるタミー・デュースは、『あいつらは陰で笑ってるのよ』と話している。彼女の言う『あいつら』とは誰のことだろう。ハリスとクレボールドは死んだはずではないか」

この「あいつら」とは、一九九九年九月五日に『サンノゼ・マーキュリー・ニュース』が報じた脅迫事件の首謀者たちのことかもしれない。「連邦政府の教育関係者によると、四月二〇日にコロンバイン高校で銃乱射事件が起こったコロラド州リトルトン地区の五つの高校で八月、暴力事件を起こすと脅迫する内容の手紙が届いていた」。大手メディアやクリントン大統領が言うように、乱射事件がハリスとクレボールドという二人の異常者による犯行だったのなら、事件後もリトルトンで脅迫を続けているのはいったい誰なのだろう。

コロンバイン高校では二〇〇〇年二月にまた死亡事件が起こった。二月一五日付けの『ロサンゼルスタイムズ』に次のような短い記事が載っている。「銃乱射事件が起こったコロンバイン高校に通う男女が、ヴァレンタインデーの早朝、コロラド州リトルトンの同校近くのレストランで死体で発見された。被害者はともに二年生のステファニー・ハート（一六歳）とニコラス・クンゼルマン（一五歳）。二人はデートをしていたとされるが、四月二〇日にエリック・ハリスとディラン・クレボールドが一三名を殺害したコロンバイン高校近くのサンドイッチ店で死亡しているところが見つかった。警察は、強盗に巻き込まれた可能性もあるとみて、殺人事件として捜査している」

一見単純な殺人事件のようだが、コロンバイン高校にすでに述べたようなマインドコントロール計画の影があることを考えると、これもその一環である可能性が出てくる。コロンバインではおそらく今後も、進行中の実験にまつわる事件が起こり続けるのではないだろうか。

死に取り憑かれた道化の存在

最後に、単なる偶然かもしれないが、もう一つ興味深い事実を紹介しておく。私はヴィクトリア時代のイギリスで道化師のパフォーマンスを社会的に認められる芸術にまで高めたジョセフ・グリマルディに材を得て短編小説を書いたことがある。グリマルディが芸を習った父親は死の概念に取り憑かれており、息子を精神的・肉体的に虐待した。私は執筆の参考にするためチャールズ・ディケンズが書き起こしたグリマルディの自伝にも目を通していたが、政府のマインドコントロール計画を暴いた『スケプティカル・インクワイアラー』の記事を探していくつかのファイルを調べているときに、同書の一〇八ページから一一一ページの写真コピーが出てきて驚いたことがあった。何のためにコピーを取ったのだろうと思っていると、その一枚が、資料の散乱している絨毯(じゅうたん)の上に落ちた。そしてそれを拾い上げる際に、「コロンバイン」という字が目に入った。ちょうど本稿を書いているときだったので、私は思わず息を呑んだ。そこにはこんなことが書いてあった。

この一二月の夜に開かれる道化芝居の表向きのテーマは、例によってパンタロンと道化による恋人の追跡劇で、追跡の場面のスリルが芝居を盛り上げるだろう。観客は建前としては逃げる者に共感するし、道化芝居とコロンバインは当然ハッピーエンドを迎えるわけだが、本当の主人公は悪党の道化のほうで、誰もが反逆者を応援する。その奇矯な行動に終わりはなく、イギリスの見慣れた光景が続くという以外は特に脈絡があるわけでもない。道化はジョージ王朝時代のロンドンを駆け抜け、後に騒動と破壊を残していく。

コロンバインが本当にハッピーエンドを迎えたことを祈るばかりだが、最後に笑ったのは死に取り憑かれた道化なのではないかという気がしてならない。

ユナボマーはCIA実験の被験者だった

一九九九年七月六日、ルポライターのアレクサンダー・コックバーンが『ロサンゼルスタイムズ』電子版で重大な暴露記事を発表した。おそらく社の上層部の誰かが、ネットにうとく、お上(かみ)を信じ切っている哀れな人々（つまり地球上のほとんどの人たち）を対象にした新聞本紙に掲載するには、リスクが大きすぎる判断したのだろう。この怠慢を埋め合わせるため、ここに抜粋を再掲することにする。

セオドア・カジンスキー（通称ユナボマー）は、一九五〇年代から一九六〇年代前半にかけてCIAがハーバード大学で行ったマインドコントロール実験の志願者であったことが明らかになった。『アメリカ合衆国対セオドア・ジョン・カジンスキー（*The United States of America vs. Theodore John Kaczynski*）』の著者マイケル・メロによると、カジンスキーはハーバードに在学していた一九五八年から一九六二年までのある時期、「心理学実験」の被験者になることに同意したという。メロはこの研究の責任者について、第二次大戦の中佐で、CIAの前身であるOSS（戦略情報局）のために働いていたとだけ説明している。実際にカジンスキーに実験を施していたのは、ヘンリー・マレーという博士で、一九八八年に亡くなっている。

マレーはハーマン・メルヴィルの『白鯨』に出てくるモビー・ディック船長に惹かれてい

たが、フロイトから鯨は父親の象徴だと聞かされ、一九二〇年代に精神分析に傾倒するようになった。一九三〇年代には人格について理論の構築に取り組み、大戦が始まるとOSSに雇われて情報員の選別に（またおそらくは尋問にも）自らの理論を応用していった。

ハーバード大学社会学部の学部長だったマレーは、ナチが強制収容所で行ったマインドコントロール実験をさらに推し進めるCIAの研究に熱心に取り組んだ。CIAの技術サービス部門の責任者シドニー・ゴットリーブのもとで進められていたこの計画では、ハーバード大学の学生や囚人のほか、同意を得ていない多くの被験者にLSDやサイロシビンなどの薬物が投与された。

これらの実験のなかには、悲惨な結果を招いたものもあった。ゴットリーブから詳しい説明もなく一ドラム（三・八八八グラム）のLSDを投与されたフランク・オルソンという陸軍将校は激しい精神病症状をきたし、ニューヨークのスタトラー・ヒルトンホテルの上層階の窓から身を投げて死亡した。ゴットリーブはスタンリー・ミルトン・グリックマンという男にも同意なくLSDを投与して廃人にしており、オルソンの子供とグリックマンの姉の双方から訴訟を起こされている。

では、マレーはカジンスキーにどんな薬物を投与したのだろう。実験の長期的な影響が、ユナボマーを無差別殺人に駆り立てたのだろうか。CIAの心理実験計画は極めて大規模なものだった。心に時限爆弾を抱えた人間は他にどれくらいいるのだろう。すでにそれが爆発した人間は、どれくらいの人数に上るのだろうか。

ユナボマーに関するさらに踏み込んだ情報については、マイケル・ホフマンの「惨事の引き金」という論説がお奨めだ。この論説は、一九九五年に新版が出た『フリーメーソンの操心術』（邦訳：青弓社刊）という大変興味深い本に収められている。そこに書かれた残虐非道な行いを読んで、マインドコントロール社会の民主主義がたどる運命を悲観してしまう人もいるかもしれない。しかし、意識の研究をしているデヴィッド・E・ワーセスターの言葉には、確かな希望の光をかいま見ることができる。

死ぬ前にロシアのヒエラルキーに最後の研究成果を持ち込んだ際、パブロフはこう警告した。「人に条件付けを行うときには（中略）、その条件付けの見返りに何かが得られるようにする必要がある。それが与えられなかった者は、再び条件付けを行うことはできない」。彼はさらにこう言った。「宇宙レベルの覚醒をした最初の人々を作ることもできるだろう。そのような人々は、もはやマスメディアによって条件付けられることはない」

自問してみてほしい。あなたは終わりのない服従に対して、望んだ見返りを得ているだろうか。そもそも、何かの見返りを得られているだろうか。

人間性への宣戦布告　メディアのショーと社会の精神

フランク・ベルループ＋ジョン・ダーク

9・11のテロ攻撃から八日後、ブッシュ政権は現行の国内取締法をさらに強化した反テロリズム法案を発表した。二〇〇一年一〇月二六日、法案は最終的にUSAパトリオット法（愛国者法）として慌ただしく可決された。本稿は、政府権限の拡大によってアメリカ国民の自由が侵害される可能性を指摘している。ベルループとダークはまた、政府のプロパガンダを広め、こうした危機に際して現実を捏造するメディアの役割についても論じている。彼らによれば、人々は「裏切り者」のレッテルを張られるのを恐れ、政府公認の見解に異を唱えることができなかった。二人は、「人々の多くがテロの狂乱に巻き込まれ、全体主義の恐怖が忍び寄っていることに気づかない」と警告している。

＊

世界中で大惨事が起こるなか、人々の恐怖は高まり、個人の尊厳は揺さぶられ、自己に忠実であろうとする意志は崩されようとしている。人々は無意識のうちにテクノロジーの波に飲み込まれ、携帯電話やインターネット、テレビゲームといった仮想現実の活動にのめり込んでいく。彼らは自ら創造した世界で方向を見失い、より危険で不確かな世界のなかで安全を奪い合っている。しかし、アメリカがこれほど病的な独善国家になった背景に、世界的なメディア・コングロマリットの加担があったことはほとんど知られていない。

ウォール街からメディアへの巨大な圧力

一九八三年、ベン・バグディキアンが『メディアの支配』（邦訳：光文社刊）の第一版を書いた当時、マスコミ界は五〇のメディア企業に独占されていた。それが今は、「AOLタイム・ワーナー」「ヴィアコム」「ディズニー」「ニューズ・コーポレーション（会長はルパート・マードック）」「ヴィヴェンディ・ユニバーサル（レコード会社最大手）」「ベルテルスマン（ドイツの複合メディア企業）」の六社による寡占状態だ。二〇〇一年に出された第六版でバグディキアンは、こうしたメディアの少数支配が民主主義社会にもたらす問題について次のように述べている。

当時でさえ、少数企業によるメディアの支配が、アメリカの文化や商業活動、政治に偏った影響を与えるという懸念には十分な根拠があった。規模の小さい個々の組織の地位は下がり、社会のあらゆる声が消し去られた。ところが今は、それよりさらに少ない六社の企業（AO

Lとタイム・ワーナーの合併を除いても）がメディアを独占している。しかもこの六社は、一六年前の五〇社全部を合わせたよりもずっと大きな通信能力を持っている。アメリカの民主主義にとって問題なのは、これらの企業が事業提携や文化的・政治的価値観の統一によって圧倒的な勢力を形成し、個人の役割を弱めるということである。

周囲のものが崩れ落ちようとしていれば、よほど鈍感な人でないかぎり、事態に気づくはずだ。それにもかかわらず、目の前の事態に気づいていない人が多すぎる。我々はメディアに拘束され、個人の意思が無視されているのである。

「非愛国的」な考え方は本当に抑圧されるべきなのだろうか。もしこうした「非愛国的」な考えの中に「真実」が含まれていたらどうするのか。真実を証明できないからと言って、我々はメディアの支配者に判断を委ね、自らの感覚や考えを捨てなければならないわけではない。バグディキアンは次のように指摘する。

有力企業のグローバル化が進み、株式市場での重要性が増すにつれ、大衆に届く情報や娯楽の種類と量に、ウォール街のアナリストや大手投資会社が一定の影響力を持つようになった。毎日の株価に生死がかかっているウォール街が、さらなる利益と有利な株価をよりスピーディに手に入れるため、メディア企業への圧力を強めているのだ。

メディア企業は熾烈な視聴率競争を勝ち抜くため、あらゆる手段で視聴者の注意を引きつけ、チャンネルを替えさせないようにする。一瞬で視聴者の目を釘づけにし、莫大な利益を追求するメディア企業は、アメリカの価値観に重大な社会的・政治的変化をもたらした。

世界貿易センタービルに旅客機が突っ込む映像は、人々の目をテレビに釘づけにした。何度も繰り返された背筋の凍る映像は、今では永遠に拭い去れないほど深く我々の脳裏に刻み込まれている。ただ、冷静に考えてみてほしい。あの映像は、何万人ものイラク市民が虐殺され、何十万人ものルワンダ人が殺戮（さつりく）されたという事実以上に恐ろしいと言えるだろうか。確かに、我々の元には世界中のニュースが届く。しかし、我々が目にすることのできる現実は、こうしたテレビ映像以外にほとんどない。

『ガーディアン』の記事によれば、アメリカ国防総省は数百万ドルを費やして、アフガニスタンでの爆撃の様子を捉えた民間の衛星の詳細画像を西側メディアから取り上げた。『ガーディアン』によれば、「民間の衛星が撮影した画像は極めて鮮明で、ジャララバードの訓練キャンプをテロの訓練兵が行進する様子まで捉えている。これだけの解像度なら、先週の爆撃の後、おびただしい数の遺体が横たわる光景も捉えることができただろう」。しかし、我々がそれを見ることはない。我々が目にするのは、〝メディア〟が我々に見せたいものを慎重に編集した画像である。また、我々が耳にするのは、〝メディア〟が我々に聞かせたいものを慎重に表現した思想でしかない。つまり、我々の意見や考えは、オーウェル的な検閲行為を通して、メディアの支配的な意見に合うように誘導されているのである。

米軍がジャララバード北西にあるダルンタ近郊の訓練キャンプを一晩中爆撃し、大勢の市民が犠牲になったことが報道されると、国防総省は衛星画像へのアクセスを停止した。実は、国防総省はそうした画像を敵に利用させないために、アメリカの民間衛星を停止させる権限を持っている。しかし、彼らはこの法的権限を行使する代わりに、イコノス衛星が捉えたアフガニスタンの画像の独占権を、衛星管理会社のスペース・イメージング社から買い取った。それはなぜか。『ガーディアン』が指摘するように、もし国防総省が法的権限を行使していたら、報道各社から「事前抑制検閲」として告訴されていたかもしれないからだ。国防総省はそれを避けるために、あっさり画像を買い取ったのだ。

我々は誰に「忘れさせ」られているのか

幸いにも、オーウェルの「思想警察」はまだすべてを掌握しているわけではない（彼らはそう感じさせたいのだろうが、まだそこまでは行っていない）。しかし、社会が危険な状態にあるのは確かだ。我々は自己検閲から脱却する必要がある。議論をするのと、それは違うと声を上げることは根本的に違う。声を上げる者を非国民とみなす風潮もおかしい。「自由を愛する」ということは、物事をしっかり見つめ、しっかり発言するということだ。反対の声を上げて初めて、その考えは広く公に思案され、検討されるのである。

これらの「影でうごめく者たち」は社会の精神を破壊し、個人を内側からマインドコントロールすることで、間接的に大衆の心と行動を支配する。しかし、すべてを思惑通りに進めるには、複雑な監視体制を維持しなければならない。我々にとって、「自由人権論者」のアラン・M・ダーショウィッツは心強い存在だ。

ダーショウィッツによれば、国民ＩＤカードが実現すれば、人種別プロファイリングを撤廃するのに役立つという。彼が指摘するように、すでに全米の多くの橋やトンネルで、ドライバーたちは時間の遅れを気にしないで済んでいる。それはダッシュボードの上の「ちょっとした機械（ＥＴＣ）」のおかげだ。「小銭を探している」ような時代遅れの者と違って、今どきのドライバーは快適に走行し、後から請求書をもらう。ダーショウィッツはこれを「プライバシーと利便性の取引」と呼ぶ。確かに、「料金所の係員にはあなたがマンハッタンにいつ入り、いつ出たかといった個人情報を知られるが、その代わり、時間と金が節約できる」わけだ。

ダーショウィッツは〝希望制〟の国民ＩＤカードもこれと同じような使い方ができるとしている。つまり、「より高い安全性を得るために、少しだけプライバシーを犠牲にする」という取引だ。彼の説明によれば、ＩＤカードを持っている人は一日を「よりスピーディに」動くことができ、空港や建物のセキュリティもすんなり通れる。一方、カードを持っていない人はいちいち「細かく調べられる」。すでにこんな宣伝文句もある。「彼はもうとっくに行ったのに、私はまだここでイライラしています。なぜって、あの国民ＩＤカードを持っていないから。あれがないとなかなか空港を出られません」。ただ、ダーショウィッツは「所有者の指紋照合チップ」が埋め込まれた国民ＩＤカードに賛成する一方、プライバシーの取引には「本能的に疑問を感じる」という。

先ごろ政府は反対派への対策として、「料金値上げ」という汚い手まで持ち出してきた。これは陰謀に目を光らせている我々のような者たちにとって、将来への戦略を考え直さなければならないことを意味する。我々は一体どうなるのだろう。政府は法的権限をさらに一段強化し、あらゆる形で圧力をかけて反対派をゆさぶる挙に出てきたのだろうか。政府がどの程度の警察国家になるかはわからない。彼らは国民のあらゆる関心事をめぐって、我々を「裏切り者」として刑務所へ送るかもしれない。IDカードへの反対も「テロ行為」とされて連邦非常事態処理機関に捕まえられるのではないかという懸念も、もはや被害妄想とは言えない。

さらに悪いことに、メディアに懐柔された人々にとって、これは恰好の言い訳にもなる。こうした人々を説得しようとしても無駄だ。すでに恐怖が根付いてしまっているので、「問題を解決するためなら仕方がない」という心境になっているのだ。『パラノイア』誌の信用度も、今や地に落ちている。我々はただの変人どころか、「テロリストの手先」だと思われているのだ。「政府を転覆して世界に悪魔を放つというテロリストのメッセージを伝える、怪しい連中」というわけである。

一方、メディアのほうは、テレビで思考能力が低下した人々を易々とコントロールしている。テレビで流される「注意の持続しない人向けのショー」を見続けているかぎり、我々は精神的に拘束されたままだ。メディアは歴史を書き換え、何でも好き勝手なことをする。『ハーパーズマガジン』の編集長ジョン・マッカーサーは、次にように述べている。

アメリカ人は常に現在に生きている。先進国において、この国ほど注意持続時間が短い国はなく、これは文化的な問題である。我々は半年前に起きたことも覚えていない。ましてや二〇年前にソ連に対抗して、アフガニスタンの反対勢力とビン・ラディンを支持したことなど覚えているわけがない。イラン・イラク戦争時、我々がサダム・フセインを支持し、彼の同盟者だったことなど誰も覚えていないのだ。

誰も覚えていないのは、「誰か」が我々に、それを忘れさせようとしたからかもしれない。

ジョージ・オーウェルの小説『1984年』（邦訳：早川書房刊）にこんな一節がある。

彼はとりあえず他の雑音に耳をふさいでもっぱらテレスクリーンから流れ出る発表に聞き入った。どうやらチョコレートの配給量を週二〇グラムにふやしたことで〝偉大な兄弟〟に感謝するデモさえあったようだ。ところが、その配給量を週二〇グラムに**減らす**という発表があったのは、つい昨日のことではなかったかと彼は思う。それから二四時間しか経っていない今、世間は果して発表を鵜呑みにできるであろうか。できるとも、彼らは現に鵜呑みにしたのである。（中略）途方もない統計はまだテレスクリーンから流れていた。

〔訳註：『1984年』新庄哲夫訳より引用〕

9・11がどうして起こり、どんな目的を「達成する」ために行われたのかを知れば、我々は事件に対してより良い対応ができただろう。しかし、特集記事は事件をめぐるビン・ラディンの組織やCIAの認識について取り上げているだけだった。この大惨事の結果が、「国内恐怖」を引き起こすために周到に計画されたプロセスにぴったり一致するという視点はない（二〇〇三年になると、ビン・ラディンの捜索はいつのまにかサダム・フセインの捜索にすり替わった。ビン・ラディンという名前すら忘れられたのだろうか。まさに、注意の持続しない人向けのショーの典型と言っていいだろう）。

ニューヨークとワシントンを襲った同時多発テロの八日後、ブッシュ政権は、現行の取締法を大きく修正した反テロリズム法案を発表した。そして二〇〇一年一〇月、政府は通信傍受を大幅に認める法案を公聴会なしでスピード可決させた。同年一〇月一一日、USA法案が上院を通過し、二六日に「米国愛国者法」として成立した。取締権限の拡大を認めたこれらの法律で最も懸念されるのは、権限が認められるテロの定義が広いということだ。また、議会は拙速にこれらの法律を可決してしまった。九月一三日、反テロリズム法案とUSA法案に先立って、テロ対策法案（修正法案一五六二）が三〇分も審議されないまま上院を慌ただしく通過した。下院で起草された、公共安全およびサイバーセキュリティ強化法案というのもあり、こちらは修正法案一五六二の「補強版」のようである。米国愛国者法の内容は、次のようなものだ。


*電子メールの情報やインターネット・ユーザーのサイト閲覧パターン、「保存された」音声メールを、裁判所の命令なしで傍受できる。

*ローミング傍受に関する連邦法第三編の規制を廃止する。

*警察は行政府職員への通信傍受によって得られた情報を公開できる。

*外国諜報活動偵察法（FISA）に定められた国内捜査に関する規制を緩和する。

*大陪審は米国諜報機関に情報を提供できる。

*大統領は米国市民や組織を含め、「外国の指示を受ける個人、団体、事業体」をFISAの偵察対象として指名できる。

*テロリストに対して「専門的助言」を与えることを禁止する。

＊政府のＤＮＡデータベースを、低レベルのハッキングも含めたすべてのテロ行為の犯人に拡大する。

米国自由人権協会（ＡＣＬＵ）によれば、警察はすでにテロの容疑者を捜査する十分な法的権限を持っている。そこには電話やインターネットの通信を監視するための幅広い権限が含まれる。「コンピュータ詐欺および悪用法」のときもその適用範囲が「危険なほど広い」と言われたが、反テロリズム法ではコンピュータ詐欺法違反も「テロ行為」とされかねない。

ＡＣＬＵは、反テロリズム法の取締規定は警察の通信傍受を正当に行わせるための裁判所の役割を弱め、失わせるものだと警告している。また、国内警察活動と外国諜報活動の区別が曖昧で、アメリカ人が自国の諜報機関にスパイされる危険も出てくるという。さらに、「テロの定義があまりにも広く、この法律で認められた特別な取締権限が、一般的なテロの概念を大きく越えて適用されることになる」。ＡＣＬＵによれば、この法案の定義では、単なる「市民的反抗」でさえ「テロ行為」の捜査対象になりかねない。

ＡＣＬＵはまた、すべての「コンピュータ犯罪」を「テロ行為」と見なすのも厳しすぎると言っている。この法律では、コンピュータ機器の製造でさえ犯罪になる可能性がある。というのも、同法の「伝達（トランスミッション）」の定義によると、フロッピーディスクのコントローラーのプログラム不備によって欠陥が生じた場合でも、コントローラーの設計、製造、製作、配給、販売、宣伝のすべてに責任が及ぶからである。この法律の下では、他にも違法とされる行為が出てくるかもしれない。まったく馬鹿げた話である。電子フロンティア財団のアクション・アラートは、次のような警告を発している。

こうした初期の段階では、この規定に何が違反し、何が違反しないかを予想することはできない。しかし反テロリスト法では、現在および将来のあらゆる違反行為がテロと見なされるだろう。違反者は厳罰に処され、仮釈放なしの終身刑さえ宣告されるかもしれない。また、こうした法律の強化によって無制限に規制が進み、過去に遡っての処罰も行われるだろう。つまり、アメリカを拠点とするコンピュータ・セキュリティ専門家のなかで、元システム・クラッカーや悪徳ハッカーだった大勢の人々が、反テロリズム法によって刑事訴追される可能性があるということだ。

確かに、有効なテロ対策を講じることは国家にとって極めて重要である。しかし、政府にアメリカ市民の私生活を詮索する権限を与えるという点で、こうした法案はマッカーシーの赤狩り時代を彷彿とさせる。

「暗号メッセージ」か「完全な検閲」か

国家が不安定な時代、プロパガンダは有効な手段である。たとえば、目の前の主要テレビ局が、政府の指示に従ってターバンを巻いた男たちの録画メッセージを放送しなかったとする。理由はそのなかに「暗号メッセージ」が含まれているかもしれないというものだが、これは一つのプロパガンダである。

評論家のスーザン・ソンタグは「オサマ・ビン・ラディンが左の耳たぶを引っ張ることで、外国にいるテロリストに秘密の合図を伝えているなどという話は、小学生でも信じないだろう」と指摘する。確かにそうだ。しかし、アメリカ政府の意図はそうではなかった。政府はただ、イスラム社会の過激な反米思想を国民に聞かせたくなかったのだ。それは軍による公然たるメディアの検閲であった。彼らはそれを隠す必要もなく、ただターバンを被せるだけでよかったのだ。

こうした検閲の真の目的は、二〇〇一年年九月（正確な日付は不明）に明らかになった。パキスタンの新聞『ウンマット』がオサマ・ビン・ラディンへのインタビューを特集したのだ。アメリカなら、それが誰についての記事であれ、主要メディアの検閲が入ったはずだ。次のような見解は「暗号メッセージ」でもなんでもない。単にアメリカの主要ネットワークでは通常放送されないものである。

ビン・ラディン　アメリカには諜報機関がいくつもあり、毎年議会や政府に数十億ドルの金を要求している。旧ソ連崩壊後、これ（資金調達）が難しくなったため、諜報機関は存続の危機に陥った。連中には敵が必要だった。そこで私とタリバンを敵視するプロパガンダを仕掛け、今回の事件が起きたわけだ。ブッシュ政権は早速四〇〇億ドルの予算を承認した。この莫大な金がどこへ行くかと言えば、先の諜報機関だ。連中は莫大な資金を獲得するために組織の重要性を示す必要がある。その金は組織を拡大し、重要性を強化するために使われるのだろう。実際、アメリカの秘密機関は世界中の麻薬密売人とつながっている。連中は麻薬の栽培や売買を根絶したいわけではない。麻薬がなくなったら諜報機関の存在意義が弱まるからだ。それどころか、米国麻薬取締局の人間は麻薬の売買を奨励している。自らの功績をアピールして、何百万ドルという予算を手に入れるためだ。

ノリエガ将軍はＣＩＡによって麻薬王に仕立て上げられ、その生け贄となった。同じように、ブッシュであろうと他のどの米国大統領であろうと、イスラエルを人権侵害で裁いたり、そうした犯罪の責任を問うたりすることはできない。そういうことを見ていると、アメリカ政府の中にもう一つの政府があるのではないかという疑いも出てくる。その陰の政府にこそ、あの攻撃の実行者について聞くべきだ。

これは、とても子供には聞かせられない話である。

プロパガンダとして機能する「人道主義」

メディアの支配者の仕事は、フィルムやテレビを使い、彼らの視点で見た物事のあるべき姿を伝えることである。その光景がいかに現実とかけ離れたものであっても、テレビの映像や歴史フィルムには他の考え方を否定し、現代の位置づけを永遠に変えてしまうようなマインドコントロール能力がある。そのことは彼ら自身がよく知っているはずだ。小説『１９８４年』でオーウェルは、「新語法（ニュースピーク）」の使用によって過去がいかに変わりやすいかを表現した。主人公ウインストン・スミスは真理省に勤務し、「歴史の改竄」を仕事にしている。『１９８４年』と同じように、現実世界でもあらゆるメディアが統合され、統一されている。

それぞれの国や地域に同じ画像と情報が配信され、容認される考え方を細かく設定して、人々に「行動のルール」を示している。たとえば、タリバン政権によるアフガニスタン女性への迫害は実に残酷で憎むべきものである。しかし、我々がメディアに怒りを煽られ、『1984年』で日課となっている「二分間憎悪」のような儀式に参加させられていては、その真意を読み取ることはできない。ここでメディアによる感情的前戯の事例として、興味深いケースを紹介しよう。二〇〇一年一〇月一五日の週、一通の「嘆願メール」が国連宛てに綴られた。そこにはアフガン女性に対する迫害は黙認すべきでなく、「国際連合の介入に値する」と書かれていた。

しかし嘆願書の書き手は、文化的・宗教的に極めて複雑なこの問題に、国連がどう取り組むべきかについては一切触れていない。制裁を厳しくしても、おそらく女性たちをさらに苦しめることになるだけだ。同盟軍が「無知な女性や子供」(無知なのは男も同じである)を避け、男性だけを狙って〝誘導〟すれば、彼女たちの養い手を奪うことになる。

そこで同盟軍は空からご馳走を落とすことにした。まさに「天与の恵み」だ。しかし、ある報道によれば(これもすぐに圧殺されそうな気配だが)、アフガニスタンの人々はアメリカ軍に毒殺されることを恐れ、食糧を地面に埋めていたという。人道主義など名ばかりだと見透かされているのだ。別の報道でも、食糧配給はビスケットやジャム、ピーナッツバターといったものばかりで、全く不十分だったという。さらに、人々が配給を受け取ろうと砂漠に走り出ると、地雷が爆発する危険もあった。スーザン・ソンタグによれば、「アフガニスタンは一人あたりの地雷の数が世界一多い。人道主義という言葉が、この愚かな戦争の口実として再び使われている」

人道主義という隠れ蓑は、プロパガンダとして機能している。重要なのは、それがいかに我々の感情を巧妙に操作しているかということだ。タリバンによる女性迫害の報道は新しいものではない。アメリカ政府は数年前から知っていたが、今になって突然表面化したのである。我々は一面的なイメージから脱却し、一歩下がって事態の複雑な背景に目を向ける必要がある。「世界中の恵まれない人々を助けているアメリカ」というイメージを鵜呑みにし、そうした人道的行為が本当に行われたのか、もしそうなら、どのように行われたのかということに無関心な態度を改めるべきなのだ。

ソンタグが言うように、アフガニスタン女性に対する犯罪は想像を絶する。しかし、政府を引き継ぐはずの北部同盟もまた、女性の権利を認めているとは言いがたかった。中東への集中爆撃はイスラムの戦意を煽っただけで、女性たちをさらに苦しめた。爆撃によって多くの難民がアフガン国境へ追い込まれ、一〇〇万人もの人々が凍死や餓死の危険にさらされた。ソンタグは「あの地域をこれ以上混乱させることなく、タリバンを失脚させるのは極めて難しい」と言っていたが、まさにその通りだった。爆弾やピーナッツバターのクラッカーでは、問題は解決できない。

さらに、オーウェルの表現を借りれば、この戦争は金で買える最高の「勝利ジン」〔訳註：『1984年』に出てくる強烈な酒〕によって「もたらされたもの」であり、我々は実際に爆撃している相手を知らない。ソンタグが指摘したように、「アフガニスタンには軍事目標になるようなものはあまりない。あの国は世界の最貧国の一つである。できるのは兵士や基地を爆撃することだけだ。（中略）そしてその多くは子供たちである」。二〇〇一年一〇月一六日の二ユースによれば、その週の空襲の際、首都カブールにいたのは「極貧の人々」だけだった。イスラム・オンラインは、空襲のなかを女性や子供の悲鳴が響き渡り、市民約四〇〇人が犠牲となったうえ、さらに数百人が家を失ったと報じた。アフガンの伝統的な土造りの小屋が建ち並ぶ地域では、一回の空襲で少なくとも一六〇人が死亡し、その多くが女性や子供だったという。

こんなことは言いたくないが、犠牲になったのは、あの嘆願メールの主が助けるべきだと主張していた女性たちだった。私はアメリカの善意を全否定するつもりはない。公平で自由で民主的と思われているメディアに、我々がコントロールされているということだ。ソンタグは言う。「現実と、政府やメディアの人間が現実だと言っていることの間には大きな隔たりがある。人々に伝えられていることは作り話だ。そしてそこ（作り話の背後）には、強烈な恫喝が潜んでいる」

テレビは「生け贄を捧げる祭壇」

波風を立てなければ、トラブルに巻き込まれることはない。メディアが大衆の潜在意識に及ぼす効果のおかげで、すべては一つにまとまっている。既存のものに代わる情報源や「アングラ」な出版物に触れることのない人々は、怯（おび）えるばかりで政府の方針に疑問を抱く余裕はない。その結果、彼らはほとんど無意識的に、巨大なメディアの独占――金のことしか頭にない盲目の巨大ダコ――に追従することになる。

インターネットは、意欲的な企業資本家にとって大きな可能性を秘めている。しかし、それがゆえにコントロールする必要があると考えられている。実際、インターネットは最近の不気味な風潮のなかで、反対意見を述べられる唯一の場所だ。無産階級の身近な言論手段として、インターネットの未来は注目に値する。問題は、長期的計画のもとにこうした下級市民が排除されるかもしれないということだ。

一方、テレビは「生け贄を捧げる祭壇」である。毎日のように流血の儀式が繰り返され、やがて我々は悲惨な事件にも怒りや衝撃を感じなくなる。崩壊する世界貿易センタービルの映像を何度も見ているうちに、あらゆる恐怖や苦しみは、テレビの向こうの出来事として非現実的なものに感じられてくる。画面に繰り広げられるメディアのショーの裏には、潜在意識に訴える破壊的な要素が常に埋め込まれている。それは人々の注意をそらし、捏造した画像をあたかも事実のように見せかける。

この日を恐れていた人々にとって、これは脚本通りの映画のように思えるはずだ。まさに「新世界秩序」のシナリオ通りに事が運び、我々は全体支配へと誘導されている。確かに9・11テロは恐ろしい事件であり、メディアの報道は目まぐるしいものだった。しかし同時に、人々を服従させるための非常に効果的な契機でもあった。現実を知るための「正統な」情報源が他にない以上、人々が話すのはニュースの受け売りである。彼らは恐怖のために、事態の背後にあるものに目を向けることができない。そこで見るかもしれないこと、取り組まなければならないことを死ぬほど恐れている。

不思議なタイミングだが、本稿の大部分を書き上げたころに『ウンマット』がオサマ・ビン・ラディンへのインタビューを発表した。彼はこのインタビューで次のように述べている。

西側メディアが広めているのは根拠のないプロパガンダだ。我々にとっては驚くような内容だが、そこには彼らの思惑がある。しかも彼らは自らこのプロパガンダに囚われていき、恐怖を抱いて自らの首を絞めようとしている。テロは現代で最も恐ろしい攻撃手段だが、西側メディアは大衆に容赦なくその脅威を煽っている。こうした行為は、欧米の人々の心に恐怖と無力感を与えることにつながる。つまり、アメリカの敵ができないことをメディアがやっているのだ。

主流メディアは非現実の劇場であり、毎日のように衝撃的な惨事が起きている。そこでは終末論的なシナリオが展開され、見る者に筋書き通りの反応を呼び起こさせる。一九九〇年代に湾岸戦争をはじめとする非常事態に人々がどう反応したかを思い出せばわかることだが、人々の多くがテロの狂乱に巻き込まれ、全体主義の恐怖が忍び寄っていることに気づいていないのは明らかだ。

内なる混沌をもたらすこうした強大な力に、一般の人々が抵抗することは難しくなっている。我々の精神は、この病んだ地球で多くの動物や人間が無駄に苦しみ、無駄に死んでいることをあまり意識しようとしない。しかし、我々は世界という劇場をただ傍観しているべきではない。毎晩のニュースで目にする死や破壊が、自分と無関係だと思うのは間違いである。

メディアの心理作戦はますます巧妙になってきた。テロへの不安が高まるにつれて、恐怖は我々の生活により大きな影響を及ぼしている。こうした状況では、人々がガードを固め、家族を守りたいと思うのは当然だ。彼らに真実を探す勇気と、誤りを正す努力を求めるのは酷である。それは新世界秩序に抵抗し、すべてを危険にさらすことを意味するからだ。

メディアが影の体制に支配され、人々が恐怖のあまり、その背後にある強大な権力に目を向けられないという状況で、私たちは何を拠りどころにすればよいのか。こうした事態を警鐘と捉える人も少なくはないが、我々はそこから何を学んだのだろう。アル・クルーリックは『オーランド・ウィークリー』にこんなことを書いている。

我々はいつ目覚めるのか。この世界には我々だけがいるのではなく、傷つき、怒り、絶望する人々が他にも大勢いる。世界の資源の二五パーセントを、全人口のわずか五パーセントに過ぎない我々が浪費する権利などないし、犠牲も代償も払うことなく、好きなことをして好きなように生きることが許されるはずもない。我々には、欲望のままにふるまう前に、自らの行動を自覚する義務があるのだ。

それとも、我々はいつになっても目覚めることはなく、消費を煽る広告に振り回され続けるのだろうか。メディアの強大な影響力とその支配にひれ伏して、永遠に眠り続けるのだろうか。

世界に悪がはびこるのは善良な人々が何もしないからであるということは、二〇世紀を振り返れば自明である。一人ひとりに人間性が残っている限り、善の力は毎日の生活を通して発揮できる。それが実践できれば、人心収攬（しゅうらん）の詐術がまかり通る社会から、人でなしどもを追い出す力が世界に生まれ、社会の精神を自分たちの手に取り戻すことができるだろう。

警察国家という名の芸術——刑務所は巨大ビジネスである

ランディー・コパング

本稿は本来、9・11テロ以前に発表しようとして書かれたものである。執筆者のランディー・コパングによれば、アメリカ政府の戦争の相手は外国ではなく、自国の国民であるという。二〇〇〇年、アメリカの受刑者の数は二〇〇万人に達し（その多くは「麻薬戦争」に敗れた者たちである）、刑務所は「ビッグビジネス」になった。犯罪は商品となり、国民の娯楽となって、テレビのエンターテイメントに姿を変えて我々に還元される。コパングはその後の最新情報を加えつつ、我々に巨大な労働刑務所と世界規模の警察国家の恐ろしい未来を示してくれる。

＊

「警察国家は今や芸術の域に達した」——マーシャル・マクルーハン著『今日の日に（*Take Today*）』

二〇〇〇年五月八日と九日、本稿のテーマにとって重要な出来事が続いた。五月八日付けの『USAトゥデー』は、「FBI（米連邦捜査局）によれば、一九九九年、凶悪犯罪は全国的に八年連続で減少し、全体で七パーセント低下した」と報じた。元ニューヨーク市警察本部長のウィリアム・ブラットンも、「（こうした減少は）受刑率を上げるという長期的な取り組みの結果であり、全米で警官を増員したことの結果であると考えている」と述べている。主要メディアの立場と宣伝感覚で言うなら、確かにその通りだろう。

一方、翌五月九日付けの『USAトゥデー』によれば、人権擁護団体の「アムネスティー・インターナショナル」は警察の取り締まりに関する記者会見を開き、全米の警察で「無慈悲な投獄」が日常化しており、拷問に近い行為が行われているとして、深刻な懸念を表明した。

一九九四年のことだ。私は犯罪の総合的分析につながる、ある種の結論に気づき始めた。それはブラットン市警本部長の見解よりもう少し専門的なものだ。我々は今、電子媒体を介したグローバルな環境に身を置いており、この環境は新しい見方をしようとするうえで大きな力になる。今世紀の犯罪を前世紀的に捉えるのは時代遅れだ。時計は進んでいるのである。

アメリカでは、犯罪や刑罰に対する市民の関心がますます高まっている。一九九五年二月二四日付けの『ロサンゼルスタイムズ』は次のように報じた。「犯罪はニュース番組で最も人気のテーマだ。ワシントンのメディア・公共問題センターは、ABC、CBS、NBC各局によるニュース報道の年間調査で、犯罪が二年連続で第一位にランクされたと発表した」。政策はメディアによって神話化され、政治家は昨日の答えを今日の問題に当てはめる。

ちょっと考えてみてもらいたい。犯罪の取り締まりに使われる手段が、ある社会経済体制を微調整するための道具になる可能性はないだろうか。政府には「ブレーン」として雇われている者たちがいる。詳しくは追って述べるが、それらの政策の「立案者たち」は犯罪にうまい解決策を提言した。

本稿では、犯罪の一般的概念とその対策が間違って伝えられていることを示したいと考えている。しかし、その対策が中道左翼や右派、過激派や保守派といった連中の考え出したものであると論じるつもりはない。この本稿の目的は誰かを非難することではないし、非難したところで、弁証法的議論の陽動作戦にひっかかるだけだ。ただ、誰が犯罪対策を考え出したかという問題は、この世の支配者にとっては重大である。彼らは「安全」という圧制のために「自由」を犠牲にしようとする連中だが、私はむしろ意識的かどうかという部分を強調したい。

犯罪と安全対策を重ね合わせて考えると、いくつかの洞察が得られる。しかし、それらの細かい意見の違いを論じるのはもう古い。これはさまざまに変化する合成図であり、我々がその構築に加担した警察国家の姿である。この「国家」には、軍の権限と市民の権限という二つの相関的機構がある。

私の第一の論点は、ウィリアム・マクニールの「変化した世界」という記事に触発されたものだ。この記事は「外交問題評議会」が発行する『フォーリン・アフェアーズ』誌の一九九〇年秋号に掲載されていた。

人の行動に介入し、意図した目的のためにコントロールしようとしても、結局は途中で混乱してくるものである。しかし、実際には選択の余地はない。ともかくも決定は下され、政策は実施されなければならない。冷戦が緩和され、軍縮が進むなか、もしそれが我々の将来に続く道であるとするならば、アメリカ社会ではあらゆる特別利益団体や社会的団体の間に何か新しいバランスが創出される必要がある。そのためには、第二次大戦後に連邦政府の役割が見直されたときのような政治的措置が求められる。

この記事でマクニールが、冷戦や軍縮をめぐる決定を、将来に続く道の可能性の一つにすぎないと認識している点は興味深い。いずれにせよ、マクニールは、社会のあらゆる層の間に「新しいバランス」が「創出される」必要があると感じていた。だが一体、誰が創出するのだろう。それに「軍縮」は本当に進んでいるのだろうか。防衛予算は冷戦時代と変わっていない。

マクニールも言及しているが、第二次大戦後に連邦政府の役割が見直された結果、主に二つの変化が生じた。一つは、戦略事務局（ＯＳＳ）がＣＩＡに変わったことだ。もう一つは、一九四七年の国家安全保障法によって、国家安全保障会議、国家安全保障局（大統領令による）が誕生し、安全保障国家としての意識が人々に浸透したことだ。現在、この戦争思考は社会のベースになっている。国家の縮図でもあるこのような思考は、社会の意識に大きな影響を及ぼした。多様な民族から成る少年ギャング同士の抗争は街でも刑務所でも後を絶たず、「犯罪取り締まり人」としての警察も各地で彼らと抗争を続けている。ロサンゼルスの少年ギャングだったサニカ・シャクールは、自叙伝『モンスター（*Monster*）』で次のように書いている。

俺は（ギャングの）メンバーとしての考え方を超越していたと言っても過言ではない。（中略）当初は大家族のようだったグループで少年時代の一三年間を過ごし、戦いに明け暮れたが、やがて終わりのない破壊の衝動に疲れ、うんざりした。（中略）何か建設的なことをしたくなったが、それは（ギャングの）メンバーとしては反逆に等しいものだ。

今日のさまざまな社会経済的影響は、国家安全保障という管理方針の結果であるが、ドワイト・D・アイゼンハワー大統領は公然とこれに警告した。

我々は要求の有無にかかわらず、政府のあらゆる会議において、軍産複合体から不当な影響を受けることを阻止しなければならない。誤って与えられた権力は破滅的に拡大する危険があり、今後もそれは続くだろう。（中略）慎重で良識ある市民だけが、巨大な軍産防衛機構を平和的な手段と目的によって正常化し、自由と安全の繁栄に結びつけていくことができる。

しかし、我々はアイゼンハワー大統領の警告を無視した。現在、軍産複合体は、連邦、国家および地域レベルで取り締まりの手本となっている。このことはこの国で日々繰り返されている出来事を見ても明らかだ。テレビではドキュメンタリー風味の捜査劇やニュース番組がいくつも流れ、人々は準軍事的な犯罪取り締まりに異様な熱狂を示している。メディアは、取り締まりに対する社会のこうした偏執狂的風潮を反映しているのだ。準軍事的取り締まりの例として決定的だったのは、テキサスの「ウェーコ事件」だ。カルト教団の指導者デヴィッド・コレシュの逮捕に際し、アルコール・タバコ・火器取締局の部隊は、民警団法（合衆国法典第一〇編）に違反して軍事訓練を行い、戦車やヘリコプターを使用した。

第二次世界大戦後、社会は人々の合意の下に軍国主義的ムードを確立し、メディアもそれを煽った。以後、主要な軍備に金を費やすという人々の政治的意思は変わらなかった。しかし、合衆国憲法第一条第八節第一二項には、「連邦議会は陸軍を募集し、維持する権限を有する。ただし、この目的で使われる歳出予算は、二年を超える期間にわたってはならない」と定められている（偶然にも、第二次大戦から二年後の一九四七年、国家安全保障法が制定された）。

第二次大戦時のような経済体制を意図的に作り出そうとする動きは、今日でも依然として優勢だ。経済システムに変化の兆しはなく、予算は拡大するばかりで、冷戦後も「平和の配当」は見られない。冷戦の終結から一二年が過ぎた今でも、戦争の平時予算は拡大し続けている。二〇〇〇年の大統領選で、アル・ゴアは防衛予算の拡大を約束し、その点で民主党と共和党の間に違いがないことを裏付けた。戦争という軍事的テーマが娯楽として日常のメディア（テレビゲームなど）に浸透すると、メディアのまやかしによって時代意識は大きく変化する。そうした戦時経済思想はまさに「MK－ULTRA（ウルトラ）」であり、メディアと国防省の結託によるマインドコントロールにほかならない。

アイゼンハワーが警戒した第二次大戦後の安全保障体制の下、アメリカは冷戦をはじめ、朝鮮戦争、キューバ侵攻、ヴェトナム戦争、中米の秘密戦争、アンゴラ紛争、麻薬密輸容疑をめぐるノリエガ将軍逮捕のためのパナマ侵攻、リビア爆撃、湾岸戦争、ソマリア紛争、ハイチ侵攻を実施してきた。いずれも世界の安全保障における「非常事態」として、憲法によらずに宣戦布告された。

冷戦が終わったとされる今、次なる敵は一体何だろう。年間二五〇〇億から三〇〇〇億ドルもの軍事予算が「必要」とされるには、防衛上の相当の脅威がなければならない。自国や世界に対して、新たな敵のイメージを示す必要が出じてきたわけである。

創られた新たな「脅威」に対して我々がやるべきことは、一九九四年一〇月二四日付けの『USニューズ&ワールドレポート』が教えてくれた。この日の同紙の表紙には、「米国は世界の警察」という見出しが躍っている。特集記事のポイントをうまく表現したタイトルだ。つまり、(国連と共同の)国際的取り締まりがアメリカの新たな野望であり、そのお膳立てとして、新たな国内戦争――麻薬や犯罪との戦い、イスラム教徒のテロや「ならず者国家」との戦い、あるいは「宇宙人」との戦い――を仕掛けているわけだ。

冷戦の終結によって、本質的な平和は可能になるのだろうか、またそれは望ましいことなのだろうか。『戦争は消えない――アメリカの告白』(邦訳:産業能率短期大学出版部刊)は、戦争が社会と同格のものであることを雄弁に語っている。「それは、どの議論もが前提にしていることで、戦争は制度としてその国の社会組織に従属し奉仕している――という考え方である。(しかし)この考えは誤っている。(中略)社会そのものがある程度戦争準備のために組織されているのも事実であって、(中略)戦争はこの意味で、それ自体基本的な社会組織なのである」。

〔訳註:『戦争は消えない』氏家尚訳より引用。以下同〕。戦時経済で優先される教育と商業は、経済のバランスを安定させる「はずみ車」である。戦争と平和はどちらも社会組織であり、組織としての戦争は、軍事的機能だけでなく、非軍事的機能も有している。

一九九四年一二月二一日付けの『ロサンゼルスタイムズ』は、「軍の非軍事的支出に関する調査」と題して、防衛予算における軍事目的以外の支出が増えていることを報じた。興味深いことに、防衛予算には「乳ガン研究、麻薬の使用禁止および取り締まり、環境浄化、公立校、国際援助、地域の未成年者のためのライフル射撃訓練」など数十項目にわたる費用が含まれている。

こうした非軍事的機能は、遅かれ早かれ、戦争に代わる社会制度とならなければならない。非軍事的機能が多いということは、世の中が平和であるということだ。ところが実際には、我々の平和は国家の非常事態を叫び続ける大統領令によって覆い隠されている。二〇〇〇年五月、クリントン政権はエイズが国の脅威であると宣言した。『戦争は消えない』にも次のような記述がある。

戦争に代わる代替手段——それは、社会の団結を保障しうるものでなければならない——〔戦後の冷戦時代〕、社会的に反目しあう人々をどう統制していくかについて出されている多くの提案は、平和部隊や、いわゆる奉仕部隊などの変形物を問題解決の手段として選ぼうとしている。社会的な不平不満分子、経済的に恵まれない人、心理的に不安定な人、救いがたい「破綻者」、どうにもならない「破壊分子」(たとえば、黒人ギャンググループの「クリップス」や「ブラッヅ」、メキシコ系マフィアのメンバーなど)、その他社会で生業につくことのできない連中は、軍隊に範をとった規律ある奉仕生活によって、ともかくも社会的に有用な労働者になっていく。

元国防長官のロバート・マクナマラは次のように述べた。「この豊穣な社会においてさえ、恵まれない若い人々を縛り、締めつけ、ついには非行や犯罪へ導く社会的緊張はまことに多い。これを憂えるのはいわば当然のことである。ふくれあがる欲求不満が、暴力や過激な行動となって暴発しやすい現状において（中略）、我々は何を期待すべきなのか？」。これは現在にも大いに当てはまる。社会的に孤立した少年ギャンググループはまさに暴発寸前だ。

刑務所制度は「進化した奴隷制」

社会の安全は多くの市民の関心事だが、凶悪犯罪を書き立てるマスコミの影響で、人々の不安はますます高まっている。その結果、三度目の再犯者に二五年の服役を科す「三振即アウト法」が施行された。より多くの囚人をより長く刑務所に留めることで、刑務所外の失業者が減り、社会がより安定して、囚人という〝労働力〟さえ創出できるというわけだ。この点について再び、前掲の『戦争は消えない』から引用するならば、「奴隷制に技巧をこらして発展させれば、それが平和の世界において社会をコントロールする絶対の必要物になりうることはおおいにありうる」

二〇〇〇年五月六日、国内失業率は三・九％と報じられたが、受刑者の数は一体どれくらいなのだろう。次の事実が示すように、政策立案者は社会制度の調整を続けている。そこで優先されるのは前述したような犯罪の取り締まり、社会の団結、囚人の雇用である。

一九九四年一一月一一日のＡＢＣのニュース番組『ナイトライン』によれば、アメリカの連邦刑務所は九万三七〇八カ所、州立刑務所は九一万九一四三カ所、受刑者総数は一〇一万人(出典:司法統計局一九九四年)であった。ところが、二〇〇〇年には受刑者数は二〇〇万人に上った(二〇〇〇年二月一五日付け『ロサンゼルスタイムズ』)。二〇〇万人とは相当な労働力に値するのではないだろうか。

また、一九九四年一〇月一六日付け『ロサンゼルスタイムズ』は、「カリフォルニアの刑務所建設ラッシュ」を伝えている。本稿では、その実態に焦点を当てる。「過去一〇年間、矯正局は一六の刑務所を新設し、従来の刑務所を改修して、犯罪対策を強化してきた(と力説している)」。「三振即アウト法」の導入により、「二度目の罪を犯した多くの重罪犯の刑期は倍になると思われる。これを受けて、当局は受刑者数が現在より約一〇万人増えると予想。二五の刑務所を新設する必要があるとして、カリフォルニアの五八の州立刑務所に加え、軽警備の野外労働キャンプを数カ所増やす予定だ」。刑務所建設ラッシュの始まりである。

カリフォルニア州の憲法は、教育を予算の最優先事項に定めている。しかし、刑務所建設には五〇億円が費やされ、公債発行借入金は「利子を含めてその倍の一〇〇億円に上る」。「カリフォルニアにとって刑務所建設は数十億ドル規模の事業であり、『三振即アウト法』の導入により、今後数十年間にさらなる建設ラッシュが予想される」。クリントン政権による二〇〇一年度予算にも、一七の刑務所新設費用が組み込まれていた。また、数十年に及ぶ刑務所建設ラッシュは、不動産と同じく投資の対象にもなる。一九九四年から二〇〇〇年までに、アメリカの受刑者数は一〇一万人からに二〇〇万人に増えた。しかし、「三振即アウト法」によって、今後五年間の受刑者数はそれを上回るペースで増加するだろう。ちなみに、受刑者一人あたりの年間収容費用は二万五〇〇〇ドルである。

警察国家を目指す動きに伴い、受刑者の急増に伴うコスト削減をめぐってかなり真剣な提案も出てきている。一九九三年の『刑事司法ジャーナル』は、「一九八〇年から一九九〇年までに、アメリカの受刑者数は一三五%増加し、大半の州が過去最高の赤字に直面している」と伝え、一二年を超える「刑務所事業によって新たな利益が生まれ、緩やかながら着実に囚人雇用も進んでいるが、それでもほとんどの刑務所が膨大な囚人失業者を抱えている」と指摘した。同誌の記事は、囚人の完全雇用政策を提案する一方、「囚人雇用の劇的な増加に伴う影響」について「多数のモデルケース」を論じている。この記事が示したのは、「一般の労働力に重大な脅威」を与えることなく、いかに囚人労働力の生産性をアップさせるかということであり、刑務所を生産拠点とすることで、いかに「経済的、制度的、個人的な利益が生まれるか」ということだ。

ここで紹介する事実が示すように、「犯罪取り締まりの強化」という国の方針は、単なる官僚レベルの成功を超えている。「取り締まりの強化」は社会の大改革に等しく、経済的予防策によって犯罪を根絶しようとする真摯な努力を否定するものだ。一九九四年、連邦犯罪防止法案により、警察および刑務所の増設に二〇〇億ドルが投入された。その結果、受刑者の数は現在までに九〇万人増加した。二〇〇〇年二月一五日、もはや社会経済的なサブカルチャーを形成していると言っていいアメリカの受刑者人口は、ついに二〇〇万人を突破した。

この、もう一つの社会の拡大に伴う政治経済的潮流を加速させるかのように、クリントン前政権は二〇〇一年度予算の警察の割り当てに「一七の刑務所建設費として二〇億ドル」を盛り込んだ。

本稿を最初に書いたのは一九九四年だが、今まで発表されなかったのは幸いだったかもしれない。というのも、その後、麻薬戦争やテロをめぐる戦争があったからだ。しかし実際、犯罪率に大きな変化はない。マスコミが報じた一九九四年の犯罪統計データによれば、犯罪は減少傾向にあった。二〇〇〇年の報道でも、犯罪はなお減少傾向にある。受刑者の急増によって変化したのは、犯罪関連のニュースやドキュメンタリー番組、テレビゲーム、ドラマ、裁判専門チャンネルの「コートTV」や映画など、犯罪や刑罰がメディアに頻繁に登場するようになったということだ。今や犯罪はビッグビジネスである。『戦争は消えない』の洞察は的確だった。犯罪は商品となり、国民の娯楽となって、現実あるいは仮想現実の世界で、刺激的なエンターテイメントに姿を変えて我々に還元される。

刑務所は今や「ビッグビジネス」

二〇〇〇年三月七日付けの『ロサンゼルスタイムズ』が第一面で報じたところによると、カリフォルニア州は一九八〇年代半ばに刑務所建設「ラッシュ」を進めた。現代のアルカトラズ島であるデル・ノルテ郡ペリカン湾は、クレセント・シティの「救い主」となり、多くの農村コミュニティが「刑務所事業に支配されるようになった」。しかし、実際には犯罪は減少している。その一例として、「一九九四年から一九九八年にかけてのニューオーリンズの殺人件数は、四七%も減少した（アメリカ全体では二七%の減少）。ニューオーリンズの犯罪率は一九九九年も減少を続け、一九九四年と比較して六二%低下した」。ただ、ルイジアナ州は人口に占める囚人の割合が一〇万人あたり七三六人で、「国内トップ」である。殺人率が低下しているのは、それだけ多くの予備軍が刑務所に入っているからかもしれない。

この疑問に答えるために論理的な分析をするつもりはない。それよりも、こうした刑務所の活用法として、囚人を労働者として雇うという重大な提案がなされている点を指摘したい。つまり、刑務所が〝労働〟刑務所になるということだ。アメリカの指導部は犯罪を禁じる法律は制定しても、社会経済的な予防策については意図的に拒否している。一九九四年、共和党は犯罪予防に関する費用をすべて削除してクリントン政権の犯罪防止法案を書き換えようとした。政策立案者は、予防という観点からは動かないのだ。彼らには問題に対処するという視点しかない。これは教育や医療において予防対策が欠けているのと同じである。

確かに、犯罪者の烙印を押された人々は常に「負の経済集団」と見なされてきた。労働刑務所ができれば、彼らはより生産的な集団になれる。ひょっとしたら、刑務所部門として経済の一翼を担い、その経済的価値が認められるようになるかもしれない。

もし犯罪が社会の既定事実として高い収益性を秘めているなら、犯罪を資源として見直すべきではないか――多くの理由から、政策立案者はそう判断したに違いない。ノーム・チョムスキーは一九九八年、GATT（関税および貿易に関する一般協定）によって確立された、安定した利益と新しい経済体制についてのラジオ講座で次のように語った。

代表的な例が一九世紀初頭です。当時、封建時代から続く生存権の仕組みが侵害されようとしていました。封建時代では、貧しい人々は「貧民救助法」によって生きる「権利」を与えられていました。彼らには彼らなりの「自然な居場所」が社会で認められていたからです。ところが、産業資本主義という「新体制」が発展すると、「古典派経済学」と呼ばれるイデオロギーが登場します。これは「生存権」を否定し、人々には市場で労働力を売る以外の権利はないという考え方です。マルサスのような経済学者は、貧民に権利があるように誤解させることは自由と「自然律」を侵害するものだと主張しました。

こうして（「生存権」を否定されたことで）、人々は賃金労働をするか、労働刑務所へ行くかのどちらかを余儀なくされたわけです（これが一九世紀初頭のイングランドであり、結果として労働者階級の暴動を招いた）。今日も、労働市場は存在し、人々はそこで労働力を売る以外に（何かを得る）権利を持ちません。資本は（独占的権力と国家権力によって）保護されています。今後、刑務所制度の巨大化に伴って、労働刑務所が増加するでしょう。刑務所を増やし、刑罰制度を強化するというのが計画の全貌です。一方、社会では恐怖や憎しみが高まります。そのような状況をもたらす客観的基盤も存在します。すなわち、テロや犯罪に対する恐怖です。人々を抑圧する社会統制の手法として、これに優るものはないでしょう。

社会の人間性は急速に失われつつある。若者たちはテレビやテレビゲーム、娯楽などを通してリアルな暴力映像にさらされている。この結果として生まれたのが、他者への思いやりに欠け、争いを暴力的な形で解決しようとしたがる最近の子供たちだ。銃暴力に反対する「百万人の母の行進」も、こうした現実が背景になっている。

肝心なのは、それほど多くの刑務所を建設するだけの犯罪が行われているかということだ。

あるいは、誰が何のために刑務所に入るのかということだ。世間は凶悪犯罪を重大な問題と捉えている。

一九九四年、ABCのニュース番組『ナイトライン』は、調査した人々の七三％が「刑務所を増設し、刑期を延長すること」を望んでいると伝えた。こうした考えが支持されるのもわかる。しかし、一九九四年八月三一日付けの『ロサンゼルスタイムズ』によると、「犯罪に対する人々の関心が高まる一方、ロサンゼルス郡の犯罪率は低下しており、全国的にも減少傾向にある」。同じく、「カリフォルニア州検事当局が発表したデータによれば、銃による殺人を除いた殺人発生率は一九八七年以来の減少を示し、連邦や地方の報告を反映する形となった」。一九九四年一一月一四日のKFWB（ロサンゼルスのラジオ局）は、主要犯罪の全カテゴリーが減少傾向にあると報じた。刑務所建設は続き、収容能力は拡大し続けているが、二〇〇〇年に発表された犯罪率も一九九四年と同じように減少している。一九九九年五月一七日付けの『ロサンゼルスタイムズ』には、「犯罪率が七年連続で減少」という見出しが載った。

統計では都合のいい結果を出すために数字を操作できる――そんなうがった見方をする人ももちろんいるだろう。確かにその通りだが、私はその点で議論するつもりはない。数字が上がろうと下がろうと、犯罪は社会の健全度を計るバロメーターである。一九九四年一二月二一日、ポール・サイモン上院議員は刑務所長へのアンケートの結果として、彼らの大多数がこれ以上刑務所を増やしても犯罪は解決されないと感じていると発表した。要するに、まずい政策ということだ。

未成年者による凶悪犯罪（州によっては成人として起訴される）が後を絶たない現代においい

て問題なのは、社会の関心が犯罪の予防ではなく、取り締まりに向いているということだ。犯罪が全般的に減少しているなら、この先何年にもわたる刑務所建設を計画する必要があるだろうか。我々の社会経済が不公平だからこそ何百万人もの囚人を収容しなければならない事態になっている、というのが本当のところではないのか。

ところで、巨大刑務所の収容者の内訳はどうなっているのだろう。一九九四年九月一三日付けの『ロサンゼルスタイムズ』は、「麻薬取締法の強化により、(非暴力犯罪者の)受刑率は過去最高を記録した」と報じた。「麻薬関連の罪で収監された受刑者は、連邦刑務所で六〇%、州刑務所で二五%を超えた」といい、前年の一九九三年の全米の受刑者数は「一九八九年より二二%」増加したという(一九九四年から二〇〇〇年にかけて、受刑者数はさらに九〇万人増えている)。また、「もしカリフォルニアが一つの国家なら、その受刑率は世界一だろう」とも同紙は指摘している(二〇〇〇年には、カリフォルニアの受刑者数は最大となった)。同紙はさらに「連邦刑務所局によれば、一九九七年までに、受刑者の七〇%が麻薬関連の罪で服役していることになる」と予測している。

二〇〇〇年三月一三日付けの『ロサンゼルスタイムズ』は、「連邦の麻薬対策予算が大幅に増大される」と報じた。シラキュース大学の取引記録アクセス情報センターの調査(二〇〇〇年三月一三日)によれば、「一九九八年、連邦の麻薬関連の有罪判決で最も多かったのはマリファナである」。この調査に対して、司法省スポークスマンのジョン・ラッセルは、一九九二年から一九九八年にかけて、「麻薬で有罪判決を受けた者の数が二一%増加したことは注目に値する」と語った。これが、麻薬戦争の「理論的根拠」だった。二〇〇〇年五月一七日に、国防省は「コロンビアで約二〇〇人の現地要員を麻薬対策任務に当たらせている」と発表した。

銃の輸入を促進する政府

受刑者の大半が麻薬の使用者や売人だとすれば、なぜ「突撃銃」のような軍用小銃まで必死になって法律で禁止しようとするのだろう（犯罪防止法案）。当局はあらゆる銃器の禁止も視野に入れている。レイプや殺人、加重暴行と、麻薬の乱用は同じ犯罪なのだろうか。統計データが一貫して示しているように、銃犯罪のほとんどは拳銃によるもので、突撃銃ではない。都市が銃による凶悪犯罪に脅かされているというのは、おそらくメディアの誇張であろう。二〇〇〇年一二月一五日付けの『ロサンゼルスタイムズ』によれば、最新の地域調査の結果、銃による死亡事件は、一九九八年から一九九九年にかけて全体で約一〇％減少している。

突撃銃を違法とすることは、明らかに憲法修正第二条に反する。一九九四年一二月五日付けの『ロサンゼルスタイムズ』にも、次のような投書があった。「スポーツ用や狩猟用のライフルは合法かといった議論は的外れだ。憲法修正第二条はカモ狩りについて定めているのではない。人を殺すだけが目的の武器こそ、修正第二条によって保護されるべきである。武器は第二条の核心だ」

犯罪をめぐるこうした〝議論〟には巧妙なごまかしがあるようだ。というのも、この議論には、犯罪は国の経済政策によって予防すべきだという認識が欠けているからだ。犯罪は、それ自体が経済の縮図である。社会的に有意義な通常の経済の内部に生じた腫瘍こそが、犯罪なのだ。人々の価値観の健全性が損なわれると、犯罪に対する免疫が働かなくなり、犯罪は癌となって社会に蔓延する。犯罪の最大の対策は意識的な予防である。刑務所を増やすことでも、犯罪をエンターテイメントにすることでもない。

犯罪をめぐる政治的議論においては、突撃銃、あるいは銃器すべての非合法化が最優先事項とされている。しかし、銃は犯罪の道具であって原因ではない。拳銃や突撃銃による犯罪がさも急増しているかのようなイメージ作りを連邦政府が認めていたことを示す事実もある。そしてこれを真に受けた議会が憲法修正第二条を無視し、犯罪の急増を抑えるための法律を制定した。

一、拳銃の拡散　一九九四年一〇月四日、ロサンゼルスのラジオ局KFWBの国防省担当記者、アイヴァン・スコットは、ホワイトハウス当局者に次のような質問を投げかけた。「ホワイトハウスの某報道官は、クリントン大統領がロシア製九ミリ拳銃七〇〇万丁と弾薬七〇億発の輸入を個人的に承認・奨励したと認めています。これは最近の首脳会談で決まった通商取引なのでしょうか」。すると「そういうことです……通商取引ですよ、本当に」という答えが返ってきた。ロシア製拳銃は「約一〇〇ドルで売れる」のだという。よく言われるのは、ほとんどの銃犯罪が簡単に手に入る安価な拳銃によって行われているということだ。それならなぜ、政府は何百万丁もの拳銃が市場に出回るのを認めるのだろう。おそらく何らかの政治的配慮が働いているのに違いない。

二、突撃銃の拡散　一九九四年の報道番組『デートライン』で、ブライアン・ロスは「危険な貨物」の話題を伝えた。突撃銃の非合法化をめぐって全米で議論が続くなか、アメリカは一九八七年以来、中国から一〇〇万丁以上の突撃銃を輸入したという。しかも、一九九三年だけで九六万五〇〇〇丁である。通商政策上の「最恵国」中国の人民武装警察の支部であるノリンコ社は、財務省の輸入許可と国務省の認可を与えられ、一丁一二九ドルの突撃銃を一〇〇万丁輸入した。ロサンゼルスの税関員ジョー・チャールズは「我々の周りにはこうした武器が氾濫している」と嘆いている。一九九四年にクリントン政権の犯罪防止法案が可決されてからも、中国製ライフルは法の抜け道を通じて輸入された。法律に先立って製造された三〇発弾倉の販売についても同じである。元CIA中国専門分析官のウィリアム・トリフレットによれば、こうした輸入の決定は「アメリカ政府の誰かの怠慢」を意味する。財務長官のロイド・ベンツェンと法執行担当次官補のロン・ノーブルは、このニュースのビデオに関する質問に対し、何も知らないとして発言を拒否した。

上層部によるこれら二つの政策決定から、政府の意図が矛盾していることは明らかだ。表向きは銃を悪者扱いした政府だが、そのスタンスの根底には、犯罪行為を助長する輸入政策がある。また、彼らは銃を悪者にし、世界一高い受刑率を銃犯罪のせいにしているが、事実はそうではない。人々に銃の禁止を議論させることは、一つの「PR作戦」であり、警察国家を強化するために世間の支持を促す手段である。そして学校で銃の乱射事件が起こるたびに、それはますます強まっていく。我々が関心を向けるべきなのは、銃規制よりもこんな疑問かもしれない。「興奮剤や抗鬱剤、抗精神病薬」を常用する子供が増えているのはなぜなのか……。

最大の犯罪対策は「予防」であり、社会全体の再活性化であることは間違いない。超大国の間で軍事産業経済が幅を利かせているとすれば、これは銃の製造が制度化されているということである。しかし、法律で市民に銃を禁じても、犯罪はなくならない。銃が闇市場の恰好の商品になるだけだ。銃の乱用がメディアの「犯罪エンターテイメント」やテレビゲームの条件反射の一つだということを否定するのも結構だが、その前に、銃規制法をさらに増やすのか、それとも警察の取り締まりを強化してクリントンが新設した一七の刑務所を満員にするのかという政治的「議論」を行うのが先であろう。

一九九四年一一月二七日、CBSのニュース番組『60ミニッツ』は、「兵器のスーパーマーケット」と題する特集を組んだ。ソ連の崩壊以来、アメリカは国際兵器ディーラーとして市場を独占してきた。一九九三年、アメリカの武器売上高の七二%は第三世界に対するもので、取引相手は一四〇カ国にのぼった。その結果、こうした国々の多くで内戦が生じ、小火器が闇市場に出回ることになった。「兵器のスーパーマーケット」の報告によれば、これまでの政権の方針に反して、クリントン政権下の商務省は国防省や大手防衛関連業者と手を組み、兵器を国際兵器見本市で販売した。一九九三年度の売上高は二二〇億ドルに上る。廻りめぐって、アメリカは今や低強度戦争の武器市場を独占している。そして国内全土で、ギャンググループや個々の若者たちが武力で紛争を解決しようとしている。しかし、世間はこの関連性を否定するだろう。

一九九二年、当時のクリントン大統領は「破壊兵器拡散防止のための長期的努力」を公言した。ところがその二年後、政府はこの約束とは正反対の行動に出た。一九九四年一二月六日付けの『ロサンゼルスタイムズ』によれば、クリントン大統領は、以後の六年間にわたって一兆五〇〇〇億ドルを超える防衛予算を要求した。クリントンはさらに二五〇億ドルの追加を求め、「我が国は今年度だけで、他の国々の予算をすべて合わせたのとほぼ同額を国家安全保障に投じる」とした。ただし、二〇〇〇年、クリントンは二〇〇一年度防衛予算をまさしく冷戦レベルに節約した。その分の「平和の配当」は一体どうなったのだろう。

一九九四年から二〇〇〇年にかけて、一兆五〇〇〇億ドルは無名の勢力と戦うために使われた。その一方で、九〇万人の犯罪者が新しい刑務所を埋め尽くした。ロバート・アントン・ウィルソンが言うように、アメリカで医療を無料で受けられるのは囚人と議員だけだ。軍国主義と取り締まりと犯罪は、我々の社会経済のバランスを保つ力として制度化されている。世界規模の情報盗聴システム「エシュロン」と、クリントンが新設した一七の刑務所によって、我々の未来は世界的な取り締まりと巨大労働刑務所に囲まれたものになるだろう。犯罪戦争は、オーウェルの『1984年』と同じように、絶え間ない戦いになるだろう。テレビが警察国家について偽りの神話を語ることによって、我々はある儀式を行うようになる。それは国家から犯罪者という異端者を排除する儀式だ。

警察国家という名の芸術

あらゆるセキュリティシステムを一つの芸術として見ると、そこには生命があり、常に完璧が目指されていることがわかる。これは重要なポイントだ。たとえ犯罪事件が減っても、法律の旗のもと、システムはますます侵略的になり、憲法さえ顧みなくなるからだ。一九九四年一二月二九日付けの『ロサンゼルス・デイリーニューズ』によれば、ロサンゼルス郡保安官のシャーマン・ブロックは記者会見で、「(犯罪)問題が実際以上に感じられる」と述べた。この記事は「ロサンゼルス郡では、凶悪犯罪が三年連続で減少し、一二・二%の低下を示した」とも伝えている。一九九四年当時、カリフォルニアが二五の刑務所を新設中だったことを考えると、これは信じられない数字だ。私は犯罪率が物価と同じく絶えず変化するものだと考えている。その一方で、貧困や犯罪を引き起こす経済的疾患は決して解決されることがない。意図的に解決されないのである。

二一世紀の社会は、エシュロン・システムによって人が生まれてから死ぬまで監視され、コンピュータで弾き出された確率に基づいて、未来の「紛争地帯」が予測されるような社会だろう。現在FBIが市民のデジタル通信を傍受するには、正当な理由に基づいて裁判所の盗聴命令を得なければならないことになっている。ところが現実には、FBIが盗聴を求めるということ自体が正当な理由を意味するようになってきた。憲法修正第一条の権利を保護するために、デジタル電話は暗号によってプライバシーを守られている。しかし、「FBIは、彼らや国家安全保障局が解読可能な暗号を使うように求めている。国家安全保障局はメリーランド州フォートミードの地下に、約五万平方メートルを占有する暗号解読コンピュータを持っている。しかも、ほとんどミスがない」

知らない間に進む警察活動のハイテク化は、いわゆる「非致死性武器」の集合体だと言える。こうした武器は現在、軍の研究開発を離れ、各地の警察署で利用されるようになっている。ヴァージニア州リッチモンドのサイコテクノロジーズ社と、モスクワ医学アカデミーのロシア人軍事科学者らの共同研究により、新しい制御システムも導入されつつある。これは「心理矯正テクノロジー」と呼ばれる技術で、「耳では聴き取れない命令によって行動を変化させる」セキュリティシステムだ。

コンピュータによるこの聴覚マインドコントロール法は、デヴィッド・コレシュに使われるはずだった。しかし、ウェーコで大きく報道されたために断念されたようだ。FBI、CIA、国防諜報局および国防高等研究計画局は、いずれもこの技術の利用を検討していた。ウェーコ事件は法的・政治的にさまざまな波紋を呼んだが、その批判が正しかったようだ。

セキュリティ志向という策略が社会のあらゆる隙間に忍び込もうとしている。スーパーマーケットから道路の交差点まで、すべてを捉える監視カメラが我々をどこまでも追いかける。オーウェルのSF的監視社会の悪夢がそこまで迫っているのだ。

最後に、一九五七年に書かれたアイン・ランドの小説『肩をすくめるアトラス』（邦訳：ビジネス社刊）から一節を紹介しよう。国家科学研究所調整官長のフェリス博士が、実業家のリアーデン氏に犯罪について話している。

「あんな法律を守ってほしいなんて思うものですか」フェリス博士がいった。「破ってほしいのです。（中略）潔白の人間を支配する方法はありません。あらゆる政府の唯一の権力は犯罪者を取り締まる力です。で、犯罪者が足りないときはそれを作るのです。何もかも犯罪だときめれば、法律を破らずに生きていくのは不可能になる。誰が法規に従順な市民国家を望みますか？　そんなもの何になります？　だが遵守も、施行も、客観的な解釈も不可能な法律を通過させれば――法律破りの国家ができる――そこで罪悪感につけこむのです。さあ、リアーデンさん、それが制度です。駆け引きです。いったんそれを理解いただければ、あなたはずっと取引しやすくなるでしょう」〔訳註：『肩をすくめるアトラス』脇坂あゆみ訳より引用〕

これは皮肉としては行き過ぎのように思える。しかし、この小説が一九五七年に出版されて以来、無数の法律が作られてきたことは確かだ。実際、そうした法律を完全に守っている市民はほとんどいないだろう。誰でも一度は税金逃れや交通違反をしたことがあるはずだ。我々がこれほど法律にがんじがらめにされているのは、一体どんな神話のせいなのだろう。前述した刑務所建設ラッシュであれ、交通違反キップの枚数を増やして財源を豊かにしようとする地方自治体であれ、我々は実際に「罪悪感につけこまれている」

警察国家においては、定義上、ほぼすべての人が法律違反者になる。人々はその違反行為がどんなに些細なものであっても、「何とか罰を逃れたい」と不忠実な気持ちを抱く。交通違反や税金逃れの場合は特にそうだ。二〇〇二年二月二一日付けの『ロサンゼルス・デイリーニューズ』は、「警官の陰謀」と題して、ロサンゼルス警察による犯罪取り締まりの悪辣(あくらつ)な実態を暴いた。こうした取り締まりによって、ますます多くの法律違反者が生まれる。本稿が読まれるころ、受刑者の数は二〇五万人から二一〇万人になっているかもしれない。ベビーブームならぬ囚人ブームである。

「三振即アウト法」の導入により、司法取引によって裁判の費用効率を高めようとする目的は失われた。裁判所のスケジュールは刑事裁判で埋まり、法廷を優先的に利用する権利のない民事裁判は、余計な費用をかけて別の場所で行われている。巨大刑務所とマルチメディアの「サイバー警官」による取り締まりは、本当に犯罪の発展的解決策になるのだろうか。なるはずがない。そんなやり方は基本的常識に欠けている。

こんなふうに事実をかき集めても不愉快になるだけだ。良識ある市民として、警察国家が安全で快適であるという幻想は捨てよう。我々市民の務めは、犯罪の根本的原因を解決することだ。そのためには、ただ刑罰で問題に対処しようとしても無駄であり、考えをさらに進化させる必要がある。犯罪の取り締まりを芸術の域に高めるという発想は新しいようで古い。「目には目を」の古代ハムラビ法典と本質的に同じである。憲法を蝕んでまで正義を押しつけようとすることは、正義でも何でもない。社会の発展とは、予防と寛容によって犯罪と経済を管理するという真の革新を行うことである。

子供は社会のかけがえのない財産である。健全な未来のためには、より多くの人々がこのことに気づき、これに基づいた政治的意思を持つことが必要だ。暴力で紛争を解決しようとするテレビの主人公を通して、子供たちを犯罪に「馴れさせ」てはならない。そんな民放テレビは消してしまうことだ。

ブッシュ政権下が押しつけるグローバルスタンダード

古代ローマ暦の三月一五日（カエサルの暗殺が予言された日）、象徴的な権力が蘇った。二〇〇三年のこの時期、アメリカではローマ帝国の再来がささやかれた。ブッシュ大統領の経済政策「第二次ブッシュノミクス」において、帝国主義が再び歴史に登場したのである。

ちょうどこのとき、私は本稿のこの章を書いていた。イラク戦争の前兆なのか、暗闇に覆われた空は不気味で、世の中の気分を表しているかのようだった。春の息吹を祝う伝統儀式の代わりに、外交方針と破壊兵器の調整はずっと前から進められていた。そのタイミングを見計らったように、ブッシュは諸外国に「アメリカの味方になるか、それとも敵になるかのどちらかだ」と迫った。これはもうネオファシズムとしか言いようがない。

本稿で述べたように、冷戦終結後、アメリカはその方向性を見直した。一九九四年一〇月二四日付けの『USニューズ&ワールドレポート』の表紙は、アメリカの反共産主義を歴史の悪夢としながらも、新しいアメリカを「世界の警察」として宣伝した。プロパガンダ的な表現をすれば、アメリカの帝国主義は『レッド・オクトーバーを追え』から、三月一五日の戦争へと進んだわけだ。これはスペースシャトル・コロンビア号が墜落したときのような悪い兆候だ。世界中に広がった企業の便宜主義をベースに、アメリカの取り締まり国家としての政策が世界を汚染している。アメリカは外交政策の一環と偽って、自らの芸術的取り締まりを権力の世界（グローバル）基準（スタンダード）として制度化しようとしている。これはオーウェルの「新語法（ニュースピーク）」のように、戦争で平和を意味させようとするものだ。

カリフォルニア州レイクヴュー・テラスのチャールズ・Cは、新聞に次のような投書を寄せた。「たとえ社会保障があり、医療費が安く、清潔な環境が保たれていても、それが市民権を認めない警察国家だったら何の意味もない。そこでは企業が民主主義を蝕み、政府はいわれのない攻撃を仕掛けて、自滅的な戦争を始めようとしている」（『ロサンゼルスタイムズ』二〇〇二年九月五日付け）

アメリカと同じく、ローマも最初は共和国として始まり、最後は病み、堕落した帝国として衰退した。今のアメリカはまさにこれだ。9・11以後、援助中毒の混乱した国々にテレビ番組『フィアファクター』のような恐ろしい保護政策を売り込み、その混乱を煽っている。『ロサンゼルスタイムズ』によれば、「米財務長官のポール・H・オニールは、先進工業国に対して新しい制度を採用するように働きかけると語った。今の状況を維持できない国々にとって、新制度は現行の制度が生み出す混乱を和らげるものだ」という(『ロサンゼルスタイムズ』二〇〇二年九月二七日付け)。しかし、民主主義として売り込まれているこうした国家安全保障政策は、実はネオファシズムの一種にすぎない。あるいは、法と秩序の消費者保護主義が言うところの「アメリカ文明」、帝国主義の中道左翼が言うところの「自由の豊かさ」である。

しかし、こうした企業連動型の警察国家として、麻薬や犯罪、テロ、共産主義、ガンやエイズなどとの世界的な「戦争」を展開するためには、憲法に背く必要がある。その実例を紹介しよう。

一、ブッシュ大統領は、戦争には議会の明確な宣戦布告が必要であるとの憲法条項を無視した。二〇〇二年一〇月のパトリオット法は、国連の軍事行動は支持したが、宣戦布告はしなかった。また、「予防」戦争はニュルンベルク裁判規定にも違反する。つまり、ブッシュの単独行動における権限は法律に反したものである。さらに、ブッシュ政権は連邦裁判所判事に対して、五人の議員が起こした訴訟を退けるように命じた。この訴訟は、イラク戦争が議会の正式な承認なしに始められることを阻止しようとするものだった。

二、米国自由人権協会（ＡＣＬＵ）は監視に関する司法省のある権限に抗議した。その権限とは、同省が極秘の外国諜報活動偵察裁判所が発布する令状によって、人々を監視することができるというものだ（『ロサンゼルスタイムズ』二〇〇三年二月一九日付け）。こうした警察国家権力は非テロ事件でも行使される可能性がある。

三、ＦＢＩは、「捜査令状申請書に軽率な偽情報を書き込んだ」として、二人の連邦裁判所判事を憲法保障条項違反と認定した（『ロサンゼルスタイムズ』二〇〇三年三月七日付け）。

国際法の象徴である国連に対し、ブッシュは戦争承認を決議するように主張した。もし決議しなければ、国連を国際問題とは「関係ない」機関として無視するとも脅した。アメリカがここまでするのは、国連の承認があれば、説得から軍事行動へと一線を越えるとき、ブッシュの攻撃的ないし予防的戦争の方針をごまかせるからだ。

国連の監視がなくなれば、アメリカが右翼的なスローガンとともに、事実上の「世界政府」――取り締まりの枠組み――になる可能性は高まる。ハーバード大学ケネディ政治学大学院の学長ジョゼフ・ナイが言うように、「ブッシュ政権のメンバーは、アメリカがその絶大なパワーによって何でもできると思っている。まるで我々が古代ローマ以来の最強国でもあるかのようだ」（『ロサンゼルスタイムズ』二〇〇三年三月三日付け）。しかし、ここで一つ、思い出すべきことがある。ローマ帝国の権力の象徴であった束桿斧（ファスケス）は、上院の権威の象徴として議会の演壇には掲げられているが、イタリア・ファシスト党のシンボルでもあったことから、一九四五年には「マーキュリー」ダイム（一〇セント銀貨）から削除されているのだ。
アメリカが資本主義後期に突入した今、その単独主義を古代ローマの帝国主義と比較するのは適切である。それどころか、『ワシントンポスト』によれば、「近年、一部の保守的軍事専門家が、アメリカは帝国主義的役割を果たしており、今後もこの役割を担い続けるべきだと主張し始めている」（二〇〇一年八月二一日）。世界主義を掲げる保守派の思惑通り、アメリカは帝国主義的な「世界警察」に発展した。レーガン大統領時代の国務長官ジョージ・P・シュルツもこう認めている。「飴と鞭を使い分けるのは悪いことではない。ラムズフェルドの役目は人々を現実に気づかせることだ」（『ロサンゼルスタイムズ』二〇〇三年三月三日付け）
問題は、ジョージ・W・ブッシュの未熟な弁証法的世界観である。ブッシュの「現実」とは一九世紀をノスタルジックに回顧したものにすぎない。国連憲章が定めているのは平和の維持であって、条件付きの軍事力行使ではない。国連安全保障理事会に超大国があるとすれば、それは人類という種でなければならない。ネルソン・マンデラはブッシュについてこう表現した。「洞察力も、正確な思考力もない一人の大統領の権力によって、今、世界が破滅へ追い込まれようとしている」。二〇〇三年三月一九日、イラクへの侵攻によってそれは現実のものとなった。ブッシュの「現実」が戦争を必要とするのは、硬直した時代遅れのアイデンティティーを守るためだ。そのアイデンティティーと石油が、自由な思想および自由なエネルギーの枠組みによって脅かされている現状を恐れているのである。
アメリカの現実には、適者生存の資源搾取を超越した世界観を受け入れる余地はない。高い生活水準を維持するためには非民主的な形で外国資源に依存しなければならず、ジレンマに甘んじるしかないのである。このため、軍国的制度に対する批判や指摘が正しくてもそれを認めるわけにはいかないし、どの機関も公平な分析を行うことができずに他国を脅かすような政策を取ってしまう。そして、9・11が起こったというわけである。

二〇〇二年一〇月三〇日付けの『ロサンゼルスタイムズ』には、「新世界秩序の下、多くの国がアメリカの単独行動を恐れている」という見出しが躍った。二〇〇二年九月に発表されたブッシュの正式な「国家安全保障戦略」は、「他のいかなる国々がアメリカの主権を脅かそうとも、アメリカはこれを断固阻止する」、そのためには国連も「関係ない」というものだ。コロンビア大学国際機関センター局長のエドワード・C・ラックによれば、「他の国々は、世界の安全保障における最大の脅威は、アメリカの軍事力が規律なく使われることだと考えている」。もちろん、二枚舌の立法基準に各国が不信を抱いているのは言うまでもない。アメリカの軍事グローバル化政策の根底にあるのは、法を旗印に掲げた帝国主義である。海軍および空軍の元天然資源専門家だったブルース・エイラーーツが言うように、軍事的緊張はこの国にとっては好機なのだ。「軍の指揮官は他に優先事項があると言われるのを嫌う。彼らはいかなる抑制も均衡もなしに行動したいのである」（『ロサンゼルスタイムズ』二〇〇三年三月一九日付け）

二〇〇四年の大統領選挙で問題とされるべきだったは、オサマ・ビン・ラディンの行方ではなかった。我々がファシストでないことをどう証明するかということだったのだ。

細菌戦と化学兵器戦

第四部

エイズのスケープゴート、同性愛者と黒人とチンパンジー

アラン・キャントウェル医学博士

キャントウェル博士は本稿において、HIVウイルスが一九六四年から一九七七年にかけて実施された特別ウイルス－ガン計画から生まれてきた可能性があることを豊富な資料を用いて論証している。AIDS（エイズ）発生の一〇年前の一九六九年、霊長類センターでサルたちがエイズに似たウイルスに感染したが、この事実を表立って指摘する者はいない。ウイルスに感染したこれらのサルたちは世界の研究機関に送られ、その一部はなんと野生に戻されている。実際、エイズのアフリカ霊長類における起源を調べている主要な研究者の大半は、この霊長類の発ガンレトロウイルス実験とつながりのあった人たちなのだ。病気が蔓延する二〇年前に無責任な科学者たちが種を超えたウイルスの実験を行っていたことを考えると、エイズが人工的なウイ

ルスである可能性は十分にあり得る――キャントウェル博士はこう結論づけている。

*

エイズの流行が始まった当初から、この病気が人工的なもので、ＨＩＶは細菌兵器の実験のために意図的にアメリカの同性愛者とアフリカの黒人に「感染させられた」とする噂が根強くあった。だがこの陰謀疑惑は、ＨＩＶはアフリカの奥地に住む霊長類から人間に感染し、性行為によって蔓延したというウイルス学者や分子生物学者の説明によって、あっという間に表舞台から姿を消すことになる。

一九八六年の秋、旧ソ連が世界を震撼させるようなことを言いだした。ＨＩＶはフォートデトリックにある米陸軍の細菌戦部門で密かに開発されたものだというのだ。この主張はすぐに「伝染性プロパガンダ」であるとして否定された。ロシアの科学者はエイズが出現する前の一九七〇年代、細菌戦の科学者との協力のもとで類人猿、チンパンジーその他のサルなど、人間以外のさまざまな霊長類にウイルスや感染組織を移す実験を行っていたのだが、ロシアの主張は結局、国際関係改善の流れの影に隠れて消えてしまった。

アメリカの大手メディアは、これらの疑惑の元になったさまざまな事実には触れることなく、「このような主張は荒唐無稽だ」という論調を堅持している。たとえば二〇〇一年一月一四日の『サンフランシスコ・クロニクル』の「エイズの起源を探る」という記事では、ウィリアム・カールセンがこんなことを書いている。

エイズの流行が始まった当初、この病気の起源については、「ＣＩＡの極秘研究所の危険な細菌が外に漏れた」「神が同性愛者や麻薬中毒者を罰するために疫病を与えた」「宇宙から彗星の尾に乗って菌が運ばれてきた」等の荒唐無稽な説や珍奇な説が入り乱れていた。

無論、エイズは神から与えられたものでもなければ、宇宙からやってきたわけでもない。ただ、一九七〇年代の終わりにニューヨークで発生したエイズに、人の手が関わっていることを示す事実は数多く存在する。

流行の前に動物で創られたエイズ

エイズが流行する以前の一九六〇年代から七〇年代にかけて、動物の発ガンレトロウイルス実験が行われているが、この実験からＨＩＶウイルスが生まれてきたことを示唆するさまざまな情報はエイズの歴史の影に葬り去られてしまった。一九七〇年代の終わりにワクチンの実験や計画を通じてＨＩＶが同性愛者や黒人に感染させられたことを示す情報は完全に無視され、政治的に正しい説――すなわち、ＨＩＶはアフリカの熱帯雨林のチンパンジーが起源であり、種間感染によって一九三〇年ごろ、ないしはもっと早い時期にアフリカの人々にうつったという話が通説となってしまったのである。

一九六九年以降、米国霊長類センターではエイズに似た伝染病が何度か流行した。しかし、この事実をマスメディアは取り上げようとしない。エイズが出現する一〇年前、カリフォルニア州デイヴィスの霊長類研究所で、ベニガオザルにおける「サルエイズ」の流行が五件記録されている。サルのほとんどは死亡し、その後の調査で二種類の霊長類免疫不全ウイルスが発見された。症状の発現していない数頭はアトランタのヤーキーズの霊長類の群れに移されたものの、一九八〇年代後半に発症して死亡している。獣医はサルエイズの原因は不明だとしているが、さまざまな霊長類の種の間でウイルスの実験的な移動があったことが可能性の一つとして考えられることは明らかだ。このようなことは動物研究所ではごく普通に行われていた。

一九七四年には、獣医自身がエイズに似た疾患を作り出している。チンパンジーの赤ちゃんを母親から引き離し、「ウシC型ウイルス」に罹った牝牛のミルクで育てたのだ。これらのチンパンジーは一年以内に白血病とニューモシスティス性肺炎（エイズで「同性愛者の肺炎」と呼ばれているもの）を発症して死亡した。二つの疾患はいずれも、ウイルスを移す実験が行われる前はチンパンジーに見られたことはなかった。

同様に、一九七〇年代半ばに研究所でＨＩＶ様ネコレトロウイルスの異種感染により生み出された「ネコエイズ」や、ネコ白血病もあまり注目を集めていない。これらの実験は、ハーバードのマイロン（マックス）・エセックス教授によって行われたものだ。エセックスは後に有名なエイズ研究者になっている。アメリカで最も嫌われているマイノリティである同性愛者に一九七九年にＨＩＶが発生したのは、このように研究所の動物で人工的にエイズが生み出された直後のことなのである。

最近はアフリカの野生のチンパンジーにＨＩＶの「先祖」探しに力が注がれるばかりで、エイズが現れる直前にウイルス研究施設で作られた免疫抑制ウイルスにはまるで目が向けられていない。これらの研究所産人工ウイルスがＨＩＶ（とＨＩＶ－２）の多数の株の先祖かもしれず、種間感染によって人間のエイズが出現した可能性があるという事実は、完全に無視されているのである。

同性愛者を対象にした実験

一九八一年にエイズの発生が公式に認められる直前の一九七八年から一九八一年にかけて、マンハッタンのニューヨーク血液センターで同性愛者を使ったB型肝炎ワクチンの実験が行われた。しかし、科学者たちはこの関連性からも目を背けている。奇妙なことに、米国内でのエイズ発生の起点に関する研究は、なぜか行われていない。保健当局は「男性同性愛者の無節操な性交渉が原因だ」と言うだけで、アフリカの異性愛の黒人の病気がマンハッタンの若い白人男性同性愛者のみに広まった理由はきちんと説明していないのである。

研究者は、ＨＩＶがアフリカで半世紀以上も潜伏し続け、一九八二年に突然、エイズとして現れたと主張する。しかし、アメリカの白人同性愛者の間にはいきなり出現している。政府の支援で行われたB型肝炎ワクチンの実験の被験者になることに同意した同性愛者たちは、急に未知のウイルスに感染して死亡し始めた。最初の数件のエイズの症例（すべてマンハッタンの若い同性愛者）は、一九七九年に疾病対策センター（ＣＤＣ）に報告されている。

一九七〇年代の終わりには、ＨＩＶだけでなく新型ヘルペスウイルスも同性愛者の間だけに出現している。科学者はこれについても満足な説明ができていない。このヘルペスウイルスは現在、エイズにおいて「同性愛者のガン」と呼ばれているカポジ肉腫の原因だと考えられている。エイズが出現する前は、健康な若い男性にカポジ肉腫が発生した例はなかった。エイズ発生から一〇年がたった一九九四年にはこのカポジ肉腫が、エイズが出現する一〇年前に大規模な研究が行われ、動物研究施設で移動のあった霊長類発ガン性ヘルペスウイルスと密接な関連があることが明らかになっている。

また、マイコプラズマ・ペネトランスという、やはり起源が不明の新型微生物による感染も、HIVと新型ヘルペスウイルスとともに同性愛者の間に見られるようになったが、これもほとんど注目されていない。つまり、感染が始まった時期には、同性愛者のコミュニティに何らかの理由で、HIV、ヘルペスKS（カポジ肉腫）ウイルス、M・ペネトランスという三つの病原体が持ち込まれているのである。

HIVの発見者の一人であるリュック・モンタニエというフランスのウイルス学者は二〇〇〇年の著書『ウイルス（*Virus*）』のなかで、「性的に節操のないアメリカの同性愛者がアフリカに旅行した際にこの新型微生物を持ち込み、HIVを持ち帰った」と非難している。しかし、モンタニエはこの偏見に満ちた説の根拠はまったく示しておらず、一九七〇年代に研究所間でさまざまな微生物がやり取りされていたことや、ウイルスの培養基やワクチンがそれらの微生物で汚染される例が多かったという事実にも触れていない。

これらの新種の感染性病原体が男性同性愛者の間に同時に出現した事実を、科学者たちが無視しているのはなぜなのか。HIVとエイズの発生経緯を見極めることは大切なはずである。人工的なウイルスである可能性をここまで頑なに拒み、チンパンジー由来説にこだわるのには、何か理由があるのだろうか。もしかすると科学者たちは、エイズ出現の一〇年前に世界中の研究所に収容されていた数千頭の輸入霊長類に何が起こったかを大衆に知られたくないのかもしれない。

闇に葬られた「特別ウイルス－ガン計画」

エイズ研究者や新聞記者が触れたがらないことの一つに、過去数十年にわたって外科医がチンパンジーの組織（とウイルス）を人間に移植してきているという事実がある。二〇〇〇年六月に七四歳で死去したキース・リームツマ博士は、異なる種における臓器移植（現在、異種間移植と呼ばれている）のパイオニアとして称えられていた。彼は一九六四年の時点で、チンパンジーからヒトへの腎臓移植をすでに六件行っていた。これらの患者は全員死亡したが、その後リームツマは多くのヒト間臓器移植に成功している。

今はほとんど知る者のない過去の「特別ウイルス－ガン計画（SVPC）」により、霊長類（チンパンジーとその他のサル）のウイルスがヒトにうつった可能性は十分にある。この計画では、さまざまな動物の発ガン・エイズ様免疫抑制ウイルスおよびレトロウイルスの開発、生産、植え付けなどの研究が行われ、それらが他の施設にも渡っていた。研究所で作られたこれらのウイルスは動物間の異種感染を起こす能力があり、ヒトの細胞や組織に移植された際にも症状を発現させることができた。

SVPCは一九六四年、メリーランド州ベセスダの国立ガン研究所（NCI）が政府の資金援助を受けて開始した計画で、当初は白血病の研究が目的だったが、やがて対象があらゆる種類のガンに拡大した。この計画は国際的なもので、日本、スウェーデン、イタリア、オランダ、イスラエル、アフリカなどの研究者が参加、ヒトとさまざまな動物のガン細胞を集めるとともに、ガンウイルスを大量に培養していた。その結果、何千リットルもの危険な人工ウイルスが人間の細胞に感染させられ、それが世界中の研究機関に送られた。「特別ウイルス－ガン計画（SVPC）」の年次報告書には、エイズの一〇年前に動物ウイルスの種間移植がごく普通に行われていたことを示すデータが記されている。

SVPCはアメリカの生化学、免疫学、分子生物学、疫学の第一人者を集め、ヒトのガンの発生においてウイルスとレトロウイルスが果たす役割を調べていた。この計画には、医学会の権威ある機関も多数関わっている。

SVPCと関わっていたアメリカ人のなかには、その後エイズ研究の第一人者になった者たちもいた。たとえば、HIV発見者の一人であるロバート・ギャロ、「ネコエイズ」のマックス・エセックス、HIVがエイズの原因ではないと主張しているピーター・デューズバーグなどだ。ギャロとエセックスは、一時期広まっていたエイズがアフリカのサバンナモンキー（グリーンモンキー）という説を最初に主張した科学者でもある。この説は一九八八年に間違いであることが証明されたが、一九九〇年代終わりにチンパンジー説に取って代わられるまでエイズ専門家やメディアにかなり浸透していた。

「新たな未知のウイルス」の誕生

「特別ウイルス－ガン計画（SVPC）」と国立ガン研究所とともにこの問題に関わっていた

のが、軍の細菌戦研究に従事していた科学者である。一九七一年一〇月一八日、ニクソン大統領はメリーランド州フォートデトリックの陸軍細菌戦研究所にガンの研究をさせると発表した。当時ニクソンはいわゆる「ガンとの戦争」を政策に掲げており、これにより軍の細菌戦部門はフレデリック・ガン研究センターと名を変え、リットン・バイオネティクス社が中心となってプロジェクトを進めることになった。

一九七一年のSVPCの年次報告書には、共同研究体制に入っていた国立ガン研究所とフレデリック・ガン研究センターの最大の目標が、「腫瘍形成（発ガン性）ウイルスならびにその可能性のあるウイルスを大量生産して研究機関に継続供給できるようにすること」だと記されている。この研究では特に、霊長類のウイルス（HIVのいわゆるアフリカ起源説ではこれが犯人とされている）と、「ヒト候補ウイルスを相当量増殖させること」に重点が置かれていた。ヒト候補ウイルスとは、ヒトにガンを引き起こす可能性のある動物やヒトのウイルスのことである。

これらの実験では、チンパンジーその他のサル、マウス、ネコなどの動物が継続的に供給される必要があり、SVPCのために複数の繁殖コロニーが作られたほか、アフリカやアジアから実験のための霊長類が輸入されている。そしてその一方で、ウイルスに感染した動物が世界中の研究機関に送られた。

バイオネティクス・リサーチ研究所ではフォートデトリックとの契約の下で、一九七一年までに二二七四頭の霊長類がウイルスを植え付けられた。これらのサルのうち一〇〇〇頭以上が死亡したり、他の霊長類研究センターに移されたりしている。また、なかには野生に戻された個体もあった。一九七〇年代初めまでに、発ガン性ウイルスは複数の種のサルに移植され、サイミリ・ヘルペスウイルスというサルウイルスが分離されている。サイミリ・ウイルスは、一九七九年にいわゆるエイズ同性愛者のガン、カポジ肉腫を引き起こしたヘルペス・ウイルスと遺伝的に極めて近い関係にある。

霊長類や他の実験動物にガンを発生させるため、これらの動物は薬や放射線、発ガン性の薬剤や物質などによって意図的に免疫系の機能を低下させられていた。胸腺や脾臓が摘出され、生まれた赤ん坊や子宮内にウイルスが投与された。慢性的に病気の状態にし、免疫力を低下させるためにマラリア原虫を注射された動物もいた。

アメリカは世界で最も霊長類を利用している国である。医療研究のために使われている霊長類の数は、年間五万五〇〇〇頭にも上る。霊長類（特にチンパンジーの新生児と乳児）はとりわけ実験動物としてポピュラーであるが、これは生化学的、免疫的に人間に近いからである。DNAの九八・四％がヒトと同じチンパンジーがSVCPで重用されたのは、ヒトに対して「候補」ウイルスを用いる実験を公式に行うことが許されなかったからだ。

エイズ出現の一〇年前、ロバート・ギャロはバイオネティクス社との契約で霊長類のある実験に参加していた。この実験は、ヒトのガン組織をはじめ、トリやサルのさまざまなウイルスをマカク（KSウイルスに極めて近いウイルスを持つサル）の新生児に注入するというものだった。一九七一年のSVPCの報告書（NH－71－2025）には、ギャロの実験に関して次のようなことが書かれている。

ヒト候補ウイルスの生物学的活動をヒトで確かめることは不可能であるため、これらを見極めるために別の体制を構築することが不可欠である。これは、ワクチンや他のコントロール法の評価のためにも欠かせない。その意味で、系統発生的にヒトに近い下等霊長類を使うのは合理的と言える。

バイオネティィクス社の研究者たちはヒトや動物にガンを起こす因子となるものをさまざまな種類のサルに投与し、発ガン効果を調べた。生まれたばかりのサルや放射線にさらされたサルに、ヒトのさまざまな白血病の血液を（複数の場所にできるだけ多くの量）注射したり、さまざまな動物のウイルスに汚染された培養組織を霊長類に植え付けたりした。この実験でどれだけの「新たな」ウイルスや「未知の」ウイルスが作られ、人間の組織や各種の霊長類に感染させられていたのかは明らかになっていない。

霊長類の一部は、ウイルスを体内に持ったまま野生に戻された。研究所で作られたウイルスが他の動物に広がったことも当然予想されるが、ＨＩＶとその近縁ウイルスの起源を求めてアフリカの動物を研究している科学者たちは、この可能性から目を背けている。

白血病や肉腫の研究にはネコも用いられ、そのための繁殖も行われている。また、近親交配マウスの無菌コロニーなども作られていた。マウスの発ガンウイルスの操作で耐性株と非耐性株が作られ、これらの改変ウイルスが一九八〇年代に人間の遺伝子置換実験に用いられることになった。これは、毒性を弱めたマウスの白血病ウイルスを「乗り物」代わりにして欠損遺伝子を運ばせ、遺伝的に欠陥のある人の治療に用いるというものだ。

ついにエイズが完成した

「特別ウイルス－ガン計画（SVPC）」は一九七七年までに不名誉な形で幕引きを迫られている。ギャロの説明は次のようなものだ。「科学的見地から言えば、問題はDNAウイルスも含めいかなるヒト腫瘍ウイルスについても明白な証拠を示せなかったことにある。研究者の大半は、ウイルスがヒトのガンに何らかの形で寄与したことを認めるのを拒んでいる。政治的にも、発ガンウイルス計画は多くの資金と注目を集めたにもかかわらず目に見える形の明確な結果を出すことができなかったわけで、批判されても仕方がないだろう」

だが、SVPCは何も生み出さなかったわけではない。遺伝子工学や分子生物学、ヒトゲノムプロジェクトはここから生まれた。動物のレトロウイルス学の確立にも大きく寄与し、これがヒトの発ガン・免疫抑制レトロウイルスの重要な理解につながった。

その一方で、見逃せないもう一つの事実もある。SVPCの研究が下火になっていった時期、政府の支援によるB型肝炎ワクチンの実験が行われた。これにはニューヨークとロサンゼルス、サンフランシスコの男性同性愛者数千名が被験者として参加したが、三つの都市はその後、「同性愛者の免疫不全症候群」（後にエイズと名付けられることになる）の発生地となっている。

SVCP終了の二年後、男性同性愛者の間にHIV（とヘルペスウイルスとマイコプラズマ）感染が発生し、レトロウイルス研究が奇跡の復活を遂げた。これにより、ギャロは世界で最も有名な科学者になっている。

肝炎ワクチンがウイルスに汚染されていて、それでエイズが発生したと考えるのはうがち過ぎであろうか。B型肝炎ワクチンは一九七〇年代の初めにチンパンジーを使って開発されている。今でも一部の人々は、男性同性愛者やエイズとの関連が取り沙汰されたB型肝炎ワクチンの接種に抵抗を感じている。一九七八年にマンハッタンで始まり、一九八〇年と八一年に西海岸でも実施された同性愛者数千名を対象とするワクチン試験において、KS（カポジ肉腫）や新型マイコプラズマとともにHIVが感染させられた可能性はないのだろうか。

すでに述べたように、同性愛者の間に最初にエイズが見つかったのは、ニューヨーク血液センターで同性愛者への試験が始まった数カ月後のことである。一九八〇年代半ばにHIVの血液検査が可能になった際、センターに保管されていた同性愛者の血液サンプルの再検査が行われ、驚くべき事実が明らかになった。ニューヨークでB型肝炎ワクチンの実験のボランティアとなった男性同性愛者の実に二〇％（統計的に有意な数字である）が、エイズが〃公式〃に認められる一年前の一九八〇年の時点でHIV陽性だったのだ。これは、一九八〇年にマンハッタンの同性愛者が、HIVとエイズの発生源とされているアフリカを含む世界のどの地域よりも高いHIV感染率を示していたことを意味している（アフリカで感染が報告されるようになったのは一九八二年のことだ）。

エイズ関連機関は否定しているが、これらのワクチン実験がHIVを同性愛者に感染させるために利用されたと確信する研究者もわずかながらいる。B型肝炎の実験については私自身も研究を行っており、その結果は一九八八年出版の『エイズと死の医師たち――エイズ流行の起源に関する調査（*AIDS and the Doctors of Death: An Inquiry into the Origin of the AIDS Epidemic*）』および一九九三年出版の『奇妙な血――秘密のエイズ集団殺戮計画（*Queer Blood: The Secret*

AIDS Genocide Plot)』にまとめた。この二冊では、一九八七年の「最初の患者」説――カナダの航空会社の性的に奔放な客室乗務員がエイズをアメリカに持ち込んだという説――が荒唐無稽なものであることも明らかにしている。とてもありえないこの話はメディアで大々的に取り上げられ、アメリカにおけるエイズ発生の本当の起源から大衆の目が背けられて、同性愛者の性的な奔放さに批判が集まるようになった。アメリカの流行が一人の患者から始まったものだという見方には、あのモンタニエでさえ疑問を投げかけているのだ。

チンパンジー起源説を主張する研究者は、ニューヨーク血液センターが一九七四年に西アフリカにチンパンジーのウイルス研究所を作っていた事実にも触れたがらない。問題の研究所というのは、リベリアのロバーツフィールドという町にあるリベリア生体臨床医学研究所に作られた「VILABⅡ」という施設である。この施設はチンパンジーでB型肝炎のワクチンを作ることを目指していて、そのワクチンが数年後に血液センターで同性愛者に接種された。

VILABには西アフリカのさまざまな地域で捕獲されたチンパンジーが送られてきた。VILABの所長を過去二五年間務めているアルフレッド・プリンス博士は、ニューヨーク血液センターのウイルス学主任である。研究所では、チンパンジーの「リハビリ」をした後に野生に戻しているという。

「エイズ出現前」のB型肝炎ワクチン開発と密接に関わっていた施設に、ニューヨーク郊外に霊長類のコロニーを抱えていた「霊長類実験医薬・外科研究所」(LEMSIP、一九六五年設立)がある。ほとんど知られていないこの施設は、一九九七年に活動を終了するまでニューヨークの研究者に移植やウイルス研究目的で霊長類やその組織などを提供していたほか、ニューヨーク大学医療センターとも提携していた（一九七九年にここで最初のエイズ性カポジ肉腫が発見された）。ニューヨーク大学医療センターの研究者たちは、同性愛者に投与されたB型肝炎の実験ワクチンの開発にも深く関わっている。また、一九九六年のレナード・ホロウィッツの著書『ウイルスの出現――エイズとエボラ（*Emerging Viruses: AIDS and Ebola*）』によると、同センターは一九六九年に始まった細菌戦研究にからんで、政府の助成を受けたり契約を請け負ったりしている。

ニセの科学情報――一九五九年にエイズ患者がアフリカにいたという発表

HIVの起源が一九三〇年代にさかのぼるというチンパンジー説により、HIVが一九七〇年代の終わりに人為的に作られたという説はすっかり陰に追いやられてしまった。このチンパンジー説が支持され続けるかどうかは、今後の研究で明らかになってくるはずだ。

陰謀理論を支持する人々は、巷に広まっているエイズの起源に関する話は「意図的なニセ情報」だと考えている。「最初の患者」説しかり、一九五九年にエイズに罹っていたというイギリス人船員をめぐる過熱報道しかりというわけだ。一九九〇年に世界のトップニュースとなったこの話は今では完全に否定されているが、これが「エイズ（特にアフリカ系アメリカ人の間に広がっているもの）は人為的に作られたものだ」というアングラ陰謀説を打ち消すために流された誘導情報なのは明白である。

一九九〇年七月二四日付け『ニューヨークタイムズ』は次のように断じている。「数年前、エイズは研究所の実験でコントロールに失敗したウイルスが外部に漏れたものか、細菌兵器として開発されたものだという旧ソ連の官僚の主張が大々的に報じられたが、この症例はこれを否定するものでもある。エイズの系統のヒトレトロウイルスは当時まだ知られておらず、科学者もウイルスを作り出すのに必要な遺伝子操作技術を持ち合わせていなかった」。数年後、この症例はエイズではなく、保存されていた組織がたまたま（あるいは故意に）、ＨＩＶに汚染されていたのだということが明らかになっている。

一九九八年、マスコミはエイズがアフリカ起源であることを示す新たな証拠が見つかったと報道した。凍結保存された一九五九年の血液サンプルがＨＩＶ陽性だったというのである。研究者たちの主張は、微量の血清にＨＩＶの断片が含まれており、それがアフリカで捕獲された三匹の野生のチンパンジーと、フォートデトリック研究所の冷凍庫で発見されたマリリンというチンパンジーの凍結組織に見つかったウイルスに「極めて近い」というものだった。

この一九五九年の血液サンプルというのはコンゴのキンシャサに住むバンツー族の男性のもので、氏名や健康状態の記録はない。後に世界最古のＨＩＶ陽性血液サンプルともてはやされたこの検体の履歴と実験の詳細は、エドワード・フーパーというジャーナリストが一九九九年に出版した『河――ＨＩＶとエイズの起源に迫る旅（*The River: A Journey to the Source of HIV and AIDS*）』に記されている。フーパーはこの本のなかで、ＨＩＶが一九五〇年代の終わりにポリオワクチン計画でアフリカにもたらされたという説を展開している。ワクチンを作るのに用いたチンパンジーの腎臓細胞が、ＨＩＶの祖先にあたるウイルスに汚染されていたというのが彼の主張であった。

一九八〇年代半ばに検査が行われたとき、一九五九年の血液サンプルはコンゴに保管されていた七〇〇の凍結保存血液のうち陽性反応が出た唯一の検体だった。元々はロックフェラーの資金援助を受けたアルノ・モタルスキー博士が採集したものであるアフリカの血液サンプルは、シアトルのワシントン大学に送られて遺伝的検査が行われた多数の検体のうちの一つである。この検体については、一九六六年に出版された『集団遺伝研究（*Population Genetic Studies*）』という研究書に記されている。他の六七二の凍結血液サンプルは一九七〇年ごろにアトランタのエモリー大学に空輸され、さらなる遺伝的検査が行われた。

一九八五年、これらの検体はエモリーのヤーキーズ霊長類センターとつながりのあるアンドレ・ナミアス（ウイルス学者・動物研究家）の手に渡り、ＨＩＶ検査が行われた。このときコンゴの検体は、一九五二年から一九八二年にかけてアフリカのサハラ以南地域に住んでいた黒人の五〇〇検体とともに調べられている。酵素免疫測定法（ELISA）で検査したところ、一九五九年に採取されたコンゴの検体の九〇%がＨＩＶ陽性という結果だった。しかし、これらの陽性反応は後に擬陽性であることが明らかになっている。これら検体はエモリーでの検査の後にマサチューセッツ州ケンブリッジのハーバード大学に移され、マックス・エセックスの研究室での検査に回された。

このときは最初の検査で三検体がＨＩＶ陽性となり、最終的には身元のわからないバンツー族のものとされる一九五九年の検体のみがＨＩＶ陽性と確認された。しかしこの時期、エセックスの研究室は気づかないうちに霊長類のウイルスに汚染されていた。

一九八六年、エセックスは「新型のヒトのエイズを発見した」と発表したが、これは後にサルのウイルスであることが判明した。この霊長類ウイルスは、近くのマサチューセッツ州サウスボロの霊長類センターで捕獲されていたサルのものであった。この霊長類ウイルスによる研究室の汚染が、ギャロやマスコミによって広められたサバンナモンキー（グリーンモンキー）説を生み出すことになったのである。

また、これもほとんど知られていないことだが、国立ガン研究所にあるギャロの研究室自身も、霊長類ウイルスに汚染されていた。ギャロは一九七五年に、新型の「HL－23」というヒトウイルスを発見したと発表した。しかし、これはその後、ギボンエイプウイルス、類人猿肉腫ウイルス、ヒヒ内在性ウイルスという三つの類人猿ウイルスであることが明らかになっている。ギャロは「これらのウイルスによる汚染がなぜ起こったのかわからない」と話している。

一九九六年、フーパーはナミアスを説得し、残りの一九五九年の検体をPCR（ポリメラーゼ連鎖反応）法で検査するためマンハッタンのロックフェラー大学のデヴィッド・ホーに送らせた。それまでほとんど無名であったホーはこの年、『タイム』の「今年の顔」に選ばれている。また、ホーが所長を務めるアーロン・ダイヤモンド・エイズ研究センターは、この年からロックフェラー大学と提携している。さらに同研究センターは、同性愛者のワクチン実験を行い、エイズを生み出したニューヨーク血液センターともつながりがある。

ホーは、受け取った微量の検体に生きたウイルスはおらず、完全なビリオン（細胞外における成熟形態）も存在しないとの結論を出した。しかしその一方で、ウイルスの断片（ゲノム全体の一五％）の検査を行って、これを世界最古のHIVの標本であると発表した。ホーが行ったPCR法の検査結果は、別の研究者が追試で確認することはできない。このときの検査で一九五九年の検体が完全に消費されてしまったからである。

『ネイチャー』一九九八年二月五日号に掲載された「一九五九年のアフリカのＨＩＶ－１配列と、流行の起源に関してそれが示唆していること」という論文には、ホー、ベッテ・コーバー、ナミアスらとともにフーパーの名前が出ている。この論文は、一九五九年の時点でアフリカに住む人の体内にＨＩＶが存在していたことを証明するものとして大きく取り上げられた。

だが、一九六〇年代と七〇年代のアフリカのＨＩＶ陽性の組織標本は存在せず、エイズであると証明された症例も見つかっていない。それでもフーパーは、一九五九年の検体の検査結果を、ＨＩＶが一九五〇年代の終わりにポリオワクチン計画によってアフリカにもたらされたという自説の大きな根拠としている。

エイズと細菌戦の関連についての研究を批判しているくだりで、フーパーはこんなことを言っている。「ストレッカーの支持者は不正確な情報に基づく古い与太話に踊らされ続け、九〇年代に入ってかなり経つのに相も変わらず、ソ連やＣＩＡ、ドイツ、ＷＨＯ（世界保健機関）などに責任を負わせようとしている」。Ｂ型肝炎ワクチンとエイズのつながりについては、ワクチンを接種した八二六人の同性愛者のうち一九八三年までにエイズを発症したのはわずか二名であるとして否定している。

しかしフーパーは、実験に参加したこれらの男性の二〇％以上が一九八一年までにＨＩＶ陽性となり、一九八二年までに三〇％以上が陽性になったという事実からは目を背けている。また、ＷＨＯがアフリカで行った天然痘ワクチン投与との関係についても、「ＨＩＶやＳＩＶ（サル免疫不全ウイルス）がワクチンに誤って混入することはあり得ない」として否定している。だがこの主張は、ワクチンが故意にＨＩＶで汚染された可能性がないということが前提だ。

しかもフーパーは国連職員として働いていたが、このあたりの詳しい事情については本ではまったく触れていない。

フーパーは膨大な調査をしているにもかかわらず、各地の霊長類センターでさまざまな種の霊長類の異種間ウイルス移動が今も行われている事実と、エイズとの関わりには気づく様子がない。彼は一九九五年に、LEMSIP（霊長類実験医薬・外科研究所）のプレストン・マルクスにも取材を行っている。当時マルクスはデヴィッド・ホーのアーロン・ダイヤモンド研究センターの代表者を務めていた。このときのことを、フーパーは次のように書いている。

組織や血清を一つの種から別の種に大胆に移植しているのを見てショックを受けた。種を越えることの危険性は、ずいぶん昔にSV40の事故（ポリオワクチン）で明らかになっている。しかも、わけのわからない疾患に感染した集団のなかで生き延びた個体が、ごく普通に別のセンターに売られ、そこで実験に供されることもあるという。監視および管理体制に問題があるのは明らかだが、そうした問題は異種移植（異なる種の間で臓器や細胞を移動させること）などの他の分野にも影響しているようだ。これは考えるだに恐ろしいことである。

一九五〇年代末のポリオワクチンが原因だという説を唱えるフーパーは、エイズの起源をひどく単純化して考えている。これらの動物のウイルスが一九六〇年代と七〇年代に人間の組織に植え付けられていたという事実も、ガンやワクチンの研究、極秘の細菌戦研究などのために遺伝的に改変された危険な人造ウイルスが存在するという事実も無視しているのだ。

フォートデトリックの凍結チンパンジー

一九九九年二月一日、『ニューヨークタイムズ』に長年寄稿しているローレンス・K・アルトマン医師が「エイズウイルスの起源をめぐる謎が解けたようだ」と報告した。これは、アラバマ大学のベアトリス・ハーンを中心とする研究チームが、アフリカの野生チンパンジー三頭を使って行ったウイルス実験と、フォートデトリックの冷凍庫でたまたま見つかった凍結されたチンパンジーの標本を研究したことについて述べたものだ。このチンパンジーは、一九八五年の検査でＨＩＶ陽性であることが判明した個体であった。ハーンはこれらの研究から、チンパンジーの亜種であるツェゴチンパンジー（Pan troglodytes troglodytes）が動物のウイルス源として「最もＨＩＶに近い」と結論づけている。

アメリカ政府の科学者たちはメディアを通じ、素人にはまずわからないような霊長類ウイルスの系統樹を持ち出して、ＨＩＶがアフリカの奥地のチンパンジーのウイルスが遺伝的な起源であることの証明に血道を上げた。ニューメキシコ州のロスアラモス国立研究所のスーパーコンピュータ「ニルヴァーナ」を用いてベッテ・コーバーが行ったウイルス遺伝子データの分子解析では、ＨＩＶが一九三〇年ごろにアフリカでチンパンジーから人間にうつった種であるらしいとの結論が出ている（ロスアラモス研究所は原爆開発の公式拠点で、中国人スパイ疑惑が持ち上がった場所でもある。また、一九四〇年代からエイズの流行が始まった時期にかけて、民間人に対して非告知で放射線の極秘実験を行っていた施設でもある）。

ベアトリス・ハーンは、猟師がチンパンジーの肉を解体しているときに自分を傷つけて感染したのがエイズの流行の始まりだとしている。そして科学者たちは、エイズウイルスとその近縁ウイルスがチンパンジーから人間に感染する事例が複数あり、それによりＨＩＶ‐１の三つの亜種（Ｍ、Ｎ、Ｏ）とＨＩＶ‐２が生まれたとするハーンの説をあっさり受け入れた。

西アフリカではチンパンジーが食用や医薬実験用に捕獲されており、とりわけ若い個体は研究目的で重用されている。若いチンパンジーは通常、母サルを撃ち殺して捕まえられ、しかも捕獲の際や、欧米の研究所や動物病院に移送する過程で、ひどい扱いやストレスにより多くが死んでしまう。こうした殺害のために、現在チンパンジーは絶滅が危惧されている。アフリカのチンパンジーはこの一〇〇年で実に二〇〇万頭から一五万頭以下に減ってしまった。このように大量に殺害されている一方で、今なお世界的にエイズの原因だと信じられているのがチンパンジーなのである。

ベアトリス・ハーンは以前から霊長類原因説と深く関わっていた。一九八〇年代半ばにはサバンナモンキー説を強く唱え、サルのウイルスとＨＩＶの「近い関係」を主張していたが、このとき彼はギャロの研究室で働いていた。ハーンのウイルスは、エセックスの研究室で汚染を引き起こしてサバンナモンキー説を生み出したサルウイルスよりも、ＨＩＶに近いということになっている。

マスコミ関係者は、この矛盾には目を向けようとしない。チンパンジーをめぐるハーンの新発見と一九五九年の古い血液サンプルの検査結果はともにエイズ研究者とマスコミに受け入れられ、ＨＩＶとエイズの起源がアフリカにあるという説が信じられている。

ロンドンで開かれたエイズの起源をめぐる会議

一九九八年の秋にフーパーの本が出版されるやいなや、分子科学者はチンパンジーの新型ウイルスのデータを使って彼のポリオワクチン説を完全否定した。一九三〇年代にすでに種を越えていたのなら、一九五〇年代に再び種を越えてアフリカのエイズをもたらしたというのはおかしいというわけだ。たとえどのような形であれ、科学者がＨＩＶやエイズの発生に関与したとは認めがたいというのが研究者の立場なのである。

フーパーはＨＩＶの起源を一九五〇年代とすることで細菌兵器説を排除したが、科学者たちはそのさらに数十年前と主張してフーパーの説を排除したわけだ。アフリカでエイズが流行したのが一九八〇年代初期になってからだという事実は彼らにとってはどうでもよいことらしい。そしてこのような見方を公式のものにするために一握りの科学者が画策したのが、参加者を限定した会議を開いてエイズの起源論争に終止符を打つことであった。

二〇〇〇年一〇月にロンドン王立協会により二日間にわたって開かれたこの会議では、エイズ細菌兵器説は初めから除外されていたようだ。その一方で、ある教授が「すべてのヒト感染症は動物に起源がある」と声高に強調している。エイズのような疾患は過去に例がないにもかかわらず（少なくとも科学者たちが無節操にウイルスをやり取りし、種の壁を無視した実験をするようになるまでは存在しなかった）、この教授は「これらの感染症は動物の間でごく普通に移動していた」と断じている。

一九五九年の検体のウイルス断片を用いてロスアラモス研究所のデータバンクにある一部の

ウイルスと比較したベッテ・コーバーは、コンピュータの計算精度を高め、問題の時期を一九四〇年ごろと結論づけた（可能性としては一八七一年から一九五五年までにほぼ確実に収まるという）。アントワープのレガ研究所は、種間移動が一五九〇年から一七六〇年の間に起こり、一六七五年前後の確率が最も高いと推算している。

フーパーも発表を行ったが、彼の見解は分子生物学者からは無視された。また、プレストン・マルクスは「霊長類由来のウイルスによるヒトの感染症がさらに増えるかもしれない」と警鐘を鳴らしている。しかし、エイズの一〇年前に「特別ウイルス－ガン計画（ＳＶＰＣ）」の何千リットルもの動物のウイルスが世界中の研究所にばら撒かれたという事実が、発表の壇上に立った人々の口から語られることはなかった。

その代わりにロンドンに集まった参加者たちが示したのは、（ウイルス学者を中心とする）医学界の新たな見解であった。会議の最後に示されたその〝最終〟見解とは、こうである。「ヒトのウイルス感染は元をたどればすべて動物由来である。動物の体内には今後人間を脅かすことになるかもしれないウイルスが常に潜んでいる」。科学者たちはさらに次のように警告した。「陸と海と空の生物には、ヒトに感染症を引き起こす可能性を持った未知のウイルスが無数に存在する」。まるで、そのようなウイルスは動物の研究所には存在していなかったとでもいうような言い草である。

エイズとガン、遺伝子学

ほとんどの科学者が否定している「エイズ人工ウイルス説」は、ＨＩＶの起源をすっきり説明してくれる。背景にあるのは、エイズが出現する二〇年前から無責任な科学者たちが行ってきた遺伝子汚染やウイルスの種間移動だ。しかも、科学者や細菌戦の研究者が密かに人間をモルモットにしていたことも記録にはっきりと示されている。冷戦下では人間に対する放射線実験も行われており、秘密の医療実験がX-ファイルのなかだけのことでないのは明らかだ。

研究者が、エイズが人為的なものだという説をうやむやにして霊長類に責任を負わせたがるのは無理もない。現在、エイズのアフリカ霊長類起源説の中心となっている研究者の大半が、密かに進められていた「特別ウイルス-ガン計画」と何らかのつながりを持っていたか、動物研究(とりわけ霊長類の研究)でウイルスの種間移動に関わっていたことがわかっている。

研究者たちはエイズが出現した当初からエイズとガンの関係を徹底的に否定し、HIVと動物のガンレトロウイルス研究との関わりも否定してきた。ギャロは一九八四年にHIVを発ガン性「白血病/リンパ腫」ウイルスと名づけたが、この名前はすぐにガンを連想させない「リンパ趨向性」ウイルスに変更されている。

一九八一年に医学誌に掲載されたカポジ肉腫に関する最初の拙論で、私は「ガン関連細菌」が〝古典的な〟KS(カポジ肉腫)腫瘍における感染性因子である可能性を指摘した。一九八四年にHIVが発見される前の一九八二年と八三年にも、同様の発ガン性細菌が「同性愛者のガン」に罹ったエイズの男性同性愛者の肥大リンパ節やKS腫瘍に見られることを示した。ガン関連細菌は一九五〇年代以降、ウイルスやマイコプラズマと結びつけられている。しかし、それらの成果はガンの権威たちの意向で数十年にわたり日陰に追いやられてきた。

ギャロは一九九一年の著書でKS腫瘍に感染性因子が発見されたことはないとしているが、

これは誤りである。科学誌に掲載された発ガン微生物の研究を無視したがるエイズ研究者の態度には、初期のガン研究や極秘細菌戦研究とエイズの起源との関連を疑われないような形でＨＩＶ研究を進めようという、エイズ研究の中心勢力の意向が透けて見える。そしてこのような隠蔽体質により、エイズが人為的に作られた感染性のガンかもしれないという見方は圧殺されてきたのである。

こうなると、大衆の目を真実から背けるために、政府の息のかかった一握りの科学者が「エイズ霊長類起源説」をでっち上げたのではないかという疑いも湧いてくる。ＨＩＶが人為的なものである可能性については、徹底的に調べる必要があるだろう。こうした人工ウイルス説を主張している人々を「妄想に取り憑かれた陰謀論者」で片付けてしまうべきではない。メディアでエイズの解説をしている人々もこうした隠れた歴史に目を向け、ＨＩＶの起源との関わりについてよく考えてみるべきである。

動物研究所で今でも嬉々としてウイルスの種間移動をしている科学者たちが何を考えているのか、そもそも彼らを信用していいのかということを真剣に考えないかぎり、種を越えたウイルスは今後も出現し続けるだろう。

冷戦時代の放射線人体実験でも、隠蔽やニセ情報による情報操作があり、政府についている科学者たちが容易に大衆をだませるということが証明されている。科学の世界の研究者たちは、大衆のほとんどが科学に関してはサルなみだと考えているのだ。

炭疽菌による生物テロと細菌戦の狂気

アラン・キャントウェル医学博士

二〇〇一年から二〇〇二年にかけて発生した炭疽菌テロ事件の犯人は誰か。現在のところこの疑問に明確な答えを出せる者はいない。果たして、生物テロは第三次世界大戦の引き金となるのだろうか。キャントウェル博士は、「我々が平和のための活動に取り組まないかぎり、狂った科学者が生み出した細菌兵器の戦争が現実になることを恐れながら生き続けなければならない」と警鐘を鳴らす。

＊

物理学者をはじめとする科学者や軍事関係者は、過去何十年もの間、大量殺戮のための感染性病原体を作ることに血道を上げてきた。その結果、今では細菌戦に対する懸念が世界中に広まっている。細菌兵器を使った戦争の危険については、昔から言われている「自分がしたことはいつか自分に返ってくる」という言葉がすべてを物語っているだろう。

アメリカでは先ごろ、ハリウッドのアクション映画のなかだけの話だった生物テロが実際に起こった。世界で最も強大な国家の議会で炭疽菌の胞子が発見され、恐怖が現実のものとなったのだ。細菌戦の悪夢はまだ始まったばかりである。そしてその悪夢が覚める見込みも、今のところまったくない。

この問題がやっかいなのは、細菌戦の研究が常に極秘に進められるという事実にある。そのため一般人は、どれほど恐ろしい細菌兵器が生み出されたかを知ることはできないのだ。もっとも、実戦に投入されれば、それらの細菌兵器や化学兵器の威力は自ずと明らかになるだろう。

一九八八年にイラク領内のクルド人絶滅を企てたサダム・フセインは、手始めとして僻地の村々に神経ガスを撒いた。この絶滅計画では、一〇万人以上のクルド人が殺害されたと考えられている。それにもかかわらず、アメリカ政府はイラクに数十億ドル規模の資金供与を続けた。

一九九一年の湾岸戦争の際には、世界の指導者はイラクが化学兵器を使うのではないかと恐れた。イラクの化学兵器と生物兵器の大部分は、まだ関係が良好だった数年前にアメリカ政府から供給されたものだった。そして、神経質になっている市民を安心させるためにアメリカ政府関係者が公表した事実に、我々は愕然（がくぜん）とすることになる。なんと、我がアメリカ合衆国には、「世界のすべての人々を五〇〇〇回殺せるだけの毒ガス兵器がある（『ロサンゼルスタイムズ』一九九〇年八月一七日付け）」というのだ。

日本軍が満州で行った細菌実験

歴史を振り返ってみると、細菌兵器をめぐる現在の混沌とした状況に、すべての大国が何らかのかたちで寄与していることは明らかだ。無関係の大国を見つけるのは売春宿で処女を見つけるのと同じくらい難しい。

たとえば日本は、一九三〇年代後半から一九四〇年代前半にかけて歴史上類を見ないほど残酷な細菌兵器の人体実験を行っていた。満州に攻め込んだ日本は、哈爾浜(ハルビン)郊外の平房(ピンファン)に細菌戦の研究・製造目的で「七三一部隊」を設置した。チャールズ・ピラー、キース・ヤマモト共著『遺伝子戦争——新たな遺伝子技術の軍事コントロール(*Gene Wars : Military Control over the New Genetic Technologies*)』によると、「中国人、朝鮮人、ロシア人、アメリカ人、イギリス人、オーストラリア人捕虜三〇〇〇名以上が、平房の技術者によって悲惨な死に至らしめられた」という。

この細菌実験で日本軍は捕虜を意図的に病原菌に感染させ、コレラ、赤痢、チフス、梅毒その他の感染症を引き起こさせた。前掲書には次のように書かれている。「炭疽菌やガス壊疽爆弾などの実験なども行われていた。捕虜は杭につながれて臀部を露出させられ、遠隔操作で起爆された爆弾の破片にさらされた。捕虜が苦悶のうちに死亡するまで病気の経過が詳細に観察、記録された。内臓が侵されていく様子を調べるためにコレラなどの疫病を起こす微生物を与えられ、(時には生きたまま)解剖された捕虜もいた」

終戦後、日本の戦争犯罪者を裁く裁判が行われたが、この実験の全容がロシアに知られて利用されることを恐れた米陸軍細菌戦部門は、ある〝取引〟を行うことにした。実験を行った医師たちのデータを陸軍に渡すのと引き換えに、関係者の戦争犯罪を問わないことにしたのである。

こうして悪名高い七三一部隊の極秘資料は秘匿された。日本の市民がこれを知ることになったのはそれから一〇年後のことである。一九四二年のフィリピン陥落後に捕虜として満州に送られた約二〇〇名の米兵は、戦後、日本人医師により細菌兵器のモルモットにされたと訴えている。現在は高齢となっているこれらの元兵士の訴えは、「記録が存在しない」という理由で無視され、補償も行われていない。調査を行ったデヴィッド・ロウチは、彼らが組織的な細菌兵器の実験に利用されたという結論を下している。ロウチは言う。「この問題は極めてデリケートであるため、米日の政府は認めることを避けている。だが、彼らが亡くなる前に誰かが言ってやるべきなのだ。あなたたちは捕虜収容所で実験台にされ、そのせいで五〇年もの間苦しんできた。これは人道上の問題だと……」(『ロサンゼルスタイムズ』一九九五年三月二〇日付け)

スコットランドの「炭疽菌の島」

イギリスでも、一九四二年に極秘実験が行われていた。この年の夏、同国の細菌学者がスコットランド北西の海岸から四〇〇メートル足らずの沿岸にあるグリュイナード島という小島で、炭疽菌の胞子の茶色い混合物が詰まった二〇キログラムの化学爆弾を爆発させたのである。この実験のため、本土で羊三〇頭が集められて同島に送られた。爆弾は小さな土盛りの上に設置され、その近くに羊がつながれた。爆発によって数十億の胞子が島の上に見えない雲を形成し、島全体と海に拡散した。その翌日、羊が炭疽菌によって死に始めているのが確認されている。その後もさらに羊が集められ、繰り返し、炭疽菌爆弾の実験が行われた。「炭疽菌の島」で行われた実験の詳細は、ロバート・ハリス、ジェレミー・パックスマン共著『より高度な殺害形態――化学兵器と細菌兵器をめぐる秘話（*A Higher Form of Killing: The Secret Story of Chemical and Biological Warfare*）』（一九八二年）に書かれている。

一九四三年の冬には、連合国の極秘細菌戦計画の一環として、炭疽菌の胞子を詰め込んだ約二キログラムの爆弾の開発が始まった。暗号名「N」と名づけられたこの爆弾は、主にイギリスが中心となって設計し、製造はアメリカが独占的に請け負った。二人の著者は同書において、「N」はおそらく「原爆製造計画以降の連合国最大の極秘計画」だろうと述べている。つまりアメリカ自身も炭疽菌の製造に関与していたわけで、同書によると一九四四年五月には最初の炭疽菌爆弾五〇〇〇発がメリーランド州フレデリックのフォートデトリック（米陸軍の細菌戦部門）の実験製造ラインから出来上がってきたという。

グリュイナード島では、実験後にさまざまな汚染除去の試みが行われている。しかしいずれも失敗に終わり、同島は何十年もの間立ち入り禁止状態が続いた。この事実は、炭疽菌の胞子の恐るべき生存能力を物語っていると同時に、一度汚染された地域は軍の力をもってしても炭疽菌を除去できないことを示している。二〇〇一年七月二五日のＢＢＣのレポートによると、イギリスは一九八六年、二一〇ヘクタールの同島の汚染を除去するために五〇万ポンドを投じ、海水で希釈したホルムアルデヒド二八〇トンを散布した。そして一九九〇年四月二四日、政府はついに同島の安全宣言を行い、赤い生物汚染標識を撤去した。しかし考古学の第一人者ブライアン・モファット博士はこの安全宣言に疑問を投げかける。博士が古代遺跡の発掘現場で発見された炭疽菌の胞子を調べたところ、何世紀もたっているにもかかわらずまだ生存していたという。博士は語る。「私はグリュイナード島を歩き回る気にはなれない。（炭疽菌は）極めてしぶとく、危険な細菌だ」

プラム島と米軍の秘密実験

米軍は一九五〇年代、特殊な動物の病気から作り出した細菌兵器を用いて、ソ連のウマやウシ、ブタなどの家畜を殺し、ソ連経済に打撃を与えることを画策した。この細菌兵器の開発はニューヨーク州ロングアイランドの沿岸にあるプラム島で行われ、口蹄疫（こうていえき）とアフリカ豚コレラの実験が行われた。フォートデトリック基地史・広報担当のノーマン・コヴァートは、一握りの科学者だけがこの計画を知っていたと話す。「多くの場合、それぞれの兵器研究の内容を知っていた科学者はせいぜい五人程度でした。ある研究室の科学者が隣の研究室で何をやっているのかをまったく知らないのがふつうで、お互いに内容を尋ねることもありませんでした」

陸軍がプラム島で行ったこの研究では、世界で最も危険な動物疾患のウイルスとウイルス抗体が集められている。一九五〇年代に実施された同計画の詳細が極秘扱いを解かれたのは、一九九三年のことだった（『ニューズデイ』九九三年一一月二一日付け）。

一九五〇年代と六〇年代には、アメリカの多数の地域で密かに民間人に対する細菌兵器実験が行われていた。最も悪名高いのがサンフランシスコで六日間にわたって行われた実験で、有害な細菌が同市に噴霧されている。これにより一二人が肺炎を起こし、高齢者が一人亡くなった。この実験も、ずっと後になって極秘資料が公開扱いになり、世間の知るところとなっている（『ロサンゼルスタイムズ』一九七九年九月一七日付け）。

これ以外にも、ニューヨークの地下鉄やワシントンDCの空港、ペンシルヴェニア州の幹線道路などで秘密裡に細菌を撒く実験が行われている。また、ヴァージニア州の複数の基地やフロリダ州キーウェスト、カリフォルニア州南部沿岸地域、ハワイなどでも細菌兵器の実験が行われた（『ロサンゼルスタイムズ』一九七七年三月九日付け）。

陸軍は自らの兵士に対しても実験を行っている。フォートデトリックで一九五四年から一九七三年にかけて実施された「プロジェクト・ホワイトコート」では、キリスト教の一派セブンスデー・アドヴェンティスト派のボランティア被験者およそ二三〇〇名に対して一連の細菌実験が行われた。これらの兵士は、ツラレミアやマラリア、Q熱、ロッキー山紅斑熱、脳炎、その他のさまざまな特殊疾患の病原体、炭疽菌などにさらされた。目的は、これらの病気の予防、診断、治療方法を確立し、ワクチンを開発することであった。この実験では死者は出ていないものの、ボランティアとは名ばかりで、被験者は細菌戦に利用される可能性のある実験にほとんど強制的に参加させられたとの指摘もある（『ワシントンタイムズ』一九九八年一〇月一七日付け）。

第二次大戦後の冷戦時代、アメリカは核攻撃に備えるために何も知らない数千人の市民をモルモットにして四〇〇〇以上の極秘ないし秘密の放射線実験を行っている。これらの実験を行ったのは、原子力委員会とその他の政府機関——国防総省、保健教育厚生省、公衆衛生総局（現CDC＝疾病対策センター）、国立衛生研究所、在郷軍人局、CIA、NASAなどである（『ニュー・ドーン』二〇〇一年九月号）。

政府の金で行われたこれらの秘密細菌戦プログラムの全容が明らかになることは、おそらくないだろう。細菌戦に関わっている分野全体が、分厚い秘密のベールに包まれているのである。違法性のある資料の多くは今なお秘密・極秘扱いとなっており、行方不明、廃棄した、「とにかく無理」等の理由で市民の目から隠されているものも多い。それでも、米国や他の国々の政府機関によるこうした非倫理的医学実験の実態は、少しずつ明らかになってきている。

細菌戦と遺伝子工学

米陸軍の細菌戦プログラムは一九七〇年代に入るとさらに強化され、とりわけＤＮＡと遺伝子工学の研究に力が注がれた。細胞や感染性因子を遺伝的に操作したり、既知ないし新種の感染性因子を種間感染で混ぜてしまうことには、細菌兵器になり得る新たな因子を生み出す大きな危険性がある。

こうした懸念の声を鎮めるため、ニクソン大統領は、細菌兵器の研究をやめて「医学的防衛のための研究」のみに絞る意向を示した。しかし一九七二年に病気を拡散する兵器の開発や取得を禁じた条約を批准したにもかかわらず、細菌戦部門の強化は続けられた。細菌兵器に対する防衛を確立するには、細菌兵器そのものの研究が不可欠だというわけである。

一九七一年、ニクソンはフォートデトリックの陸軍細菌戦部門の大部分を国立ガン学会（ＮＣＩ）に移転させた。これにより、通常のガン研究の名の下に秘密裡に細菌戦実験が続けられることになる。ウイルス学者たちは最新の遺伝子工学技術を用いて発ガンウイルスを異なる動物の間で移動させた。そしてこの危険な感染性因子移動により、動物の体内に新型の悪性ガンや免疫不全疾患が生み出された。細菌戦の専門家は当然この「超病原体」に目をつけ、新型生物兵器として使用する可能性を考えたことだろう。

一九七三年一一月、カリフォルニア州北部パシフィックグローヴ近郊のアシロマで、「生物研究における災害（バイオハザード）」というテーマの国際的な会議が開かれた。この会議でガンウイルス学者たちは、危険度の高いウイルスを研究室内に閉じ込めておく絶対確実な方法はないと、あっさり認めている。NCIのロバート・W・ミラーは、「微生物学の研究で災害が発生すれば、ガンよりももっと速く死をもたらす疾患の発生が懸念される」と警鐘を鳴らした。さらに「研究室で働く人間は既知のウイルスだけでなく、自分たちが作ったウイルスにもさらされてきた」とも述べ、新型の危険なウイルスが作られていることを暗に認めている。

NCIは一九七〇年代に「特別ウイルス-ガンプロ計画」を開始し、国内外のトップクラスの研究施設から医師や科学者を集めて発ガンウイルスの解明に取り組んだ。しかし、私を含め一部の研究者は、このプログラムからエイズを引き起こすHIVが生まれ、一九七〇年代終わりのワクチン実験でアメリカの同性愛者コミュニティに植え付けられたのだと考えている（『ニュー・ドーン』二〇〇一年五月）。

こうした細菌戦研究の実態は世間から隠され、しかも研究で起こった「事故」が隠蔽されたり、政府の役人が大したことはないと片付けることも常態化していた（責任が動物に押しつけられることもあった）。一方、ロシア当局は、一九七九年にモスクワの東約一三五〇キロに位置するスヴェルドロフスクで炭疽菌の事故が発生し、六八名が死亡したことを明らかにしている。この事故の原因についての公式の見解は、住民が感染した動物の肉を食べたためというものであった。

付近にある極秘軍事施設の職員たちは、同地域の土壌に炭疽菌の胞子がもともと存在していて、汚染された肉骨粉を食べたウシにそれが広がり、それらの感染牛が闇で出回って人間にも感染したのだと説明した。だが一九九二年、ロシアのエリツィン大統領は結局、原因が〝非人為的〟なものではなく、近くの秘密細菌戦研究施設で作られた兵器用の炭疽菌の胞子が事故で外に漏れたのだと認めている（『ロサンゼルスタイムズ』一九九二年六月一六日付け）。

売り買いされる死の細菌

生物テロの背景をさらに複雑にしているのが、致死性病原菌が金で買えてしまうという現実である。まだアメリカがフセイン政権と友好な関係にあった一九八〇年代半ば、イラク教育省がアメリカのメリーランド州ロックヴィルにある非営利法人、タイプ・カルチャー・コレクション社から炭疽菌その他の病原体を七〇回にわたり輸入していた。当時こうした取引は法的にまったく問題はなく、米商務省からすみやかに認可が下りていた（『ロサンゼルスタイムズ』一九九八年二月一六日付け）。

『タイム』一九九七年一二月一日号に掲載された細菌戦に関するブルース・ネランの記事によると、「イラクは今や七五〇〇リットル以上の炭疽菌を培養していたことを認めているが、アメリカの専門家は、実際はその三倍だろうと推定している」。アメリカの国防関係者によると炭疽菌の致死量は塵よりも小さく、目にも見えないという。しかも、細菌兵器はインターネットで製造法が公開されている。必要なのはビールの醸造器と培養菌と防毒マスクで、一万ドルで手に入ってしまう。国防省職員の話では「市販の機器を購入して小さな部屋に置けば、ひと月とかからずに一キロの炭疽菌が作れる。そしてその中には何百万人分もの致死量の胞子が含まれている」そうだ。米技術評価局の推定によると、炭疽菌二〇〇キログラムをワシントン上空で散布した場合、二〇〇万人の死者が出る可能性があるという。

細菌兵器となり得る微生物は、個人が簡単に買えてしまう。実際、アメリカでは一九九五年に、悪名高いネオナチグループのアーリア人国家の元メンバー、ラリー・W・ハリスが逮捕されている。オハイオ州のある研究所で働いていたハリスの容疑は、化学メーカーから腺ペスト菌の瓶三本を購入したというものであった。しかし裁判で、このような危険な病原菌を所有することにまったく違法性がないことが明らかになり、ハリスには執行猶予がついた。ハリスは一九九八年にも炭疽菌の所有容疑で逮捕されたが、この菌が無毒であることがわかって起訴は取り下げられている。

二〇〇一年三月一日にはカリフォルニア州アーヴァインで、生体臨床医学の研究者のラリー・C・フォードが嘱託殺人未遂容疑で自宅の家宅捜査を受けた。フォードは南アフリカ共和国がアパルトヘイト政策をとっていた時期に同国政府の細菌戦顧問をしていたという人物である。捜査の翌日、彼は銃で自殺を遂げた。このとき警察は彼の自宅で、複数の銃と違法な武器、爆発物のほか、生きたサルモネラ菌とコレラ菌の入った瓶を発見している。二〇〇〇年四月三〇日の『ロサンゼルスタイムズ』によると、「菌はいずれも病院の検査室から持ち出された可能性がある」が、感染症専門家のケネス・リトワックは「研究者が細菌を所有することを禁じる法律があるとは聞いたことがない。使用に関する法律はよく知らないが」と述べている。

アメリカへの生物テロ攻撃の可能性は何年も前から指摘されている。一九八七年にすでにこのような危険性を予言していたジョセフ・ダグラス、ニール・リヴィングストン共著『無防備なアメリカ――化学兵器と生物兵器の脅威（*America the Vulnerable: The Threat of Chemical and Biological Warfare*）』によると、CB（化学・生物）兵器は現実的に考えた場合、テロリストにとって魅力的な理由がいくつもあるという。同書が挙げているのは、第一に、CB兵器は安価で「貧者の核兵器」になり得ること。第二に、CB兵器は簡単に製造でき、期間も比較的短くて済むこと。第三に、神経ガスに代表されるように、ごく微量で深刻な危険をもたらすこと。そして第四に、いかなる生きた標的もCB兵器の攻撃に対してほとんど無防備だということである。

一九六九年の国連委員会においてCBの専門家たちは次のように証言した。「民間人に対する大規模な作戦を実施する場合、通常兵器を使うと一平方キロメートルあたり二〇〇〇ドルかかる可能性がありますが、核兵器では八〇〇ドル、神経ガス兵器だと六〇〇ドル、生物兵器であれば一ドルで済みます」。一九八九年、ダグラスとリヴィングストンは、アメリカには人口密集地へのテロ攻撃や隠密作戦への備えがまったくないとの結論を出している。

二〇〇一年一二月には、炭疽菌胞子入りの手紙がアメリカ人に届く事件が発生している。件数が少ないことから、心配したりパニックに陥ったりする必要はないと当局やメディアは繰り返したが、議会に送られた複数の胞子入りの手紙によってハート上院議員のオフィスビルが汚染され、生物災害対策班が二酸化塩素ガスで消毒する事態になった。

この事件でメディアは、炭疽症が抗生物質で簡単に治ると強調していた。しかし、炭疽菌が空中散布されたり炭疽菌爆弾が使われたりすれば、大きな被害がもたらされる可能性があった。確かに、現在知られている炭疽菌は抗生物質が効くものばかりだ。しかし、遺伝子操作によって耐性を持たされた「兵器用」の炭疽菌がばら撒かれたら、結果はずっと深刻なものになるはずだ。

二〇〇一年一〇月一八日、CDC（疾病対策センター）は異例の警告を行った。医師に対して、天然痘その他の悪性伝染病、ボツリヌス中毒、ツラレミア、さらには発見されたばかりのアフリカのエボラ出血熱、マールブルグ病などに注意するよう呼びかけたのだ。世界貿易センタービルと国防総省（ペンタゴン）がテロ攻撃される以前、ウイルス学者はアフリカの新型ウイルスの起源を動物に求めていた。しかし今では、こうした新しい疫病に別の潜在的発生源があることは、冷静に考えれば誰にでもわかる。異常な科学者たちや彼らとつながったテロリストたちが、国家的、政治的、宗教的目的のために危険な感染性因子を細菌兵器として用いる可能性があるのだ。

このような事件ではかならず「得をする人間」がいる。炭疽症の治療薬として唯一承認されたシプロは爆発的な売上げを記録した。この薬はドイツのバイエル社が独占的に製造していて、ひと月分が三五〇ドルで販売されているが、インドで作られたジェネリック薬ならば一〇ドル程度だ。

炭疽菌爆弾の脅威については、メディアはあまり報じていない。マンハッタンの効果的な標的を選んでこれが数個落とされた場合、ニューヨークはグリュイナードに次ぐ新たな「炭疽菌の島」になるに違いない。

二一世紀の細菌戦

半世紀以上にわたって行われてきた細菌戦の研究に、我々はどうやって対処すればよいのだろう。細菌兵器で数百万の命が失われるような事態が起こり、それが第三次世界大戦の引き金になる恐れはないのか。

これらの疑問に対する明確な答えはない。しかし、遺伝子工学と狂った細菌戦研究で生まれた細菌兵器、「新型ウイルス」と疫病があふれるような世界は、本当に自分たちの望んでいるものなのか。この点については、我々一人ひとりが真剣に考える必要があるだろう。より安全で平和な世界に住みたいのであれば、細菌戦の危険を今すぐに認識することが不可欠である。我々は何十年ものあいだ、治療法もない細菌兵器の存在から目をそむけ続けてきた。

このような恐ろしい状況から抜け出したければ――漂白剤やホルムアルデヒドや二酸化塩素ガスによる消毒を二度と見たくないのであれば、我々は今すぐ平和のために立ち上がり、米国の医師や科学者が開発に鎬を削ってきた我々自身を殺すための細菌兵器に、「ノー」を突きつけるべきであろう。

「新たな疫病」西ナイルウイルス――自然由来か、生物テロか

アラン・キャントウェル医学博士

西ナイルウイルスという病原体による新たな感染症が発生している。降って湧いたようにアメリカに出現したこの脳炎にも、エイズのように特定のハイリスク層が存在するのだろうか。キャントウェル博士は次のように問いかける。――西ナイルの出現は（炭疽菌の手紙のように）生物テロの危険に目を向けさせるために何者かが仕組んだ「試練」なのか、それとも「新興感染症」と「新型ウイルス」が現れ続けているのは（前例のない）自然の営みにすぎないのか。あるいは、これらもまた細菌戦研究の副産物なのだろうか。奇妙な病気や虫の出現がこの二〇年に集中しているのは単なる偶然とは思えない。何者かの陰謀だと考えるのはうがちすぎだろうか。

＊

一九七〇年代には、感染症の多くが文明社会から消滅したと考えられた。ところが過去二〇年の間に、三〇以上の「新興感染症」が世界各地に出現している。よく知られているものだけでも、エイズ、レジオネラ症、毒ショック症候群、ライム病、C型肝炎、BSE（狂牛病）、ハンタウイルス感染症、さまざまな新型脳炎、ラッサ熱やエボラ出血熱などのウイルス性出血熱などがある（退役軍人に多い湾岸戦争症候群や慢性疲労症候群については見解が定まっておらず、政府の「新興感染症」リストには載っていない）。

それだけではない。結核やマラリア、コレラなどの古い病気も、より毒性や耐性が強くなって再び現れてきている。八〇年にわたって減少を続けてきたアメリカにおける感染症の死亡率は、一九八〇年から一九九二年にかけての期間に五八％も増加している。

保健当局はこの原因として、海外旅行の増加やグローバル化、人口の増加と移動、森林開発と植林、性行為（HIV）、熱帯小森林などの未知の感染性因子が潜む自然環境との接触の増加などを挙げている。しかしそこには、これまで何十年もの間、何百万頭もの動物と無数の感染物質が商用・細菌戦研究用に世界中で取り引きされてきたという事実への言及はない。これらの危険な物質の取引と、一九七〇年代に開発された遺伝子接合の組み合わせは、新型疾患の出現の危険を増大させた。しかも、多数の新型ウイルスがさまざまな動物の種の壁を越えて移動させられており、その一部はヒトの組織にも与えられている。こうした慣行により、生物兵器に利用可能な新しい病気が研究所から生み出されるようになった。科学の〝進歩〟が細菌戦に利用されるかもしれないという懸念は、一部の陰謀論者に、これらの新興感染症のなかに人為的に発生させられたものもあるのではないかという疑いも抱かせている。

9・11の世界貿易センタービルの破壊に続いて起こった炭疽菌入り手紙の事件は、アメリカが生物テロ攻撃に無防備である事実を世に知らしめることになった。現在も犯人は捕まっておらず、アメリカ政府の細菌戦研究者が送った疑いが濃厚になっている。炭疽菌事件からちょうど一年が過ぎた日、米国科学者生物兵器ワーキンググループ連盟のバーバラ・ハッチ・ローゼンバーグ会長は、封筒のなかに発見された兵器用炭疽菌の株種や性質から見て、アメリカの生物防衛プログラムが出所であると断定した。彼女は次のように書いている。「政府当局者は、事件の二週間後にはすでに炭疽菌が国内のものだとの認識に至っていた。その後の調査でも、この見方を否定する材料は出てこなかった」

そしてローゼンバーグは、陰謀の存在をにおわせる結論を導き出している。「炭疽菌の出所や手紙の内容を考えると、犯人の目的は殺人ではなく、社会的な恐怖を煽って議会に生物防衛予算を増額させることだったと思われる。そういう意味では、犯人の意図は十分すぎるほど達成されたと言っていいだろう」(「ロサンゼルスタイムズ」二〇〇二年九月二二日付け)。仮に犯人が捕まって公開で裁判が行われれば、細菌戦に関して政府が隠してきたことが白日にさらされることになる。そうなれば、社会に激震が走るのは間違いないだろう。

アメリカに現れた新たな疫病――西ナイルウイルス脳炎

アメリカにおける西ナイルウイルスの感染は一九九九年八月、ニューヨークにおいて最初に発生が報告された。しかし、徴候はその前にすでに現れている。七月の初め、多くの鳥が謎の死を遂げていたのだ。ニューヨークのカラスの半数が死に、ブロンクス動物園の外来種の鳥も一部が死んだ。このウイルスは一部の鳥に感染しやすい性質があり、蚊によって媒介されていた。鳥の血を吸った蚊が人間や他の動物を刺すことでウイルスを運んでいたのである。鳥の突然死の数週間後、北クイーンズ地区の病院で最初の脳炎患者たちが確認された。そして九月には、西ナイルウイルスに感染したロングアイランドの馬二五頭のうち九頭が死亡した。

このウイルスは鳥同士では接触感染が起こるが、人間同士では接触感染は起こらない。推定では感染した人のうち二〇%が軽い感冒のような状態になり、一五〇人に一人が重症化して頭痛や精神の混乱、リンパ節の腫れ、高熱、重度の筋力低下、脳炎に典型的な脳の腫れなどが起こる。軽い症例の場合は数日で軽快するが、重い症例では数週間にわたって症状が続く。

この病気は一九九九年の時点ではニューヨーク市内におさまっており、患者数は六二名、死者が七名だった。一方、死んだ野鳥の数は一万羽に達していた。二〇〇〇年の患者数は二一名で死者が二名、二〇〇一年は患者五六名、死者七名となっている。だが、二〇〇二年にはこの数字が跳ね上がる。CDCは一〇月八日までに、西ナイルウイルス感染(西ナイル熱)の累積患者数が二七六八名、死者が一四六名と報告した。アメリカ全体でこれまでに感染した人の数は、二〇万人に上ると推定されている。

二〇〇一年までは、ウイルスは米国の東半分の地域にとどまっていた。だが二〇〇二年の夏には、本土四八州のうち六州を除いた州の鳥、蚊、動物、ヒトに西ナイルウイルスが発見されている。CDCによると、二〇〇二年にはジョージア州で事故により死亡した人の臓器を移植された患者が、その臓器を通じて西ナイルウイルスに感染する事故も起こった。また、感染した母親から母乳を通じて乳児にウイルスがうつった事例も報告されている。さらには、輸血用の血液までウイルスで汚染されていたという、ショッキングな事実も明らかになった。この新ウイルスを血液のスクリーニング検査で見つける方法は、現在のところ存在しない。

感染症の専門家は当初、この病気がセントルイス脳炎（SLE）だと考えていた（この脳炎はアメリカのさまざまな地域で散発的に小規模の流行を見せるが、なぜかこれまでニューヨーク州では発生していなかった）。しかしブロンクス動物園の動物病理学者トレイシー・マクナマラは、過去に鳥がSLEで死んだ例がないことから、別のウイルスによる病気ではないかと疑った。プラム島で研修を積んだ彼女は、鳥の死とヒトの症例に因果関係があるのではないかと考えていたが、CDC（疾病対策センター）はこの考えを一蹴し、九月には蚊を一掃して脳炎の流行を防ぐためニューヨーク市内全域の殺虫剤散布を再び行った。

だが、マクナマラは他の国立研究所とフォートデトリックの生物学者の協力を呼びかけ、二〇〇二年九月二四日にようやく病原菌が西ナイルウイルスであることを突き止めた。この病原菌はこれまでアメリカで発見されたことはなく、ニューヨークのどこの州研究所でも検査は不可能だった。

アフリカ由来か、それともウイルス研究所から漏れたのか

西ナイルウイルスは、一九三七年に東アフリカのウガンダで複数の脳炎患者の体内から発見されたウイルスである。これらの患者の症例は比較的軽く、ウイルスが他の動物や鳥に深刻な影響を与えている様子もなかった。鳥が西ナイルウイルスに感染して死亡するケースは、ごく

最近になってから見られるようになったものだ。このウイルスは発見から数十年が経っており、その間ウイルス研究所ではいつでも研究に使うことができた。そこから考えると、ウイルスが遺伝的に改変されたり、生物兵器に転用された疑いも出てくる。

西ナイル熱の小規模な流行は、一九五一年から一九五四年にかけてと一九五七年にイスラエルで見られたほか、一九七四年には南アフリカでも発生している。しかし一九九〇年代半ばからは、モロッコ、チュニジア、イタリア、イスラエル、ロシアなどで西ナイルウイルスが発見され、鳥の大量死が起こっている。一九九六年のルーマニアの流行では九万人が感染し、一七人が死亡している。

科学者の分析の結果、いわゆる「西ナイルウイルス・ニューヨーク99株」は、一九九七年から二〇〇〇年にかけてイスラエルで見られたウイルスの近縁であることが明らかになった。NY99株はこの三年間、変異を起こしていない。保健当局は、この株が中東からの旅行者か、航空機に紛れ込んだ蚊によって国内に侵入したのではないかと見ている。一方、研究者のなかには、動物園が輸入したアフリカの動物や鳥が原因だと考える者もいる。

しかし西ナイルウイルスは、数十年前からアメリカ国内に存在していた。各地の研究所に保管され、世界中の研究者に公然と売られてきたのだ。まだサダム・フセインとの関係が良好だった一九八〇年代に、メリーランド州のナショナル・タイプ・カルチャー・コレクション社がイラクに西ナイルウイルスをはじめとする何十種もの感染性因子を売っていたことも明らかになっている。

西ナイルウイルスについては、発生当初から生物テロを囁く声もあった。しかし保健当局者はこれらの噂を否定した。CDCのバーバラ・レイノルズ広報担当はCNNの取材に対して次のように述べている。「生物テロの可能性は発生原因のリストの一番下にあります。おそらく自然の営みによるものでしょう」（CNNレポート、一九九九年一〇月一一日）

新聞や雑誌では今でもさまざまな説が取り沙汰されている。『ロサンゼルスタイムズ』の二〇〇二年九月二八日の社説では、次のような見方が紹介された。「科学者は、日本からヒューストンに運ばれたタイヤに紛れていたヒトスジシマカによって、一九八〇年代初めに（ウイルスが）国内に持ち込まれた可能性があると考えている」

いったい誰が、このような根拠の定かでない珍説を新聞や雑誌に吹き込んでいるのだろう。しかし、これらの説に惑わされることのなかったヴァーモント州選出のパトリック・レーヒー上院議員は、連邦職員たちに対し、西ナイルウイルスがテロ攻撃であった可能性をきちんと調べるべきだと主張した。同上院議員は二〇〇二年九月一二日、次のように述べている。「私たちはよく考えてみるべきだ。西ナイルウイルスがこれほど急に増えたのは単なる偶然なのか、それとも誰かが私たちに生物兵器を試しているのか……」。レーヒー上院議員は一年前にワシントンの執務室で炭疽菌入りの手紙を受け取っており、生物テロの恐ろしさを身に沁みて知っている人物だ。

輸血用血液に西ナイルウイルスが紛れ込んでいるという現状も、極めて深刻である。汚染された血液を輸血されれば、蚊に刺されたときよりも多くのウイルスが体内に入るのは言うまでもない。西ナイル熱のハイリスク群とされているのは、高齢者、体力が低下している人、免疫が低下している人（ガンやエイズの患者、移植手術を受けた人等）、乳幼児などである。現在、輸血用血液に関しては、梅毒のほか、HTLV－1およびHTLV－2、HIV－1およびHIV－2、B型肝炎およびC型肝炎ウイルスなどの検査が行われている。西ナイルウイルスの血液スクリーニング検査も一年以内に可能になるかもしれず、ワクチンも三年以内に開発される可能性があるが、現在のところ西ナイル熱に対する対処法や治療法は確立されていない。

軍が秘密裡に行った細菌戦人体実験

二〇〇〇年七月二四日、上院政府問題委員会が「西ナイルウイルスの警告」と題する報告書を発表した。この報告書は、同ウイルスが生物兵器である可能性は否定する一方で、CDCについて、「視野狭窄（きょうさく）」に陥っており、「想定外のことを想定できなかった」と批判している。そして委員会は、「次に感染症が流行するときは、自然発生にせよ意図的なものであるにせよ、ずっと深刻な事態になる可能性がある」と指摘していた。実際には次に起こったのは二〇〇一年の炭疽菌事件で、「意図的な」生物兵器による攻撃であった。

アメリカ政府は西ナイル熱の発生が生物テロである可能性を早々に否定した。政府自身が長年、何も知らない市民に対して生物兵器の実験を行ってきた事実が明らかになっていることを考えると、この態度は何とも腑に落ちない。米軍は一九五〇年代、外来の動物疾患から作った生物兵器でソ連の馬や牛や豚を殺し、ソ連経済を弱体化させることを画策した。この計画に関わっていたニューヨーク州ロングアイランド沿岸のプラム島にある研究所は、致死性の高い世界のさまざまな動物疾患から開発されたウイルスの軍用保管庫になっている。

売買される殺人病原体

生物テロをやっかいにしているのは、人を死に至らしめる微生物が、金さえあれば誰でも、どこの国の人間でも買えるという事実である。まだアメリカがサダム・フセインと友好的な関係にあった一九八五年から一九八八年にかけて、イラクの教育省はアメリカン・タイプ・カルチャー・コレクション社から七〇回にわたり炭疽菌や西ナイルウイルスその他の病原菌を輸入していた。当時こうした取引は法的にまったく問題はなく、米商務省からすみやかに許可が下りていた（『ロサンゼルスタイムズ』一九九八年三月一六日付け）。

一九九八年にフセインがクルド人に対して毒ガス攻撃をした後も、また湾岸戦争の後にも、アメリカの政府関係者はイラクに生化学兵器の材料を供給し続けている（『シアトル・ポスト・インテリジェンサー』二〇〇二年九月二四日付け）。CDC（疾病対策センター）も、一九八四年から一九九三年にかけて西ナイルウイルスをはじめとする多数の生物材料をイラクに供給している。一九九四年五月二五日の『リーグル・レポート』は、アメリカからイラクの政府機関に送られた生物兵器および生化学兵器のさらに詳しい情報を掲載した。その後明らかになったことだが、アメリカが輸出したこれらの微生物は、イラクの細菌戦プログラムに関して国連査察官が発見・回収したものと一致していた。

二〇〇一年一〇月一八日にはCDCが異例の警告を行っている。医師に対して天然痘その他の悪性伝染病、ボツリヌス中毒、ツラレミア、さらには発見されたばかりのアフリカのエボラ出血熱、マールブルグ病などに注意するよう呼びかけたのだ。テロ攻撃が起こる前、ウイルス学者はアフリカの新型ウイルスの起源を動物に求めていた。しかし現在、こうした新しい疫病に別の発生源があることは明らかである。異常な科学者たちが、国家的、政治的、宗教的目的のために危険な感染性因子を生物兵器として用いる可能性があるのだ。

西ナイルウイルスは意図的に環境に放出されたのか

世界各地の研究所が数十年にわたりのアフリカのウイルスを使って動物実験や操作を行ってきた結果、西ナイル熱が新たに発生したという可能性はないのだろうか。

この六〇年間、遺伝子工学研究者や生物兵器技術者によって西ナイルウイルスの新株が開発され、「兵器」に供されてきたのは疑いのない事実である。西ナイルウイルスのような病原体がひとたび環境に入り込めば、自らの力で急速に拡散する恐れがある。西ナイルウイルスはすでに、一九三〇年代にアフリカで見られたのとは異なる病態をヒトや動物にもたらしているのだ。

二〇〇二年九月下旬、メディアは、西ナイル熱の患者たちがポリオの症状を発症したと報じた（ポリオは別のウイルスによって引き起こされる病気である）。新しい西ナイルウイルスがこのような特徴を持っているのは、研究所で改変されたからではないのだろうか。より危険な形態となって再び現れた西ナイルウイルスが自然の産物ではなく、人為的にもたらされた可能性はないのか。

アメリカは、一九九三年の世界貿易センターの爆破事件を9・11の警鐘にすることができなかった。一九九九年にニューヨークに発生した西ナイル熱も生物テロの警鐘にはならず、二年後に炭疽菌入り手紙による攻撃が行われている。あとどれだけ生物テロが起これば、保健当局は新型疫病の起源を熱帯雨林やアフリカの動物に求めるのをやめ、世界的に危険な感染性因子が取り引きされている実態や、狂気の沙汰である細菌戦とその研究こそが現在の新興感染症をもたらしているという可能性に目を向けるのであろう。

生物兵器の目的は、ただ一つ。市民を大量に殺戮することである。これらの利用と配備を考えている国は、「自分がした行いは、いつか自分に返ってくる」ということを肝に銘じるべきだろう。

UFO、超自然現象

第五部

奇妙な人々――異常なUFOカルトに関する調査

スコット・コラレス

反政府の小規模な武装集団は昔から存在してきた。イスラエルのマサダ要塞のいかついたたずまいが、その何よりの証人だ。そして、そのような武装抵抗運動は一九九〇年代にもあった。とりわけ有名なのが、ルビー・リッジとウェーコの事件だ。二つの事件に共通するキーワードは、連邦政府に対する不信と、命をかけて信念を守り通す意志である。スコット・コラレスはある事件を紹介し、これらとUFOとの関わりについて示唆している。

＊

一九九七年の六月中旬、UFOリサーチ（UFOR）のメーリングリストに一つの謎めいた記事が投稿された。私がこの話を追求したい旨をメーリングリストの発行主であるフランシスコ・ロペス氏に強く申し入れたところ、かなりの月日が経っているにもかかわらず情報収集に努めてくれた。しかし、成果はほとんどなかった。インターネットは鏡の迷宮であり、誰でもEメールのアカウントや名前をころころと変えて意見を書くことができる。身分を詐称したり姿を消したりするのも簡単だし、文責を問われることもない。情報の発信者を探り当てるのは極めて困難だ。投稿された記事は、単に説得力のあるデマという可能性もあるが、そんなふうに片付けてしまうにはあまりにも具体的な内容が含まれていることも確かだった。

記事は、「前置きは抜きにしてさっそく本題に入ることにする」といういささか紋切り型の表現で始まっている。「私は最初に全体像をつかみ、それを小出しにせずにまとめて示すつもりだ。ただ、それなりに編集せざるを得ない部分も出てくるだろう。情報のなかには公にする必要のないものもある。あまり知らないほうがよいこともあるし、伏せるべきを伏せることで不要な介入も防ぐことができる」。彼か彼女かはわからないが、投稿者はここまで書いたあとに、ぞくりとするような警告を発している。「一緒に死にたくない相手が隣にいないように注意してもらいたい」

出てくる名前や場所がすべて明示されていたなら、この警告は一層現実味を帯びてくるのだが、残念ながらこれらの多くは伏せ字になっている。投稿者は軍ないしは警察機関の関係者で、ある場所に踏み込んだ際に現場に居合わせた。その際に発砲が行われ、「薬莢はすべて回収された」という。その場所とは、個人所有のスキーロッジか狩猟小屋と思われる建物で、捜索に関わった関係者のうち政府の命を受けた一団に破壊され、空き家のように見せかける措置が取られた。

謎の投稿者は、この捜索班は解散したという趣旨のことを述べたあと、「証拠は徹底的に消し去られていた」と書いている。「見つかったのは人間だけで、XT（地球外生命体）やグレイは発見されなかった」

ここまで読むと、投稿者は〝あちらの世界〟に行ってしまっている人ではないかという疑いを持つ人もいるだろう。グレイというエイリアンへの関心は近年下火になり、存在を信じる者も減ってきている。投稿記事にはさらに、捜索対象の「カルト」が〝数年間〟にわたり複数の人間と協力して「精子バンクに貯蔵されている精液」を手に入れようとしていた経緯や、男性を拉致して注射器で精液を採取していたことなどが書かれている。採取された精液は「液体窒素の入った携帯Dフラスコで瞬間冷凍され、中心地区に貯蔵された」という。

まるでXファイルのストーリーのようだが、投稿者はさらに続ける。

「異教」である＊＊＊＊（伏せ字）の集団が助手と「技術サポート」を務め、女祭司が＊＊＊＊の上位者たちと協力する態勢を作っていた。＊＊＊＊という通常の信仰であるにもかかわらず、この女祭司と取り巻きたちは――＊＊＊＊に対してそういう言葉を使うことが可能であれば――異教徒であった。

この異様なカルトは、さまざまな武器や高火力のライフル、ショットガンその他の実戦兵器の扱いに精通し、それらのなかには「HK－91スナイパーライフル、SteyrAUGセレクティヴファイヤコンヴァージョン、米軍制式M60および三〇口径弾七〇〇〇発、爆発・閃光・

焼夷・発煙手投げ弾五〇個、チェコ製プラスチック爆薬一八〇キロ、軍事用起爆装置(スクイブ)一〇〇個以上」が含まれていた。カルトの異様さに比べ、これらの殺傷兵器のほうは妙にリアルな印象を受けるのが不思議である。

投稿記事はさらに続く。カルトのメンバーは「グレイ」のために活動しているとされる人間のグループとつながりがあり、そのグループが持つ不透明なガラス状の立方体からは投射映像が映し出されるという。この情報が未確認だということは投稿者自身が認めているものの、この話はどうやら、UFOが地球に密かに降りてくる行為と関係があるらしい。「少なくとも一九九五年五月に一度、この技術の有効性が確かめられているものの、それ以上のことは明らかになっていない」

この記事を読んだUFORの読者や、今読んだみなさんの多くは、未確認のUFO話をこれ以上読むことに意味はあるのかという疑問を抱かれるかもしれない。すべては実際の火器を使用した大規模な「心理戦」の訓練で、カルトを「仮想敵」とし、余興のため（あるいはプレッシャーをかけるために）異星人をからめたという見方もできないことはない。

「パパは宇宙司令官みたいに死んだ」

異星人との接近遭遇の実話というより、むしろ安直なSFのような印象を受けるこの投稿は、アルゼンチンのアンドレア・ペレス・シモンディーニという研究者の登場によって俄然、現実味を帯びることになった。彼女は母親のシルヴィアとともにUFO関連事件の研究をしながら政治的な活動をしており、同国ではそれなりに名を知られた人物だ。その彼女が、UFORの投稿を彷彿とさせるような現実の事件について述べたのである。

「レーダー1のグループの謎が明らかになった」。彼女はある手紙にそう記している。彼女の説明によると、このグループはアシュターという異星人接触者のカルトから独立して武装集団化したやっかいな分派で、「レーダー1」と名乗り、リーダーはギレルモ・ロミューなる男だという。

この分派は、メンバーの獲得や存在のアピールを元の集団よりもずっとうまくやってのけたようだ。ロミューと部下たちは高度な技術を利用できる立場にあり、それを積極的に使っていた。この「レーダー1」(一般にはイグレシア・マナンシアル、ウェルスプリング教会として知られる)は、ブエノスアイレスのブローニュ村ウェルニッケ二六九番地にある本部から、FM放送で独自にUFO関連情報を流しているという。このFM局は、三つの制御卓と効果音用ミキシングボード、八台のコンピュータを備えていた。これらのコンピュータは一九九八年一月一二日のアルゼンチン当局の強制捜査とロミューの自殺に先立ち、ハードディスクを消去する措置がとられたという。レーダー1は、UFORの現実離れしたカルトの記事にリストアップされていたのと同じような武器や装備を保有していた。地対空ミサイル一基、多様な口径の弾丸、ガスマスク、焼夷弾、催涙ガス、湾岸戦争で使われたのと同様のイスラエル製デザートイーグル五〇口径対空砲、接近レーダー、科学試料分析装置、放射線・電磁・静電・熱測定器などがフォードのブロンコ4W4に搭載され、その車で野外調査を行っていたという。

シモンディーニの手紙によると、これらの殺傷兵器および機器の費用の一部はカルトのメンバーと協力者による献金(四〇〇〜四〇〇〇ペソ)によってまかなわれたらしい。「我々はこの分派がフロント組織で、兵器について隠している部分があると考えている」と手紙にはある。

リーダーのギレルモ・ロミューは電気技師で、民間パイロットとして飛行機を飛ばすこともあるという。彼は元UFO研究家のペドロ・ロマニウクが率いる異星人接触者の研究グループに入ったが、一年半後に追放された。新しいカルトが形成されたのはこの時期で、アシュタ－・シャラン司令官という、宇宙のどこからでもアクセスできる同胞から受け取ったメッセージを伝道することを目的に掲げていた。そのメッセージとは「地球外避難計画」に関するものだとされる。このカルト指導者は自分たちはイグレシア・マナンシアルという団体だと触れ込み、より多くの信者がいるペンテコステ派教会からメンバーを獲得していった。

ギレルモ・ロミューは、一九九一年から取り組んでいる武装化が、ある目的のためだと主張していた。その目的とは、異星人のグレイから身を守ることだという。ロミューによるとグレイは「極めて凶暴で、ヒトを食料源にしている」のだそうだ。この二年後、彼は信徒たちに、「ハルマゲドンの戦いに先立って反キリストが送り込んだ地球外種族」から地球を守る必要があると訴え、武器の調達と訓練を一層加速させた。こうしてレーダー1のメンバーは大衆の警戒をよそに武装化の道を突き進み、自らを誇らしげに「グレイハンター」と呼んでいた。

カルトというのはどこでもそうであるが、反対する者は大きな代償を払わされる。ロミューもまた専制的なリーダーで、脱会しようとする「グレイハンター」には脅迫といやがらせが待っていた。脱会に成功した者も、殺されるのではないかという不安に常におびえ続けることになった。

ロミューの妻は、一九九七年に七歳の息子クリスティンを連れてカルトを去った。しかしロミューは、クリスティンの八歳の誕生日のパーティに出席する許可を裁判所から取り付けることに成功する。誕生会の席でロミューは上着から拳銃を抜いて仁王立ちになると、凍りついた出席者たちの目の前で自らの右のこめかみに一発の銃弾を撃ち込んだ。ロミューの息子はショックを受けながらも「パパは宇宙司令官みたいに死んだ」と言ったという。

ロミューの情婦セシリア・ディアスはマスコミに対し、カルトはサン・イシドロを拠点にして活動を続け「さらに武装を強化するだろう」と証言した。一方、アルゼンチンのアンゲル・センテノ宗教相は、カルトは同省に合法的に登録されており、存続の権利は侵害されるべきではないとの判断を下している。アルゼンチンカルト研究財団（FAPES）のその後の報告によると、ロミューの右腕だったブライアン・バークが同カルトの実権を握り、多くのヨーロッパの国で実施されているようなカルト研究委員会の設置を強く議会に申し入れたという。

実行されている「UFOカルト掃討作戦」

UFORの投稿をデマで片付けるのは簡単だが、これを米国内のUFOカルトの掃討作戦の一環として見ることはできないだろうか。実際、アルゼンチン政府はイグレシア・マナンシアルに対してそれに近い挙に出ている。カルト摘発の理由は信念ではなく、武器の大量所有であるというのがアルゼンチン当局の主張だった。これはウェーコのブランチ・ダヴィディアンに対して米当局が主張したのと同じ論理だ。

二つのカルトの共通点は、どちらもUFOと異星人を信じ、それを存在理由にしていたということである。後者は徹底抗戦のために武装し、前者は逆に男を差し出していた。この二つのエピソードは「天国の門」と「太陽寺院」の集団自殺を間にはさむようにして起こっている。一九九〇年代後半は、UFOカルトにとっては受難の時期であった。

ただ、過激な方向に走ったギレルモ・ロミューに関しては、異星人接触者のブラジル人テロリスト、ディノ・クラスペドンとも一脈相通ずる部分がある。クラスペドンの本名はアラディノ・フェリックスといい、一九五二年に異星人と接触したと主張していた。彼の主張は、夜、荒野にUFOと異星人が現れたという、当時よく報告されていたパターンで、「宇宙における人類の存在場所」や他星系の生命などがキーワードになっていた。クラスペドンに接触した非人間型異星人は彼に超能力を与え、人類の未来を見通す力を与えたらしい。

クラスペドンはしばらく表に出てこなかったが、一九六八年に突然、テロ容疑で逮捕された（当時の状況を考えると、これは十分あり得ることだ。このころブラジルは政情不安に陥っており、「都市テロリズムの父」の異名を取るカルロス・マリゲラなどが跋扈（ばっこ）していた）。UFO史研究家のジェローム・クラークの著書『UFO百科（*UFO Encyclopedia*）』によると、クラスペドンは一九七一年に判決を言い渡され、精神病院に収容された。その後彼がどうなったかは定かではない。

アラディノ・フェリックスは本当にエイリアンと接触し、その結果犯罪に手を染めることになったのだろうか。彼は異星人との接触の話については公式に撤回しているようで、その意味ではもう結論は出ているのかもしれない。しかし、彼らが「異星人と接触」したと主張し、その後過激な行動に及んだという共通点はやはり気になる。

カリスマ指導者フォロスのイリュージョン

スペインのUMMO騒動は、発生から三二年が過ぎた今も折に触れて話題にのぼる。UMMOに関してはリーダーがおらず、厳密にはカルトとは呼べないものの、全員がUMMOという惑星と、そこに住む慈愛に満ちた「ユミット人」の存在を信じていたという点に、明らかにカルト的傾向が見て取れる。この騒動の仕掛け人であるルイス・ホルダン・ペナは「そもそも名前で気づくべき」とうそぶく。何でも、UMMOはスペイン語で煙を意味するfumoと発音が同じなのだそうだ。

ガリシア人ジャーナリストのビエイト・パゾスはこの興味深い仕掛け人に接触して長時間の取材を行い、ウルフ424星から来た金髪の人々に関する話を詳細に聞き出した。だがそれ以上に注目すべきなのは、この取材で、UMMOの悪ふざけの後に作られた本当のカルトのことが暴露されている点である。このカルトは「パイロフォス」と言い、高い教養を持った男女がメンバーになっていた。

スペインのソシエダド・デ・パラサンコロジアの一部のメンバーが撮影したキルリアン写真が巻き起こしたブームを見て、人が教育の程度や経済力に関係なく奇妙な現象に惹きつけられることに気づいたホルダン・ペナは、「パイロフォス」という神をでっち上げ、マドリードの薄汚い部屋に二十数名の信者を集めた。ここでペナの片棒をかついだ「C」という人物が、UMMOのときにも大いに威力を発揮した小道具である手紙を読み上げた（この手紙を書いた「慕わしきカリスマ指導者フォロス」は、アメリカのどこかにいるという触れ込みだった）。部屋の灯りが消されるとCの口から青白い光が出るという演出まであって、信者たちは、ペナが偉大なる神パイロフォスからスペイン地域の代表に選ばれた代弁者「フォセレク」であると確信した。

ペナによるとこの青白い光は、食べても害のないありふれた物質を用いた「摩擦ルミネッセンス」という、あまり知られていないが基本的な化学的現象なのだという。

彼が裕福な信徒たちのために用意していたイリュージョンはこれだけではなかった。部屋には紫のクロスが掛けられたテーブルがあり、その上に大きなガラスの器が載っていた。その器の内部からはちらちら瞬く光が発せられ、参会者の顔を不気味に照らしていた。しかし、何人もの経済学者や医師、技師らをひざまずかせたこの偉大なるパイロフォスの神の実体は、寒天の培地で繁殖した発光バクテリアだった。ペナによると、その後はリン（フォスフォラス）化合物を灯油やトルエンに溶かして「パイロフォス」が造られたという。

パイロフォス信者たちは基本的な「道徳律」を守ることを求められた。内容はペナ自身が考えたもので、物理と生物を研究せよ、配偶者や子供に優しくしなさいといった教えのほか、揺るぎない信仰を持つことが何より重要とされていた。また信者たちは、ジョージ・リプトンという最高指導者についても吹き込まれていた。カルト最高位の「フォロス」の位に達し、体が青白く発光しているためにニューヨーク州アルバニーで人目を避けて暮らしているという設定であったが、ペナはUMMOの壮大な物語にも、ペンシルヴェニア州エクスポートのセオドア・K・ポークという男を登場させている。

「彼のように自らがパイロフォスの神になることが最高の栄誉だった。それが達成できれば不老不死になってあらゆる病気から解放される。私が唱えた終末思想はごくシンプルなものだ。西暦四六三四年に地球から約二二〇光年離れた星が超新星爆発を起こし、世界が滅びる。そしてそのときまでにフォロスの位に達した者が、普遍の光であるパイロフォスの一部となって永遠に生き続けられるという設定だった」

一九九〇年代の前半、仕掛け人のペナはこのカルトを解散させることにした。UMMOを暴露したときとほとんど同じパターンである。信者たちは驚き、呆れながらも、騙されたという事実を受け入れた。ホルダン・ペナによると「二人だけは、頑なに謎の光を信じ続けた」という。パゾスの取材中、ペナは終始、昔のいたずらを思い出す悪ガキのような口調だったそうだが、本人はかなりの教養の持ち主らしい。UMMOとパイロフォスは、何でも容易に信じる者へのきついお灸であったのと同時に、人の騙されやすさに対する社会への大いなる警鐘だったと見ることもできるだろう。

二・世紀のUFO信仰

二一世紀を迎えた今、UFOをめぐる話題の多くは、もはや意味をなさないと考えてかまわないだろう。こんなふうに言ってしまうとやや尊大に聞こえるかもしれないが、当初はかなり騒がれた「エンジェルヘアー」のような現象がもはや過去のものだという見方に、異論を唱える人はほとんどいないはずだ。一九六〇年代に多くの研究者に不眠をもたらした「クリッター」や「ゼロイド」も同様である。どちらも今では報告はない（あるいは報告があっても、研究者は異星人による誘拐（アブダクション）やロズウェルなどの、より成果の期待できる分野に力を入れているのだろう）。

　異星人接触者の問題を過去の遺物として片付けてしまいたくなるのは確かだが、九〇年代の後半になってもなお「優しき宇宙の同胞」のカルトとその信者たちが存在していたのもまた事実だ。これらのカルトの一部は、未だにＵＦＯの謎を「解き明かせて」いないＵＦＯ研究に幻滅した結果であり、一部はスピリチュアルな信仰がＵＦＯと結びついた結果である。ただ、ＵＦＯを信じる大衆心理についての科学者の分析と、異星人接触の「本道」以外の分野が廃れたことに対するＵＦＯ研究家の釈明に似通った部分が見られるのは、ちょっと面白いところではあるかもしれない。

　一九九〇年代と二〇〇〇年代の接触者のグループは、二〇世紀半ばとは大きく違っている点が一つある。それは、予測のつかない危うさと、力に頼る傾向がより顕著になったということだ。

ジョルダーノ・ブルーノは一六世紀のＵＦＯ学者か

ジョン・ダーク

ドミニコ会士のジョルダーノ・ブルーノは多くの異端の考えを抱いていたため、一六〇〇年、火あぶりの刑に処せられた。本稿は「ロードアイランド相互ＵＦＯネットワーク（ＭＵＦＯＮ）」の会合でジョーン・ダークが行ったスピーチを書き起こしたものだが、このスピーチのなかで彼女は、因習を打ち破ろうとした思想家の人生を歴史的観点から見つめ直し、コペルニクスやガリレオ・ガリレイらの思想と対比している。彼女によると、ブルーノは地球と他の恒星や惑星を構成する物質が同じだと考え、「地球に生息しているのと同じような生命がそれらにも生息している」と考えた。彼女はさらに、宇宙意識や他の惑星に生命が生息するというブルーノの考えを現在のＵＦＯ学と結びつけている。

＊

フィリッポ・ブルーノは一五四八年にイタリアのナポリ領ノーラに生まれ、一三歳のときに聖ドミニコ修道院の学校に入った。ジョルダーノと改名したブルーノは一五六五年にドミニコ会士となったが、その一一年後、当時としては極めて突飛な思想のゆえに逃亡を余儀なくされる。イタリア語やラテン語で不思議な著作を多数著した彼を、神智学者たちは自分たちの系譜に属する殉教者とみなし、薔薇十字会は自分たちが信奉するエジプト由来の宗教を復活させたと称えた。エジプト神秘とストレートな博愛主義、「善行」に立脚した彼の生き方には、イギリスのフリーメーソンの萌芽が見られる。今日の意味論の先駆者でもあるブルーノを、ジェームズ・ジョイスは難解な物語『フィネガンズ・ウェイク』に「ザ・ノーラン」という名前で登場させている。

現代の環境問題専門家は、ブルーノがガイア運動の草分けだったと考えている。ガイアとは古語で「地球」を指し、〝多神教〟においては宇宙の知性と共に在る生きた存在だと考えられている。ブルーノは汎神論者で、自然界のあらゆるものに神の霊と知性、意識が宿っていると考えていた。ブルーノにとっては自然は神であり、神は自然そのものだったのである。

ブルーノはその著作において、ギリシャ初期の哲学者の地動説を復活させた。地動説は紀元前二六〇年ころにサモスのアリスタルコスが唱えたとされているが、紀元前五八〇年にはすでにピタゴラスが地球が球体であると説いている。プトレマイオスも地球が球体だと考えていたものの、彼は地球が宇宙の中心にあると信じていた。その後、地球が宇宙の中心であるというアリストテレスの考え方をカトリック教会が強引に民衆に押しつける時代が数百年にわたって続く。

カトリック教会は、地動説が科学を含むすべての物事の礎(いしずえ)たる聖書を脅かすものだとして、これを否定していた。教会は聖書の「新たな解釈」を一切認めず、創世記の書き出しの「はじめに神は天と地を創造された」が真理であるとの立場を崩さなかった。神はまず地球を創り、それから人類のために他の天体を空に配したと聖書が教えているというわけである。

時間を旅したブルーノ

ブルーノは自らの宇宙観に古代のさまざまな知識体系を取り込んでいった。そこには古代エジプトやギリシャ、インド、ペルシャの汎神論のみならず、アニミズム的基盤を持つ二一世紀の物理学の考え方までもが含まれている。ブルーノが時間旅行者だったのではないかと考える者もいるほどだ。それほどに、彼の考え方は古い過去と遠い未来(二一世紀やさらに先の時代)の発想に満ちている。

たとえば、ブルーノは量子力学が説いているような「多数世界」のことを予見していた。これは、時の流れのなかで事象が起こるうちに、宇宙が多数の可能性を持った世界に分裂していくという考え方だ。ブルーノはあるとき次のように述べている。

私は地球と同じような世界が無数にあるのではないかと想像する。それらのすべてにエデンの園があり、アダムとイヴの半分は智恵の実を食べ、半分は食べない。しかし、無限の半分は無限であるから、神の恩寵を失った世界が無数にあり、無数の磔刑(たっけい)が行われることになる。つまり、イエスが一人であって一つの世界から別の世界に移っているか、無数のイエスが存在するかのどちらかということだ。だが、一人のイエスが無限の地球を訪れるには無限の時間が必要であるから、無数のイエスが存在するのに違いない。したがって、神は無数のキリストを創造しなければならないことになる。

もちろん、このような考え方は教会の権威者たちに受け入れられるものではなかった。だがそれでもなお、ブルーノは持論を展開し続ける。まるで無限のカーテンのひだを手繰るように過去と未来を見渡し、驚異的な量の情報を提示していったのだ。ある物理関係のホームページにはこんな説明がある。「物質世界は無限の中に組み込まれており、そこには他のさまざまな可能性を持った世界が同時に存在している。(中略)それらの世界のごく一部を、我々は量子力学の確率の波の中に見て取ることができる」。ブルーノは直感により、これらの世界が「可能性と現実が共に絶対的存在において合した場所」であると見抜いていた。

量子力学とアインシュタインの相対性理論はともに、私たちが「多くの世界で構成された宇宙」にいることを示唆している。そこではあらゆる過去と現在、未来の瞬間が単一の普遍的存在の一部として同時に存在している。ブルーノは驚いたことに、神と時間についての論でこれと同じことを言っている。

一つの思い——つまり「汝の言葉」には、各々とすべてが同時に内在されている。汝の一つの言葉は、多様であったり、反対であったり、変化したりすることはできない。(中略)汝の思いが存在する永遠においては、連なる時間のすべてが永遠における現在に合している。

未来と過去が現在と合している以上、過去も未来もないことになる（マッキンタイア）。

ブルーノはまた、原子や、それ以上に小さく、分割も不可能な思念の最小単位といった概念についても予見していた。「それ以上先に行くことのできない原子は、さらに思念の単位に分割できる可能性があるが、あらゆる物体、あらゆる種類の物には、有限な数の原子が存在することになる」（マッキンタイア）。今日、量子物理学者は、人間の意識の動きである思念が物質世界における可能性を生み出す力なのではないかと示唆しており、科学者のハロルド・マクゴワンはすべてのものに含まれる「思念子（ソートロン）」という最小の粒子を提唱している。マクゴワンの著書『生命思念子理論（*The Thoughtron Theory of Life*）』によると、思念子はこの世界を構成する最小粒子であり、意識世界と現実をつなぐ役目を果たしているという（マクゴワン）。

ブルーノは自然科学を探求する真の道具が数学と幾何学であると考え、「数は行動を理解するための自然かつ有益な原理である。（中略）数が理解をもたらす」と述べている（マッキンタイア）。その一方でブルーノは「自然、数、幾何学、図表の理論を神的な意味づけなしに」考えることはできないともしている。彼の理論には常に神がいた。教理を拒み、新たな地平を切り開き続けたブルーノは、実は敬虔な信仰の持ち主だったのだ。

ガリレオよりも先に提唱した天動説

一五四三年、ブルーノが五歳のときに、コペルニクスが「天球の回転について」という数学的論文を発表した。この論文は、紀元前五八〇年ころに地球が球体であると主張したギリシャのピタゴラスの考え方を復活させたものだった。コペルニクスは地球が太陽の周りをめぐっていることを数学的に証明し、古代ギリシャのサモスのアリスタルコスが唱えた天動説を再構築した。だがブルーノは、コペルニクスが「数学者であるがゆえ」に自らの発見の意味を真には理解していないと指摘している。ブルーノが神学的直感により見通した世界の無限性は、コペルニクスが見落とした真理を解き明かすものであった。

宇宙が太陽系の少し先までの固定された天球であり、有限であるというコペルニクスの体系は、ブルーノには受け入れられるものではなかった。彼は太陽は宇宙の中心ではないと主張し、宇宙の別の場所から太陽を見れば他の星と同じように見えるだろうと予言した。さらには、他の星系に生命が存在する可能性までも示唆していた。

一五八八年、ガリレオ・ガリレイがピサ大学でコペルニクスの説を教え始め、一六〇九年にはオランダ人の発明した手造りの望遠鏡で木星の衛星群を発見する。この観測により、コペルニクスの説はもはや日陰の存在ではなくなった。

ガリレオは一六一五年にローマに引き立てられて宗教裁判にかけられ、コペルニクスの体系が科学的に間違っていることを公に認めるとともに、今後二度と教えないという約束をさせられた。だが、ガリレオはこの約束を無視した。彼はフィレンツェに戻って研究を続け、一六年後の一六三二年に『天文対話』を発表する。そして一六三三年に再びローマで宗教裁判にかけられ、拷問の脅しで天動説の撤回を強要された。ガリレオはそのまま幽閉され、解放されぬまま一六四二年に死去している。ガリレオは審問官たちに望遠鏡で木星の周りを衛星が周回するようすを見てほしいと言ったが、審問官たちはこれを拒否した。そして一六六四年には法皇アレクサンダー七世が地球の運動を肯定するすべての書物を発禁処分とし、天動説は公式に葬られた。

天動説が葬られる一〇〇年近く前、ジョルダーノ・ブルーノはフランスとドイツで、さらにはイギリスのオックスフォード大学でも天動説を説いていた。ブルーノとガリレオには多くの共通点があった。ともにイタリア人で、一五八〇年代に天動説を信じるようになり（ただしブルーノの方が数年早く天動説を説いている）、二人とも宗教裁判の関係者にとっては邪魔な存在だった。もっとも、ガリレオはブルーノのことには触れていない。当時は異端者のことを口にするだけでも危険な時代だったのである。ブルーノは数学者でも天文学者でもなく、ドミニコ会士でありながら思考の裾野を広げる大胆さを持った人物であった。

一五八四年、三六歳だったブルーノはロンドンのある集まりで、宇宙が無限の太陽系で満たされていると主張する。彼は、そのそれぞれに太陽があってその周りを惑星が回転しており、それらの惑星は光を反射して輝いているが、太陽自身は自ら発光していると説いた。さらにはニコラス・デ・クサから教わった太陽黒点のことや、太陽系自体が宇宙の中で移動していることなども説いている。最小の原子から最大の恒星系にいたるまで、すべてが動いているというのがブルーノの世界観であった。

ブルーノの驚くべきところは、地球は神が作った平坦かつ不動の土地であり、他の場所に神の子は存在しないと信じられていた時代に、こうした見地に至った点である。当時は、神は子たる人間に地球とエデンの園を与え、その周りに人間のためだけに太陽と月と星を作ったと考えられていた。これらの光の点の一つひとつが世界を構成していて、惑星に自分たちと同じような知的存在がいるかもしれないといった考えは、当時のヨーロッパ人には考えもつかなかった。ブルーノが描いた宇宙は無限であり、そこには無限の世界が存在して、それぞれに太陽と複数の惑星がある。ブルーノの理論では、地球は無限の宇宙に浮かぶ小さくて取るに足らない存在にすぎない。つまり、「神が創造した地球」は、特別なものではないということである。

このような過激な考え方は異端とみなされていたが、ブルーノはそうした宇宙観を主張し続けた。いつでも群集から逃げられるように会堂の入り口近くに座って講義したこともあったという。一五八六年には、パリのサン・ヴィクトワール寺院の図書室で聴衆の前に立っている。

このときブルーノは助手のジャン・エヌカンを「大きな椅子」に座らせ、自分は庭に通じるドアの近くの小さな椅子に座った（これもいざというときにすぐに逃げられるようにするためだったようで、実際彼は逃げている）。ブルーノの話に先立ち、助手がまず次のような説明をした。

我々はこれまで暗い地下牢に閉じ込められていて、遠くの星々をかすかに見ることしかできませんでした。しかし今は解放され、天空が一つの巨大な領域であることを知っています。そこでは燃える天体が移動し、神の栄光と偉大さを伝えているのです。これはつまり、無限の原因と無限の結果があるということになります。神ははるか遠くに存在するのではなく、我々の中にあるのです。なぜなら、中心はどこにでもあり、他の世界に住む者たちのそばにも、我々のそばにも存在するのです。それゆえに、我々は愚かな権威ではなく、良識と輝く知性にこそ従うべきなのです（イェーツ）。

ブルーノは話し終えると、アリストテレスの弁護をしたい人はいないかと尋ねた。誰も名乗りを上げないのでブルーノがその場を去ろうとしたところ、数名の学生が追いかけて彼を捕まえ、アリストテレスに対する侮辱を撤回するよう迫った。ブルーノは「明日、要求どおりにする」と言ってその場を逃れ、そのまま町を去った。

ブルーノは生命は多様であると同時に同一であると主張し、「相反性の合致」という言葉を用いてそれらが一つのことの別の側面であると説いた。「同じ生命原理を備えた宇宙のあらゆる場所に、一つ以上の世界が存在する。そしてそのあらゆる場所で同じ効果が発生する」（マッキンタイア）

ブルーノの対話については、多くの同輩が「プラトンに匹敵する」との評価を与えている。彼は『灰の水曜日の晩餐（*The Ash Wednesday Supper*）』でコペルニクスの説を支持し、さらには宇宙が無限であるという自らの直感を披露している。「地球を構成している物質と他の惑星や恒星を構成している物質は同じであり、「地球に生息しているのと同じような生命がそれらにも生息している」可能性があるというのが彼の主張だった。ブルーノは、地球と星はそれ自体が「生き物」であり、「七つの惑星と移ろう星々だけがすべてではなく、それぞれの世界に無数の恒星や惑星が存在し、内在する霊により運行している」と書いている（マッキンタイア）。

さらに、一五八四年の著書『原因、原理、一体性（*Cause, Principle, and Unity*）』では、次のように説明している。「あらゆる因果の霊性、物質の永遠性、その神性がすべての生命に潜在し、それが宇宙において実体化したものが〝形成された〟個体となる。無限の全体と無数の部分は同じものの別の側面で（中略）多様性や差異は、同一のものの異なる側面である」（マッキンタイア）。ブルーノはさらに持論を展開する。

この全球体、この恒星は死ぬことはなく（自然のいかなる場所においても、分解や消滅が起こることはない）、時おり部分のすべてが変容することで再生を繰り返している。アリストテレスが主張したような完全な上や下というものもない。宇宙には絶対的な位置というものが存在しないのである。物体の位置とは他の物体からの相対的なものであり、宇宙ではあらゆる場所で相対的な位置の変化が絶え間なく起こっている。観測している者が常に万物の中心なのだ。

彼の主張したとおり、太陽は宇宙の中心ではなく、唯一の恒星でもなかった。太陽は、宇宙の一部における中心にすぎなかったのである。一五八四年にブルーノが著した『無限の宇宙と世界群（*The Infinite Universe and Its Worlds*）』には、「宇宙が無限で生命の存在する無数の世界に満ちていることを示す、物質界および形而上の世界の見事な論理体系」が築かれている（マッキンタイア）。ブルーノはこのなかで「無数の太陽が存在する。無数の地球がそれらの太陽の周りを周回している。（中略）それらの世界には生き物が住んでいる」と述べている。

やはり一五八四年の著作である『獣の勝利した宇宙（*Spaccio de la Bestia Trionfante*）』では、「エジプト人の霊妙な宗教の栄光」が取り上げられている。ブルーノは彼らが崇拝していたのが「物に宿る神」であると考えていた。「多様な生き物は神の霊と力が顕現したものであり、それらはその絶対的存在を超えて、その能力と規模に応じて万物と通ずる存在を獲得している。それゆえに、全体である神がすべての物に宿るのだ」

ブルーノはUFO学者だったのか

ブルーノが主張したこれらのさまざまな思想の全体は、二〇〇一年八月に『ニューエイジ』誌に取り上げられたハーバードのジョン・マック（精神科医、UFO学者）の言葉と奇妙に似通っている。「我々は他の生命体や宇宙と深遠につながっている霊的存在であり、宇宙そのものが一つの神聖なる知性を宿している。命なき物質やエネルギーだけがあるわけではない……」マックはまた、次のように述べる。「誘拐現象を通じて、我々は宇宙の新しい姿を発見する。それは、我々がまだ理解できない原理に基づいて精神と世界が顕現し、進化する場所である」マックによると、異星人による誘拐（アブダクション）現象は「霊的に不完全な存在に宇宙から手を差し伸べる計画」なのだという。

「我々は自然と乖離（かいり）した状態を超越しなければならない。この乖離を乗り越えることができたなら、我々は我々自身の存在の独自性や宇宙における我々の性質を自由に探求し、楽しみ、恍惚と愛にあふれた物質的、非物質的な旅をできるようになるかもしれない。そのとき我々は本質的な一体性と創造の神聖さを体感するだろう」

こうした乖離――自然を超えた高みから働いている力である神と、自然が引き離された状態が、我々の霊的不完全さの原因となっている可能性があるわけだ。ジョルダーノ・ブルーノがさまざまな冒涜的主張を行ったのは、我々の失われた魂を、神聖なる万物創造と再び邂逅（かいこう）させるためのものだったのかもしれない。

ブルーノの思想は、UFO追跡家のスティーヴン・M・グリアの言葉にも相通ずる部分がある。グリアは著書『地球外生命との接触（*Extraterrestrial Contact*）』のなかで、我々の「神、創造、生命に対する概念や宗教の意義は、宇宙のどこかに知的生命が存在するという事実を受け入れる方向に発展していき、神の『普遍化』が一層進むだろう」と述べている。

この神の「普遍化」こそが、ローマ教皇庁異端審問所が四世紀近く前にジョルダーノ・ブルーノの異端思想を警戒した理由にほかならない。グリアは我々が将来、神は「無限の創造主であり、地球以外にもその栄光が広がっている」と考えるようになると予測している。こうした未来が見通されるようになる四〇〇年も前に、神が普遍の存在だと考え、宇宙には我々の住む世界と似たような世界があって、そこに生命がいるかもしれないと公に主張していた人物がいたのである。

グリアの普遍論は、次のような文章にはっきりと表れている。「どんな惑星であれ、星系であれ、銀河であれ、またいかに我々と異なっていたとしても、地球外生命は知的であり、意識と知覚を備えている。我々は本質的に一つなのだ。そのような意味では、一つの人類が一つの宇宙に存在していると考えることもできる」。グリアはさらに次のように説く。「意識を持った知性の単純な糸がすべての人類を結び、精妙なる織物を織り上げて一体にしている。この一体性は、多様性の試練によって損なわれることはない。なぜならそれは純粋不変な、知的生命の存在基盤そのものだからである」。これはまさにジョルダーノ・ブルーノの「多様性や差異は同一のものの異なる側面」であって、宇宙が「同じ生命原理」に支配されているという考え方に通じる。その物質、原理とは普遍意識であり、第一原因――すなわち神ということになる。ただ、我々はヒゲを生やした老人という神のイメージにあまりにも慣れ親しんでいるせいで、この普遍意識という概念がなかなか実感できない。

地球の人々の間に平和と一体感を広め、宇宙の他の知的生命と円満に交流していくには、この「意識を基盤とする普遍性」の概念を育んでいく必要があるとグリアは言う。この驚くべき宇宙の無限の多様性に相対するには、グリアの説く「普遍意識の沈着さ」が欠かせないのだ。二一世紀を迎えた今、我々はこのメッセージをより深く受け止めて、大いなる乖離を乗り越える時期に来ている。グリアが正しければ、我々はもう、人類の従兄弟（いとこ）に会っていい段階にあるのだ。その従兄弟とは、かつてジョルダーノ・ブルーノがその存在を想像した人々にほかならない。

好むと好まざるとにかかわらず、これまで地球を支配してきたパラダイムは変革を遂げようとしている。これからは汎神論の時代が来るだろう。ガイアは我々に、流血や毒性物質による破壊、子孫のためにたくさん残しておくべき資源の浪費を終わらせるようにというメッセージを送っている。UFO学者のジョン・マックは、母なる地球が発しているこのメッセージの源が、宇宙のかなたにいる我々のまだ見ぬ従兄弟――ETであると主張する。確かに、このパラダイムシフトの動きに地球外の力が関わっているという感じは否めない。その力は、我々の意思とは関係なく働きかけを行っているようだ。

もっとも、「普遍論」はまだ一般には認められてはいない。大胆な思想だと思われている点では、ブルーノの時代とさして状況は変わっていないだろう。グリアの普遍論は次の言葉に集約されている。「我々は内なる現実に目を凝らし、宇宙の他の知的生命と一体であることを悟らなければならない（中略）なぜなら、一つの人類が宇宙に一つの宇宙にいるのであって、我々は彼ら自身なのだ」（『地球外生命との接触』）

私は一番新しいMUFONの講演で、ヴァチカンコラド・バルドゥッチ大司教の言葉を紹介した。彼はゼカリア・シッチンの取材にこんなことを言っている。

他の惑星に生命が存在する可能性はまちがいなくあります。（中略）聖書にもこの可能性を否定する記述はありません。聖書や神の全能性、無限の智恵から考えて、他の惑星に生命が存在する可能性を否定することはできません。（中略）ありうることですし、むしろ可能性は高いと言えるでしょう。

興味深いのは、ヴァチカンの大司教がこのようなことを公言したということだ。なぜ、どのような経緯でこのような考え方が出てきたのだろう。聖書を新たな視点で解釈することは、かつては拷問に値する罪だと考えられていた。それが、今はあらゆるところからそうした見方が出てきており、ヴァチカン自身もそのような見方を示しているのである。ヴァチカンは今ではガリレオへの処遇に関して謝罪の態度を示し始めている。だが、ブルーノに対してはそのような態度は見られず、近いうちにジョルダーノ・ブルーノの本をヴァチカンが引用することはおそらくないだろう。

科学の発見は、常に教会の教義と衝突してきた。ブルーノの時代には天文学は教会の教えを脅かすものだった。その二〇〇〇年後には、地学が聖書の信憑性を揺るがせ、キリスト教信者は、すべての嘘の源であるサタンが人類を騙すために、地中に原人の化石を埋めたのに違いないと主張した。そして今から一〇〇年前には、進化生物学によって、神が特別に人間を創ったという創世の伝承が危うくなった。現在はキリスト教の多くの原理主義者が、空に現れるUFOを操縦しているのがサタンの「堕天使」であると信じている。

しかし、他の惑星に生命が存在するという考えも、かつては異端だとされていた。今日のUFO学は、この考えが出発点になっている。ハーバード大学がジョン・マックを異端分子として除名しようとしたのもまた事実ではあるが、小さな一歩も一歩であることには違いない。その意味では、ジョルダーノ・ブルーノを最初の理論的UFO学者とみなすことも可能だろう。

転生の先にある「地獄不在説」

自由主義社会や主だった宗教が今なおお眉をひそめ続けるブルーノのもう一つの考えが、魂が繰り返し転生するという思想だ。ブルーノは古代ギリシャのピタゴラスやプラトンが説いたカルマの法や転生の考え方を甦らせた。これは、あらゆる行いが次の生で因果応報の結果をもたらし、別の肉体への生まれ変わりが本人の行いによって決まるという考え方だ。ブルーノは前掲書の『獣の勝利した宇宙』で、地上において与えられた機会を正しく活用しなかった魂について述べている。彼によると、そのような魂は「別の肉体に戻され、前世での行いが悪ければ、より良い生を送るに値しないとみなされて相応の境遇を与えられる」(大神智学者)

正しい生き方をしないかぎり延々と転生を繰り返さなければならないというのは、キリスト教の地獄よりも恐ろしい運命のように思える。だが、これも異端の考えだ。ブルーノは要するに、地獄など存在しないと言っているのである。ブルーノの主張は、人の中には神性のかけらが宿っており、自分自身で運命を定めていく存在だということにほかならない。これはまさに、汎神論の考え方だ。「無限は、それ自身の外に規定されるものを含むことはない」。つまり、すべての生き物には神性のかけらが宿っているということである。

記憶術は「魔術の心理学」

ブルーノは晩年、モチェニーゴというイタリア人に雇われて「記憶の技術」を教えている。ブルーノは記憶術に長けていることでも知られ、この分野でもいくつかの著書を著している（『記憶術（*The Art of Memory*）』『発想の影（*The Shadows of Ideas*）』『キルケの呪文（*Incantations of Circe*）』など）。ブルーノは宗教裁判を逃れるため、一度イタリア国外に脱出しており、イギリス、フランス、ドイツなどで著作を出していた。しかし、故国への思いは断ちがたく、イタリアに戻って自分に教えてほしいというモチェニーゴの申し出を断ることはできなかった。これについてある学者は「ジョルダーノ・ブルーノのような人間は使命感のために危険に対する感覚が鈍り、狂気に近い多幸感に陥ってしまう」と分析している（イェーツ）。

ブルーノの『記憶術』は「魔術の心理学」であると言われる。彼の記憶システムは、イメージと地上の物体を対応させた「輪」で構成される複雑なもので、これらの「輪」が、数世紀にわたる人類の知の蓄積を表すとされる。同書の図表を研究した学者らによると、このシステムを記憶に取り込んだ人間は「時間を超越し、自然と人類で構成される宇宙全体を意識に映じることができた」という。

「宇宙をグノーシス的に意識に映じる」ブルーノの記憶の輪は、「神秘学の秘儀」の一つである。ブルーノは、人が意識においてシンボルやイメージを天上における形態に変えていて、それらが黄道の星座群に対応していると考えていた。そして、これらのイメージのすべてを同時に意識に浮かべたとき、その人間は「分極の混乱から基盤にある一体性」に到達し、「神のように」なれると信じていた。

モチェニーゴは、ブルーノからもっと魔法のようなことを教えてもらえると期待していた。ところがブルーノがそのような知識はないと否定したので、モチェニーゴは払った金に見合わないと怒りだし、ヴェネチアの裁判所に引き渡してしまう。

モチェニーゴは裁判で、宇宙は無限で無数の太陽系が存在するとか、地球が宇宙の中心ではなく太陽の周りを巡る惑星にすぎないと自分に教えたとして、ブルーノを指弾した。その他にも、「転生の教義を教えた、パンがキリストの肉体に変わることや三位一体を否定した、処女懐胎を信じなかった」などの告発がなされた(大神智学者)。

ヴェネチアの市当局は最初、ローマの宗教裁判関係者にブルーノを引き渡そうとせず、数カ月にわたってブルーノを拘束した。ブルーノは当局に対して、自分の考えは哲学的な論説に基づくものであり、保護されるべきだと弁明したようである。彼はまた、自分は常に哲学者として話しているのであって、聖職者として話しているわけではないとも主張した。ヴェネチアの弁護士は教会の怒りを買うのを恐れ、最終的にはブルーノをローマに引き渡した。そしてブルーノは宗教裁判にかけられ、七年間の投獄生活を送ることになる。

カトリック教会が公式にブルーノをどのような罪で断罪したのかは、記録が失われたことになっていて不明である。また、七年もの間投獄されていた理由も定かではない。異端者は拘禁・虐待されるが、それが一年以上続くことはまずなく、たいていは数カ月で遺体となって解放されていた。それなのに、ジョルダーノ・ブルーノは七年にわたって拷問と尋問を受け続けたのである。その理由が、霊的世界が自然界全体に広がっているというアニミズム的信念なのか、カトリックをエジプト人の「自然宗教」に改革せよという主張なのか、あるいは転生という異端の考えなのかはわからない。人の霊に神性が宿っているという信念のゆえかもしれないし、魔術師だと思われていたからなのかもしれない。ニュー・アドヴェントというカトリック系のウェブサイトは、ブルーノの思想体系を「一貫性を欠いた物質的汎神論」と断じ、次のように主張している。

ブルーノが断罪されたのは、コペルニクス的な天文体系を擁護したからでも、生命の存在する世界が多数存在すると教えたからでもない。あくまで神学的な誤りのゆえである。そのなかでもとりわけ問題だったのは、キリストが神ではなく極めて優れた魔術師であったとか、聖霊が世界の魂であるとか、悪魔も救われるとかいった主張である。

つまり、聖霊が「世界の魂」であるというブルーノの主張が、キリスト教が昔から罪としてきた汎神論とつながっていると言いたいのだろうか。また、彼の体系に一貫性がないというが、一体どのような信念体系を基準にして言っているのだろう。

ブルーノは最後まで信念を変えることはなく、一六〇〇年の二月一七日にローマの中心部で火あぶりの刑に処せられている。このとき、ブルーノの舌には釘が打ち込まれていた。これは、改心を拒んだ異端者が宗教裁判官たちを侮辱する言葉をそれ以上吐けないようにするためによく行われていた措置である。

ジョルダーノ・ブルーノは「人の尊厳のため」、また「自由と忍耐のため、いかなる国においても立ち上がってイデオロギーの障壁に屈することなく自分の考えを述べる権利のため」に主張を続けた(イェーツ)。ブルーノは多くの〝すばらしき新世界〟の可能性を想像した。それは我々が現在自由に星々を眺め、あそこにも生命がいるのだろうかと考えるのと同じ行為であった。私は今、ここにいて、今夜言ったことを自由に述べることができる。彼のように入り口の近くにいて、いつでも逃げられるように身構える必要はない。

爬虫類人の侵略とデーヴィッド・アイク

アレクサンドラ・ブルース

二〇〇〇年は中国の干支で辰年だったが、それに備えるかのように一九九九年、陰謀理論の分野で「爬虫類型異星人の侵略」に関する報告が相次いだ。エイリアンの地下基地を描いた『ダルス戦争（*Dulce Wars*）』からデーヴィッド・アイクまで、爬虫類人は私たちの想像力を強く刺激する。それだけではない。人間には「爬虫類脳」があり、誰もがＤＮＡに爬虫類と共通の部分を持っているのである。これらは、異次元から来た変身可能な爬虫類の支配者たちに地球が支配されていることを示すものなのだろうか。爬虫類人のように「次元」がからんだ話はなかなか論じにくいものだが、アレクサンドラ・ブルースは「爬虫類人説」を概観しつつ、奇妙なＵＦＯ関連現象の二つの側面に目を向けている。

＊

デーヴィッド・アイクの『大いなる秘密（上）』（邦訳：三交社刊）と、一九九九年四月に開設された彼の衝撃的なホームページは、かつてフォックスニュースが放映した「エイリアンの検視解剖」フィルム以来の論争を陰謀理論のコミュニティに巻き起こした。アイクはかつてない真剣さで、世界の政財界の要人と彼らが支配している政府や国際企業がすべて、次元を行き来する爬虫類人に操られていると訴えた。この爬虫類人は半物質的肉体を持つ生物で〝第四密度界〟に住んでおり、そこは三次元の物質界よりも振動率の高い世界なのだという。

アイクの説では、我々の住む物質世界である第三密度界には、爬虫類人の支配の意志が伝え広められているとされる。その媒体となっているのが、各種の機関やイデオロギー、爬虫類人の遺伝子が混じった管理層である世界の王族やエリート一族であるという。アイクはこれを証明するため、これらの特権階級と彼らの作り上げた体制の一千年間にわたる動きを丹念に追い、なかなか説得力のあるデータを示している。

アイクの主張はかなり大胆で突飛なものではあるが、彼が証拠として集めた膨大な史的事実には目を見張るものがあった。しかし、集められたせっかくのデータも、彼が著名人を常人には理解しがたい論理で今なお激しく攻撃し続けているために、すっかり色あせてしまった感がある。たとえばアイクはエリザベス女王と皇太后妃の正体が「変身能力を持った爬虫類人」であり、乳児を食べたり人間の生け贄の血を飲んだりする悪魔の儀式を行おうとしていると主張している。

一見恐ろしげでコミカルなこの話、もし本当だったらと想像してみるのもそれはそれで楽しい。娯楽として見れば一級品ではある。だが、アイクは今では馬鹿げた誹謗中傷をわめくだけの人になってしまった。彼の情報のなかには大変重要なものもあるのに、センセーショナルな主張のせいでかすんでしまい、周囲の騒音も加わって議論の本筋はどこかへ行ってしまった感じだ。

アイクが好んで口にする、人は「変身した爬虫類」という言葉も、とりわけ誤解を招きやすい。人間であれば例外なく、DNAに爬虫類と共通した部分はある。もっと言えば、地上のあらゆる生物は、遺伝子配列の大部分を共有している。ヒトとクモの遺伝子は八〇%が同じとも言われるほどだ。しかも、人間には「爬虫類の脳」もある。これは脳の一番中心にあって、大脳新皮質の外側にある〝知性〟を司る灰色の細胞群は、その上に取って付けたような印象すらある。

アイクは人間の頭の中にあるこの爬虫類脳と、爬虫類レベルの意識の機能や特徴について、優れた論考を書いている。この脳は縄張りや支配、依存性などの特質を持っていて、それらは第四密度の爬虫類人の支配層の特徴でもあるという（なかなか筋の通った話ではある）。変身などというと突飛な印象を受けるが、あらゆる人間に爬虫類脳と辺縁系が存在するという事実を考えると、爬虫類人の問題は単にデマで片付けてしまう前に、もう少し深く掘り下げてみる必要があるだろう。

世界の神話には、驚くほど竜（ドラゴン）が登場するものが多い。数多くの竜を倒したと言われるイングランドの守護聖人聖ジョージに、直接「あなたは本当は何を殺していたのですか」と聞くことができればすぐに疑問は解けるだろうがそういうわけにもいかない。竜というのは象徴的なものか、それとも本当にそういう名前の生き物がいたのか、あるいはその両方だったのか。ヒトと爬虫類との間には、DNA配列と脳幹といった共通点があるだけではない。古い歴史や伝説によって語り継がれている漠然とした爬虫類の記憶がある（恐竜の影響もあるのかもしれない）。だからといって人間が「変身した爬虫類」ということにはなるわけではないが、爬虫類のエネルギーが受け継がれている可能性はあるだろう。アイクの説を信じるなら、第四密度にいる邪悪な爬虫類型異星人の波動を直接受け取っているのかもしれない。超能力者なら、人間が放っている爬虫類のオーラが見えたり、魂の異次元に通じた部分に爬虫類的性質を感じられる可能性もある。しかし、それは「変身した爬虫類」とはまた違う。

第四密度にいる爬虫類人は、ホログラムによって一定時間、自分を人間のように見せることができるという。これについてはいろいろ奇妙な説明がなされているが、皇太后妃についてはその可能性は極めて低いだろう。かなり大胆な目撃証言でも、爬虫類人はずっと人間に変身し続けることはできないようだ。むしろ、皇太后妃が非物質の爬虫類生命体の手先として動いている人間だと解釈するほうがまだ真実味がある。もっとも、裏付けになるような証拠は私は寡聞にして知らない。

アイクが誤解されている最大の原因は、第四密度のことをそのまま三次元の世界のことに置き換えてしまっていることにある。彼自身が切迫していて——まあ杞憂だとは思うが——そのせいでうまく説明できないのか、それとも確信犯でやっていることなのかはわからない。

第四密度は、アストラル界や夢幻時、想像領域などとも呼ばれ（他にも呼び方はいろいろだ）、物質界と相互作用しているもう一つの現実である。私たちが慣れ親しんでいる、「硬さ」のある三次元の現実とは対照的な、精神や根源といったものに関わっている。だからといって、第四密度やそこの住人が非現実的な存在というわけではない。夢や発想、信念などは、実際にこの物質界を形作り、影響を与えている。これらの非物質的作用がなければ、人間は橋を造れないし、戦争も起こらない。物の売買すら起こらない。

理論物理学者は現在、複雑な計算を用いて、物質世界に織り込まれている高次元を数学的に説明しようとしている。しかし、本当に賢明な人々はそうした世界を理屈抜きで知っているし、昔からそのことを伝えてきた土俗文化も無数にある。

私が言いたいのは、デーヴィッド・アイクの主張にも真実が含まれているはずだということだ。一見突飛に思えることのなかにも、本当のことがあるかもしれない。彼の失敗は、集めた情報を、誤解されやすく、すぐに破綻をきたすような形で訴えてしまったことにある。あるいは私の考えは甘くて、彼の言っていることはすべて真実なのかもしれない。彼が甲高い声で過激に主張をしたのは、もしかすると、あえて反論や意見を引き出すための策だった可能性もある（その多くは彼を貶めるものではあったが……）。だとすれば、アイクは「この世に悪い宣伝などない」という格言を見事に実践したことになる。爬虫類人は（彼自身もであるが）、実際、話題になったのだから。

それに彼の名誉のために言えば、彼の追っていたテーマは決して簡単なものではなかった。第四密度のことを第三密度の言葉でうまく説明するのは難しいし、それが「真実」だと証明するのは、不可能とまでは言わずとも大変な作業である。私自身が、アイクや他の人々のようにあざけられることなく、（爬虫類人のような）異次元の問題を説明するにはどうすればよいかを模索しているので、そのあたりの事情はよくわかる。

私は今、フィル・シュナイダーを取り上げた本を書いているところだ。シュナイダーは、政府が地下に建設した秘密基地で自分が一七年間にわたってやってきたことを、全米各地を回って訴えていた地理学者である。シュナイダーはこの講演活動を始めてから二年と経たないうちに、アパートの自宅で絞殺体で発見された。彼は驚くべきことに、異星人のテクノロジーのリヴァースエンジニアリングに関わり、爬虫類の外観を持った長身で「鼻の大きなタイプのグレイたち」と小競り合いになったこともあると告白していた。

シュナイダーの話を信じるかどうかはともかく、彼の死体の調査が法的に大きな問題を含んでいたのは確かだ。証拠を見るかぎり、彼が殺害され、隠蔽が図られた可能性は極めて高い。本の執筆の初期段階で、発行人兼編集者のピーター・ムーンが、「爬虫類」や「鼻の大きなタイプのグレイ」などに関する記述をすべて削除したほうがいいというアドバイスをくれた。一般の読者がシュナイダーの話を眉唾（まゆつば）だと感じ、殺害と隠蔽の事実まで信用されなくなってしまうと考えたのだろう。

出版社の言い分もよくわかったが、それをやってしまうとシュナイダーの一番伝えたがっていたことが伝わらず、なぜ彼があのような死に方をしなければならなかったのかもわからない。自分の家のリビングにサイの死体が転がっているときに、あなたはそれを無視することができるだろうか。ムーンの言うとおりにすれば、警察関係者が不自然にずさんな仕事をしたということくらいしか書くことがなくなってしまう。身の毛もよだつようなエイリアンとの格闘の話を伏せてしまうと、彼について話せることはほとんどない。そもそも彼は、そういうことを訴えるために全米を回り、おそらくそのために殺されたのだ。ただ、シュナイダーの言っていることをすべて真に受けてしまうと本の説得力が失われるだろうということも、私は十分に認識している。

フィル・シュナイダーやプレストン・ニコルズ、スチュワート・スワードロウなど、超常現象がらみの体験をした人間の話を否定するときによく言われるのは、彼らが精神的におかしいので信用できないという主張だ。これは、彼らの訴えている不穏な情報と向き合うことを拒んだ、極めて安直で偏った態度である。こうした人々に大上段から「精神異常者」のレッテルを張るのは、私に言わせれば自分たちの精神レベルの低さをアピールしているようなものだ。人間の存在について現在主流になっている考え方は、ダーウィン主義や量子力学の「多世界」論などに代表されるように、将来にわたって影響を残す恣意的事象の繰り返しが「現実」だという仮定に基づいているが、その仮定に確たる根拠はない。これはよく考えれば異常な態度であるのに、誰も異を唱えず、アメリカはこの考えを国教のように崇めている。

誤解しないでもらいたい。私は多世界論には正しい部分もたくさんあると考えている。こんな世界を作るということは、きっと神自身が異常なのに違いない。この仮説の何より面白いところは、皇太后妃が悪魔主義を実践している食人鬼だという現実にさえ、根拠を与えてしまうということだ。フィル・シュナイダーやデーヴィッド・アイクはもちろん、UFOにさらわれたと主張する人やモントーク計画の生き残りだという人のにわかに信じがたい話のすべてが、本当でもおかしくないことになるのである。なぜなら量子のレベルでは、あらゆる可能性が現実となりうるからだ。量子力学の多世界論においては、恐竜が滅びずに進化し続けた地球も存在し得る。だとすれば、爬虫類世界の現実が我々の世界の現実に影響を与えているという話も、そういうことで説明がつく可能性も出てくるだろう。

特定の現実が他の現実よりも「本当」のことになるには、ある条件が必要となる。現在の多世界論は、その点が認識されていない。ある現実がどれだけ「本当」になるかは、そこに関わっている意識エネルギーの量によって決まると私は考えている。集団の意識エネルギーは大きな力を持ち、重要な役目を果たしている。商売で成功を目指すには、広告や宣伝、ターゲット層を絞り込んでのアピール、イメージ、意識誘導などがポイントとなる。思念により多くの意識エネルギーを注げば、それはより「現実」に近くなり、「本当」になっていく。考えたこと、信じたことこそが、現実を生み出していくのである。

地球を襲う巨大なトカゲ説

いずれにせよ、爬虫類説はアイクが最初に言いだしたわけではない。私が初めて爬虫類人の話を知ったのは一九九一年のことだ。ある人物が紹介した『認識の啓示（*Revelations of Awareness*）』という衝撃的なニュースレターに、小惑星に住む数百万の爬虫類人が「重力スピード」で地球に迫り、侵略を企てているという報告が、いかにも真実味のある文章で書かれていたのである（この重力スピードとは、光速の一八倍だという）。私はこのニュースレターに大いに想像をかきたてられた。ヘイル・ボップ彗星が接近し、天国の門のカルト信者たちが儀式で集団自殺を遂げた一九九七年にも、これと同じような報告があった。

ただ、爬虫類人の話には、根本的な矛盾が存在する。『宇宙の覚醒（*Cosmic Awareness*）』とアイクをはじめとする人々の主張は、論理的に破綻しているのだ。巨大な人食いトカゲが宇宙の岩石に乗って「我々を襲いに来る」という話がある一方で、「トカゲ人間」は元々ここにいて、人類を初めから遺伝子操作していたともいう。爬虫類人が邪悪な目的のためにタイムトラヴェルによって人類の歴史に常に介入し続けてきたという話すらある。我々の時間や現実を完全に制御できる連中が、集団で地球に向かってくるというのは、明らかに矛盾である。あるいは、『モントーク——異星人コネクション（*Montauk: The Alien Connection*）』の著者スチュワート・スワードロウが言うように、爬虫類人を知覚できる人が増えた結果、彼らがこちらに「やってくる」ように感じられるということなのかもしれない。

一九九〇年代初めにポール・ショックリーによって紹介された『認識の啓示』は、爬虫類人情報の拠点となったデーヴィッド・アイクのホームページ（www.davidicke.com）が生まれる前に書かれたものであるが、がさつながら感情を一切排した表現が用いられており、最近よく見られる、突然声高に真実を訴え始めるアイクのような人々とは好対照をなしている。だが、『宇宙の覚醒』に書かれていたことの多くは、アイクの訴えていたことよりもずっと突飛なものであった（もっとも、アイクのような悪魔主義へのこだわりは見られない）。

『宇宙の覚醒』は、政界のリーダーの多くが、異次元の爬虫類人によってクローンされた「ロボット人間」にすりかえられ、操られていると示唆していた。これもなかなかに面白い話である。少なくとも、「ABCワールドニューストゥナイト」などが湾岸戦争の報道にかこつけて政府の兵器宣伝の片棒を担いでいたのに比べれば、ずっと面白いし、説得力もある。

『宇宙の覚醒』のおかげで爬虫類人に興味を持った私は、かつて政府機関で暗号解読の仕事をしていたというシュメール語専門家（という触れ込み）のR・A・ブーレイという人物が書いた本を二冊購入した。『空飛ぶ蛇と竜（*Flying Serpents and Dragons*）』と『竜の力（*Dragon Power*）』で、ブーレイはゼカリア・シッチンの情報に自らの洞察を加え、シュメールのアヌンナキの神々は爬虫類人とヒト科の霊長類を掛け合わせた種族であると結論づけている。彼によると、アヌンナキは、金の掘削やその他の仕事をさせるために異星人が生み出した奴隷階級を支配する目的で作られた「高貴な」混血種族なのだという（彼が何者で、何のためにこのような本を書いたのかという点は興味深い。おそらくブーレイというのは仮名だろう）。

ブーレイの話は、ベイジェントとリーカーン、リーが著したカルトの古典『聖なる血と聖杯（*Holy Blood, Holy Grail*）』に描かれたメロヴィング朝の祖先をめぐる神話と実によく一致している。古代メロヴィング朝の伝説によると、王の子を宿した女王が、海で泳いでいたところを「クィノタウロス」に犯され、生まれた混血児のメロヴィーがメロヴィング朝を起こしたことになっている。以来、ヨーロッパの全王族が必死になって婚姻関係を結ぼうとしたという。このあたりは、前掲書やローレンス・ガードナーの『聖杯の血筋（*Bloodline of the Holy Grail*）』にうんざりするほど詳しく描かれている。その現在の子孫が、アイクの言う爬虫類人の血が混じった者たちで、人類に「マイクロチップ」を埋め込んで新世界秩序を打ち立てようとしているのだと考えると、実によく話が符合する。

クィノタウロスは、シュメールの伝承におけるオアンネスを連想させる。オアンネスは海から現れて農業、文学、建築などを地元の未開の人々に教えたとされる水陸両棲の生物だ。この伝承には、西アフリカのドゴン族の間で星からやってきたと伝えられている「魚人」や、ヨーロッパのおとぎ話に出てくる蛙の王子、中国に深く根付いている竜の物語などとの共通点が見られる。デーヴィッド・アイクのサイトに投稿されたウィリアム・マイケル・モットの詳細な研究論文によると、「日本には蛇や竜との結婚や恋、拉致にまつわる伝説がたくさんある」という(この論文はなかなかの優れものだ)。

スコットランド系の名前のなかにも、似たような由来が言い伝えられているものがある。たとえばマクラクランという姓は、アトランティスの海底王国——レイクランド(湖水の地)から来ていると伝えられている。レイクランドの王の娘は「浅黒く」大柄な海の生き物で、古代の将軍と結婚したことで新しい王朝が誕生したとされる。また、マクヴェイや、マクフィー、ダフィーなどの同系の姓も同じ伝説を持つ。海底に住むこの王女は、ネス湖の怪物「ネッシー」との共通点も多いようだ。これらはいずれも、姓にまつわる伝説として実際に伝えられていることである。

私はこうした物語に深い関心を抱いていることもあって、私自身が「変身した爬虫類」の重要な血筋に属するとアイクが指摘したことにもさほどショックは受けなかった。何と現代のフリーメーソンの創始者ロバート・ザ・ブルースも私と同じ一族だといい、彼に関してもさまざまなことが書かれている。フリーメーソンはアイクのような陰謀論者から、悪魔的所業を続けてきたと常に指弾され続けてきた。

ただ、私は赤ん坊を食べたりはしないのでご安心いただきたい。少なくとも人間の赤ん坊(ベビー)は食べたことはない。私は有機野菜のベビーサラダが大好きだし、一袋が摘み取っている人の一週間分の賃金に相当すると知っていても買ってしまう。CIAが「発展途上国」の不安定化を進めてきた結果このような事態になっているわけだが、これは別に私がやったことではない。私が何かをやっているとすれば、それは少なくとも、マイクロチップが埋め込まれた連中に人類を売り渡すのとは反対の行為である（私はもしかするとブロントザウルスの末裔なのかもしれない）。

人類と爬虫類にまつわる不気味な話に対する私の調査の結論は、結局のところこういうことになる。いわゆる〝常識〟も含め、どんなことについても、正しいとも正しくないとも決め付けてしまわないというのが、現在私が身につけているスタンスだ。私は情報へのアンテナを常に伸ばしながら、その考え方や未解明の点を見極めることに努めている。この奇妙な爬虫類話についても、考えるだけの価値はあると思っている。少なくとも、三次元の世界に縛られた意識で多次元のことを理解しようとする際の手助けになる可能性はある。たとえそれが無理でも、一級の娯楽であることは間違いない。

UFOとカリブのエイリアンの疑惑

米海軍がプエルトリコのヴィエケス島で隠していること

ジョージ・マーティン

プエルトリコのヴィスケス島の島民は勇敢にもアメリカ海軍を退去させた。ジョージ・マーティンによると、同島における軍事演習は、居住地域で実弾が使われている世界的にも珍しいものだという。アメリカの海軍がなぜこの島にいたのか。島民は、未確認飛行物体や非人間型生物の目撃報告に関係があるのではないかと指摘している。

＊

カリブに浮かぶプエルトリコ自治領ヴィスケス島は、三分の二の地域が米海軍の支配下にあった。米海軍はこの島の一三〇〇〇ヘクタールのうち東側と西側の一〇〇〇〇ヘクタールを占拠し、九五〇〇人の島民を中央部の細長い地域に押し込めていた。

米軍はヴィスケス島で、実弾爆撃を含む陸海の演習をしているとされるが、これは動植物相や海洋環境を破壊する行為である。また、毒性のある化学物質や金属、危険量の放射線なども放出されて、空気中や地中、水中に蓄積される。居住地域で実弾を使った爆撃訓練が行われているのは、世界で唯一この島だけである。

こうした演習のため、ヴィスケス島民のガン発生率はプエルトリコで最も高く、他地域の二倍以上にもなる。海軍が同島での演習で、島民や政府関係者に知らせることなく劣化ウラン弾を使ったという事実も確認されている。

一九九九年四月一九日、ヴィスケスに住むダヴィド・サネスという男が死亡した。これは米海軍のジェット戦闘機が誤って爆弾を投下してしまったためだとされているが、この事件の後、ヴィスケス島民と、米連邦議会を含むさまざまな政治団体や環境団体、宗教団体の人々が抗議キャンプに集まり、不服従、非暴力の抵抗運動を行う意思を固めた。これらの人々は人間の盾となって、海軍が爆撃区域に設定していた場所に陣取り、一年間にわたり米海軍と他の国々が島で爆撃演習を行うのを阻止した。だが二〇〇〇年五月四日、連邦当局は抗議活動を行っていた男女の聖職者、高齢者や女性、政治家、連邦議員らを逮捕し、強制退去させた。地元メディアや国際メディアは、この模様をリアルタイムで報じている。

ヴィスケス島は実験場だったのか

米海軍は現在に至るまで、「ヴィスケスに替わる場所がないから」あそこに留まったのだという説明を頑なに繰り返している。海軍のこのような態度は、専門家や一般の人々に、国民から何かを隠そうとしているのではないかという疑念を抱かせた。プエルトリコのホルヘ・セイホというジャーナリストは、信頼できる筋と米海軍のホームページの情報をもとに、公式の発表は嘘であり、ヴィスケス島は軍事訓練や演習のために使われていたのではないという結論を出した。彼によると、真の目的は米国の軍産複合体が生み出した「新型兵器の実験場」だったという。

セイホは、ダヴィド・サネスが死んだのは海軍の「訓練」中に起こった誤爆のせいではないと主張する。サネスが事故死したという報道は、近年開発された殺傷兵器の実験をヴィスケス島のような居住区域で行っていたという事実から目をそらすためにでっち上げられたものだというのだ。その後、サネスが死亡した二〇〇〇年四月一九日から二三日まで、米海軍とレイセオン社が「ファランクスブロックAB1」という、劣化ウラン弾を発射する電子化自動兵器の実験をしていたことが明らかになった。これは、米国原子力規制委員会が明確に禁じている兵器である。

セイホによると、海軍は「事故」の話をでっち上げて国防省の注意をサネスの死体発見現場に向けさせ、別の場所で劣化ウラン弾により複数の死者と、それを上回る数の負傷者が出た事実を隠そうとしたのだという。セイホの説明では、ファランクスブロックAB1は一分間に二〇〇〇発の劣化ウラン弾を発射する能力があるとされる。これらが事実ならヴィスケス島は違法な実験場であり、島民はモルモットにされたことになる。

そして、UFO（未確認飛行物体）と非人間型生物の目撃に関わるもう一つの重要な事件が、やはり海軍が支配していた地域で起こっていた。

海水を吸い上げるＵＦＯ

ヴィスケス島で先ごろ行った調査の最中に、私はアンヘル・エンカルナシオンという男性からこんな話を耳にした。

ある日の晩、仲間と島の東部の演習区域の南の海に出ていたんだが、遠くに巨大な輝く光が見えた。近づいてみると、そいつは空中に浮いていた。巨大な丸い円盤で、周りにはいくつもの光が断続的に点滅していた。黄色や、緑や、赤い光があったな。

円盤の底の中心からは、太い緑の光が海面に向かって伸びていた。海面からの距離は三〇メートルもなかっただろう。あれはこの世界のものじゃない。一番驚いたのは、そいつが海から水を吸い上げていたことだ。緑の光を通って水が円盤に吸い込まれていくのが見えた。上に向かって流れる太い水の柱が出来ていた。魚なんかはいなくて、ただ海水だけが吸い上げられて、おまけに全然音がしていなかった。

俺たちがさらに近づいても円盤はしばらくそのままだったが、急にものすごいスピードでエルユンケ（プエルトリコ東部の森林地帯。ＵＦＯ目撃証言が多数ある）の方に飛んでいった。プエルトリコ島のセイバ（米海軍のローズヴェルトローズ海軍基地がある場所）の方だったかもしれない。とにかく数秒で見えなくなった。俺たちは顔を見合わせて言ったよ。「あんなものを見たのは俺たちが初めてだろう。陸に戻っても何も言うな。どうせ信じちゃもらえない」。俺があのことを話したのは家族だけだ。

この男性は別の夜にも、魚釣りの最中に海底から緑の光が上がってくるのを仲間とともに目撃している。最初は米海軍の潜水艦が浮上しようとしているのかと思ったものの、海面に到達するかと思われたときに緑の「光」は消滅し、再び真っ暗になったという。その直後に近くの海に水が落ちる音が聞こえたそうだ。海から出てきた何かは、真っ暗な空に浮かび上がり、音もなく消え去った。そして彼らの頭上には、霧雨のようなものが降り注いできたという。彼の証言は続く。

他にも、沼地から光る物体がいくつも出てくるのを見たこともある。そいつらはものすごいスピードで飛び去って空に消えた。光や球体や、青白い光の玉だった。海軍が何かをやっていたのかもしれない。連中は俺たちの知らないことをいろいろやってるからな。でも海で見たやつは、空飛ぶ円盤と言われているやつにそっくりだった。たぶんあれがそうだろう。海軍のものじゃない。あんなものを作れるやつは地球にはいないね。少なくとも俺たちが見たようなのは絶対に無理だ。何しろエルユンケの方の空に数秒で消えたんだからな。

エイリアンと光球とコンタクト証言

「カデッツ・デ・ラ・マリナ」という地元の米海軍士官学校に所属する若者たちへの取材でも、コンタクトの証言が出てきた。彼らはヴィスケス島東部にある沼地で奇妙な人間に出会ったという。ガルシア基地のエリアの海軍演習区域の近くだったそうだ。

士官候補生たちによると、エルタポン沼で訓練や演習をしているときに、何度か「背が低くて肌が灰色か黒っぽい色の異様な人間たち」に会ったのだという。「足が早く、ものすごい速さで移動し、ジグザグに走ったりジャンプしたりすることもあった。突然目の前に現れたかと思うと、猛スピードで走り去るんだ」。彼らの話では、その小さな人間たちは、「身長一メートル前後で、やせていて腕が長かった。頭は大きめで卵型をしていた」。あたりが暗かったことに加え、その異様な人間たちの動きが早かったせいで、目や口、鼻の穴などの細かい部分はわからなかったという。

この小さな黒っぽい人間は、沼に飛び込んで水の中に消えたそうだ。また、士官候補生たちは、「青白く発光する直径一〇センチから二〇センチの球体が沼に入っていく」ところも目撃したという。これらの出来事があまりにも異様だったため、その後この地域での夜間訓練はやめることになった。取材の最後には教官の一人も、自分もあの場所でそのような接触の場面を目撃したと証言した。

「アメリカ海軍は何かを知っている」

ヴィスケス島の南の海で海水を吸い上げていた巨大UFOのことを最初に私に証言してくれたエンカルナシオンは、こうも言っていた。

こういうことはヴィスケスではずいぶん前から起こっている。ただ、みんな怖がってあまり話したがらないんだ。何より気味が悪いのは、そういうことが海軍の立入り禁止区域の近くで多いってことだ。連中は何か知ってるに違いない。あれ（ＵＦＯ）の中にいるやつらに何かをしているのかもしれないし、手を組んでる可能性もある。（中略）海軍がヴィスケス島を俺たちに解放しないで駐留し続けるのもそのためかもしれない。絶対、何か重要なことを隠しているはずだ。

私たちがヴィスケス島の調査で得た情報は、プエルトリコにとっても世界にとっても極めて重要なことがこの地域で起こっていることを示唆するものだ。どうやら米海軍はプエルトリコとヴィスケス島で違法な実験を行っており、それがこれらの地域で起こっている奇妙な出来事とも何らかの関わりを持っているようだ。軍は、プエルトリコでエイリアンとコンタクトを行っているのだろうか。

ヴィスケス島の問題は、プエルトリコがアメリカと政治的に微妙な関係にあるということを差し引いても、基本的人権に関わるのは間違いない。島民は、健康かつ平穏に暮らしていく権利を、さらには生きる権利そのものを脅かされているのだ。アメリカは、コソボの人々の生活や環境、人権を守るためにユーゴスラヴィアを攻撃する必要があったと主張しているが、その一方でアメリカ市民でもある九五〇〇人のヴィスケス島民を、本稿で書いたような状況に置いているのである。こんなことが許されていいのだろうか。

チュパカブラ——暗闇の調査

スコット・コラレス

一九九五年に最初の報告があってからというもの、吸血動物チュパカブラ（ヤギの血を吸う者の意）は世界的に注目を集めている。「中南米のお化け話」と揶揄（やゆ）されることもあるこの生き物については、政府の遺伝子実験の産物だとか、UFOに関係しているとか、NASAがからんでいるなどと、さまざまに取り沙汰されている（NASAの科学者たちがチリ軍から複数のチュパカブラの卵を引き取ったという噂まである）。チュパカブラの第一人者である作家スコット・コラレスは、さまざまな証拠と説を検証しつつ、中南米文化や世界各地の古代文明に見られる血を捧げる慣習と儀式の観点から、この生き物に焦点を当てている。

＊

生け贄の儀式を司る砂漠のシャーマンほど、闇のことをよく知る者はいない。彼らは満天の星空の下、冷え冷えとした夜の砂漠に神々が現れるのを、離れた場所で待ち続ける。シャーマンたちは遥かな昔から代々儀式を受け継ぎ、それを実践してきた。犬やラマの仔を生け贄として砂漠で殺し、神々に捧げるのが彼らの仕事だ。

日が昇ると、神々が降りてきた砂漠の聖域に再び入れるようになる。シャーマンは祭壇に近づき、生け贄が神に受け入れられたかどうかを確認する。そこには、血がすっかり抜き取られた死骸が残されている。首筋や腹、後ろ肢などに開いた穴が、神々が渇きを潤したことを物語っている。シャーマンは一族の者たちとともに、残された生け贄の肉を食べ、それは神々との食事となる。生け贄の残骸は埋められ、石が積まれて、人間と神の絆(きずな)の象徴としてそこに残り続ける。

人類学者のフアン・スコビンヘルによると、チリ北部の海岸地帯は世界でもとりわけ豊かな海と、荒涼たる砂漠にはさまれた場所だという。こうした特徴のために、この地域の出土品は考古学的に特別な価値があるとされる。専門家たちも驚くほど、かご細工や織物、食物などのもろく壊れやすい遺物が多数保存されているのである。

それだけではない。アタカマ砂漠の原住民の儀式は、彼らを征服したスペイン人が保管していた記録史料や、現在まで語り継がれている口承を通じて再現することが可能だ。ヴィルヒロ・サンチェス・オセホ博士によると、カラマ市の博物館には砂漠の石積みの一つが展示されているという。この石積みはアパチェクタと呼ばれ、生け贄として捧げられた犬の乾いた死骸も一緒に置かれているそうだ。これは、歴史が幕を開けて以来神と人間の間で取り交わされてきた契約を、目に見える形で今に伝えている唯一の証拠品かもしれない。

チュパカブラは「地球外生命体」なのか

知識人が「中南米のお化け話」と馬鹿にした吸血動物――現地ではヤギの血を吸う者という意味で「チュパカブラ」と呼ばれている――が最初に現れたのは、一九九五年、プエルトリコにおいてであった。カノバナス市当局はこの話を大いに宣伝に利用したようだが、カリブの人々がこのような生き物を独占する根拠などもちろんなく、一九九六年には立て続けにチュパカブラと、さらには類似の生き物の目撃報告が米国南部（南フロリダ、テキサス、アリゾナ、カリフォルニア）で相次ぎ、メキシコでは家畜のみならず人間が襲撃されたという事例も報告されるようになった。一九九七年にはスペイン北部からも報告が寄せられるようになっていて、一九九八年にはブラジルにチュパカブラ旋風が吹き荒れた。

その二年後にチリ北部で相次いだ動物の奇妙な死は、世界が辛うじて乗り越えた二〇〇〇年問題の陰に隠れてほとんど注目されることはなかった。チリの有力紙『エル・メルクリオ』は二〇〇〇年四月二〇日、エルロア北部で起こっている羊とヤギの奇妙な死の問題を協議するため、複数の省庁による会議が開かれたと報じた。目的はただ一つ、一三五匹の動物が不可解な状況のもとで死亡した理由を解明し、犯人を排除することだった。この犯人について、当局はチュパカブラではないかという地元の人々の噂を否定し、複数の野良犬であると断定していた。

カラマ市環境衛生食料管理課のルーカス・ブルチャルド課長も、お互いにケンカをしているうちに血の味を覚えた野良犬の集団が、肉を食べるよりも血を吸うほうが簡単だということに気づいて、家畜を襲撃し始めたという見方を支持している。畜産管理局（ＳＡＧ）はエサを仕込んだ罠を仕掛けて野良犬を排除する方針を地元民に伝え、チリ警察は暗視装置を使った夜間パトロールを実施すると発表した。

こうした当局の積極対応にもかかわらず、エルロア全域やカラマ農村部で被害の報告が続いた。当局には異常な報告が次々に寄せられ、殺害された動物のリストには数十匹の犬と豚、鶏が加わった。目撃者の一人はウエピル村のホセ・イスマエル・ピノという農夫で、彼が州警察とマスコミに伝えた話によると、羊四頭と牛一頭が「鳥」に襲われて死んだという。

四月二九日の夜一〇時ごろ、ピノがバケツで水を汲みに出たところ、月明かりのなかに何かの影が見えた。最初は自分が働いている牧場の牛かと思ったが、「どうも変だった。ほとんど動かずに立ち止まってて、こっちをじっと見ている。丈は一メートル半くらいで、でかい猿みたいな感じだった。腕が長くて鋭い爪が付いていて、口からはばかでかい牙が伸びていた。おまけに羽もあった」。農夫は家に駆け戻ると、猟犬たちを解き放ってこの侵入者を追わせた。しばらくして一匹が「首を血まみれにして」戻ってきたという。

地元の教師カルロス・ヴィラロボスも、この生き物の異常さを指摘する。「未知の生命体と何かの関係があるのではないか。おそらく地球外から来たものだろう。ただ、行政や警察はそれを認めたがらない。パニックの危険を考えれば仕方がないのかもしれないが」

襲撃はどんどんエスカレートしていくようだった。五月三日には、コンセプシオンのアパートに住むリリアナ・ロメロという大学教授が、夜中に五匹の子犬たちの鳴き声で眠りを覚まされた。この子犬たちは彼女が拾ってきて、ブラックという大きなマスチフ犬と一緒に庭で飼っていたものだった。泥棒かもしれないと思って窓の外を覗くと、獰猛(どうもう)なはずのマスチフ犬がおびえて壁に身を寄せているのが見えた。子犬たちもまだ鳴き続けていた。「何か大きな人間みたいなものの黒い背中が見えました。身長は二メートルくらい。肩甲骨のあたりが裂けていて、羽が生えているようでした」。彼女は記者たちにそう証言している。

ロメロ教授は何かの見間違いだと考えようとしたが、翌日、奇妙な生き物がいた場所の近くで子供たちが犬の死骸を見つけた。夫に死骸を見てもらったところ、「頚静脈に二つの深い穴が開いていた。五センチくらいの間隔で、直径はボールペンの太さくらいあった。何より驚いたのは、死体に血が一滴も残っていなくて、ひどく軽かったことだ。毛むくじゃらだったので、傷を見つけるのに毛を掻き分けないといけなかった」

数時間後、三人の州警察官がロメロの家にやってきて、殺された犬を回収すると言った。犬や他の動物が同様の殺され方をする事件は、別の場所でも起こっているという。警官たちは死骸を運ぶためにゴミ袋が欲しいと言い、事件のことは誰にも話さないようにと口止めした。犬の死骸は郊外に運ばれ、県の近隣の役所で地元の役人たちに検分されることになった。彼らのうちの数名が、首の穴や死骸の異常な軽さについて、ロメロと同様の証言をしている。

五月八日には、『エストレラ・デル・ロア』紙のホルヘ・トレホン記者が、冷蔵車に乗っていた三人の若い男性が同様の生き物に遭遇したと報じた。ベテラントレーラー運転手のマウリシオ・コレアが、オスカル・ロブレスとヒッチハイカーのリカルドとともにマリア・エレナ岩塩坑近くに車を停めたときに、それは起こったという。

時刻は朝の五時だった。車を停めてエンジンとライトを切ったコレアは、運転台が右に傾いていることに気づいた。そちら側の席にはそのときオスカーが座っていた。そして車のライトが勝手に点滅し始めたかと思うと、ぞっとするようなものが目の前に現れた。それは「毛むくじゃらの黒いグロテスクな生き物で、頭は卵型で牙があり、大きくつりあがった黄色いギョロ目で」サイドウィンドウからこちらを覗き込んでいたという。その怪物は耳がとがっていて、「猪に似たヒゲが生えていた。そいつは数秒間窓にへばりついていた」

我に返ったコレアは車を発進させた。相棒のオスカーが時刻を確かめるために腕時計を見たが、デジタル時計はなぜか止まっていた。二人は車を走らせ続け、ヴィクトリアの近くでようやく停車させた。彼らはそこで夜明けを待ち、トラック停留所で車を降りたという。それからポゾ・アルモンテへの道行きを再開し、午前七時に地元の警察署に事のあらましを報告した。唯一の証拠は、その生き物のものと思われる運転台側面と後部に残った手の痕だけだった。

こうした直接の目撃事件とは別に、動物が殺される事件もどんどん増え続けた。第三刑事裁判所のフローラ・セプルヴェダ判事は死骸の検視に踏み切り、五月一〇日、コンセプシオン大学病理学部に、これまでの死骸をすべて掘り起こしてでも死因を解明するようにとの通達を出した。

しかし、色めき立つ当局をあざ笑うかのように、事件は起こり続けた。五月一四日にはレブで鶏二四羽が血を抜かれ、翌日の晩にはコンセプシオンの近隣でさらに三〇羽以上が犠牲になった。しかし、これらは七月三日の被害に比べればまだかわいいものであった。この日、一つの農場内で五〇〇羽もの鶏が殺されたのである。

NASAの遺伝子実験の産物という説

チリの動物殺害事件は、ある展開がなければ世界的に注目されることはなかったかもしれない。二〇〇〇年五月一五日、『クロニカ』という新聞に一つの記事が載った。この記事によると、ラジオ・プドハウエルのパブロ・アギレラという人物がパーソナリティを務めるトーク番組の最中に、「チュパカブラと思われる」奇妙な生き物の親子がラドミロ・トミク銅鉱山近くでチリ軍に捕獲されたらしいという情報が、カラマなどのチリ北部の地域から電話で次々に寄せられた。捕らえられたオスとメス、その子供は、サンティアゴのアメリカ大使館からカラマに派遣されたFBI捜査官たちに引き渡されたという。

この記事は、その生き物の生物学的分類については触れず、生死に関する情報も伝えていなかった。執筆者の名前が書かれていない同記事は、「ある警察関係者は、捕獲情報は事実で、すべてが実際に起こったことだと証言した。これを妄想で片付けられるだろうか」と疑問を呈している。

チリの研究家ハイメ・フェレルによると、軍は事実関係について肯定も否定もしないという立場を貫いているが、複数の情報筋の話では捕獲された三匹はカラマの第一五歩兵連隊の営巣に一時保管され、その際ある陸軍中尉が「あまりにも手に負えなかった」ためオスを射殺したという。また、パトリシオ・ボルロネという元航空管制責任者は、サンディアゴ国際空港でNASAの封印がほどこされた二つの貨物コンテナ（問題の生き物が入っていたとされる）が貨物機に載せられ、その間すべての航空機の離着陸が一時中止させられたと証言した。ボルロネはこの話の裏付けとして、便名と出発時刻も示している。

これらの情報から、アメリカとチリの政府がこの異様な生き物をめぐって何かの密約をしているのではないかという噂がインターネットで世界に広がり、さまざまな憶測を呼んでいる。チリのチュパカブラは一部の人が主張しているように、アメリカの遺伝子実験で生まれた生物がチリの塩の砂漠に逃げ出したものなのだろうか。あるいは、殺害の始まった時期から推測されるように、砂漠の町の洞窟の奥や隘路（あいろ）に潜んでいた生き物が、鉱山会社が銅の採掘を始めたことによって表に出てきたのだろうか。

もっと不穏な噂もある。ソキミッチという複合企業で働いていた警備員が、毛むくじゃらの生き物に背中を引っかかれたというのだ。さらには、チリ軍兵士がチュパカブラの捕獲作戦中に死亡したという話まである。多くの人々が信じているようにアメリカの政府機関が何らかの形で関与しているとすれば、チリ人の犠牲を厭わずに水面下の作戦が遂行されているわけだ。

捕獲騒動から約一カ月後の二〇〇〇年六月一〇日、クリスティアン・リフォ率いるチリ最大のUFO研究グループ「オヴニヴィジョン」が、チュパカブラおよび数百頭の動物の死亡事件に対するNASAの関与についての調査をチリ国防相に正式に要請すると発表した。リフォは記者会見において、NASAが「チリで行っていた遺伝子実験の検体が少なくとも三体」脱走したという見方が広まっていると指摘、それらの検体が動物を殺したとの見解を示した。「多くの目撃者が、人間に似た猿かマンドリルに近い生き物で、眼が大きかったと証言している。そして同じ特徴をした生き物をカラマ近辺のラドミロ・トミク鉱山の近くでチリ軍が捕獲し、その過程で兵士一人が死亡したと言われている」

リフォは記者会見では声を張り上げるようなことはなく、努めて冷静だった。しかし、カラマおよび周辺の町村の住民は、チュパカブラと動物の死の責任がNASAにあるとして公然と非難している。カラマの名士として知られる建築家ダゴベルト・コランテは、「アメリカ人の遺伝子実験で生まれた生き物が少なくとも三匹野放しになり、そのうち捕まったのは二匹だけ」と批判する。スペインのEFEニュース社がコランテの情報として伝えたところによると、捕獲されたうちの一匹は「NASAの専門家が引き取りに来るまで丸一日、連隊兵舎に入れられていた」という。

チュパカブラの巣への爆撃

チリのチュパカブラ騒動では、さらに気になる情報もある。『アントファガスタ・ディアリオ・エストレラ』という新聞が、「チュパカブラの卵」が発見されたと報じたのだ。これが本当だとすれば、問題の生き物は卵性哺乳動物ということになる。メスが卵を産んで、それが孵化するわけだ。前述したラジオパーソナリティのパブロ・アギレラは、番組のなかで、夜間パトロールの最中に奇妙な生き物に遭遇したチリ軍兵士たちがカラマ近くの基地に戻った際に数個の「卵」を持ち帰り、その卵は生き物を回収に来たらしいNASAの人間に同日中に持ち去られたと伝えている。

卵の話まで飛び出したチュパカブラをめぐる騒ぎは、二〇〇〇年七月二〇日の午前八時三〇分から九時四五分の間にチリ空軍機が投下した複数の爆弾（数は不明）により、突然の終息を迎える。この爆撃による振動は、炭鉱の爆破に慣れた住民さえも仰天させるほど激しいものだった。

この爆撃は、「チュパカブラの巣」を狙ったものだと言われている。場所はマリア・エレナとペドロ・デ・アルヴァラド廃鉱の間の小さな山と丘が連なる地域で、鉱夫によるとこの地域は問題の生き物の隠れ家として格好の場所だったという。研究者たちは、問題の生き物の繁殖期（どれくらいのペアがいたのかはわからない）を狙って政府が一網打尽にしようとしたのではないかと話している。

チュパカブラ事件の隠蔽をもくろむ連中は、生き物の抹殺とカラマの噂話の封殺のため、さまざまな手段を講じている。目撃者を個別に買収する作戦まで行われた。これはその事例の一つであるが、「こうもりのような羽が生えた、サルに似た毛むくじゃらの生き物」に車を破壊された被害者たちのところに、「当局の者」と名乗る連中が現れ、奇妙な申し出をしている。事件のことを誰にも話さないと約束すれば、まったく同じ型の新車をやると言ってきたのである。だが、この被害者たちは友達に話すほうを選び、その友達がパブロ・アギレラのテレビ番組に出演したために、話は世界に広まってしまった。アギレラも番組で言っていたが、こうなってはもう、「当局の者」から新車をもらえる可能性はほとんどないだろう。

進化する「山羊の血を吸う者」

私は別の論文で、チュパカブラとして一般に認識されてきた生き物――頭が小さく、赤くて丸い目と小さな腕を持ち、背中に背骨が見える動物と、一九九五年から九六年にかけてプエルトリコで目撃された生き物および一九九六年から九七年にかけてメキシコで目撃された、こうもりのような羽が生えた巨大な動物、一九九七年にスペインで目撃された、よりイヌ科の特徴が顕著なマンドリル様の動物、さらに二〇〇〇年にチリで目撃された生き物との、身体的な特徴の差について論じた。

チリの目撃者の大半は、謎の肉食獣の特徴として、射すくめられるような黄色に光る大きな目を挙げているが、これはプエルトリコの目撃者の一部の証言とも一致する。二〇〇〇年七月一四日、車で移動していた二人の女性が、この目の奇妙な性質を目撃することになった。この日、市民の集まりに出席した二人が、カラマに戻るために車を走らせていたところ、目の前に黄色く輝く二つの光が現れた。女性たちは対向車かもしれないと思い、ハイビームでこちらの存在を示した。

ところが近づくにつれて、それが車ではなく、何かが道の真ん中に立っているのだと気がついた。耳のない大きな犬のような生き物で、頭部からは灰色の長い毛が伸びており、異様に大きなつりあがった黄色い目をしていた。二人の女性は〝それ〟と数秒間目が合ったあと、すぐに走り去ったが、〝それ〟は頭を一八〇度回転させてこちらを目で追い続けたという。運転していた女性は、このときのことを記者にこう証言している。「パニックになってしまって、車から降りそうになったんですけど、（もう一人の女性に）止められました。そして二つの黄色い光がまた見えて、今度は道路全体を照らしてから消えました。私はアクセルを踏み込んで、カラマまでかなりのスピードで飛ばし続けました」

リリアナ・ヌネス・オレラナという研究家によると、カラマのある事例では、目撃者がかなりはっきりとこの生き物を見たという。その報告によると、生き物はマンドリルそっくりで、毛並みは黒と灰色、二本の非常に長い犬歯があった。鼻は豚かコウモリに似ていて、落ち着きなく走り回っていたという。目撃者は失禁しそうになったそうだ。ヌネスによると「この生き物にはオスとメスがいることがわかっており、交尾によって繁殖するらしい」。また、この生き物の性器を目撃したある消防士が、人間のものに似ていたと証言しているともヌネスは話している。

「一番恐ろしい怪物は見えない怪物である」という古いことわざがある。二〇〇〇年六月九日に起こったのはまさにそのような事例であった。この日の早朝、マリア・エレナの町の複数の住人が「濃密な空気」のようなものに遭遇したのである。ある地元住民は、おびえた様子で「何かが音もなく壁に沿って移動していたようだった」と話している。

チュパカブラの起源にまつわる三つの可能性

一九九五年に最初の報告があって以来、チュパカブラの起源に関しては三つの可能性が示唆されてきた。地球外生命体を信じている人々は、チュパカブラが取り残されたUFOに積まれていた生き物であるとか、我々には目的をおしはかることができない異星人の実験の産物であるとの見方を示している。また、この事件を陰謀理論のなかに組み込んで、遺伝子実験の暴走で生み出されたとか、新世界秩序の手先によって第三世界に送り込まれた生物ロボットだと主張する人たちもいる（こちらも異星人説同様、真の目的は不明とされる）。

この二つの起源の支持者は、チュパカブラがぬらぬらした赤い体液を好むという事実についてはあまり重視していないようだ。三つ目の説は、この部分に焦点を当てたものである。

歴史の記録が始まって以来、地球の文明は、血を完全性や力の象徴とみなし、神に捧げることでその恩寵を得ようとした。もちろん、アステカやマヤの凄惨な血の饗宴は、現代の私たちにはとても受け入れられない。記録家のベルナル・ディアス・デル・カスティーヨによると、これらの古代文明の高僧は、髪の毛を「血で固めていた」そうだ。旧約聖書の神が求めた血の生け贄も、これに劣らず凄惨である。ドイツの学者ヴィルヘルム・ツィールは、繁栄を願って動物や人間を捧げる行為は、神に受け入れられるのは祈りによる感謝や戒律の遵守ではなく、生け贄のみであるという考え方から来ていると指摘する。そして最大の生け贄こそが、人間の血だという。

多くの文化においては、善神悪神を問わず、神は血を好む存在であり、その見返りとして呪術師たちの願いを聞いてきた。『オデュッセイア』のなかで、ユリシーズは殺したばかりの黒羊の血をほとばしらせて死者たちの恐ろしい霊を呼び出した。彼は泣き叫ぶ亡者たちを剣で押し留め、予言者ティレシアスの霊だけに血のエネルギーを与えて、イタカへの帰還についての予言をさせている。古代人は、死者の魂や、霊の世界の存在が血を欲しており、それ以外のもので鎮めることはできないと考えていた。

彼らが血を欲する理由については、サルヴァドール・フレイゼド、ジョン・キール、アンソニー・ロバーツなど多くの現代作家が解明を試みている。たとえばフレイゼドは、血液という物質そのものではなく、それに含まれる生命エネルギーに意味があるとする。そのため、血の捧げ方が極めて重要になってくるのだという。意に反して捧げられた生け贄が苦しみや恐怖を味わえば、それだけ多くのエネルギーが放出され、それがあちらの世界の者たちにとって、ちょうど私たちが酒を飲んだときのような快楽となる――というのがフレイゼドの説明だ。

悪魔の奴隷の「獣の印」

ややや曖昧で迷信めいた話になったが、夜は犬の断末魔の鳴き声に満ちているとまで言われたカラマの一連の事件は、こうした視点でとらえたほうが、異星人が関わっていると考えるよりも現実味があるようにも思われる。

カラマUFO研究センター所長のハイメ・フェレルは、こうした可能性も視野に入れている。とりわけ、ペイネの砂漠に住む九〇歳の原住民と話をしてからはそうした視点を重視するようになった。この老人はフェレルに、「祖父のまた祖父たち」はこれらの肉食獣のことを知っていた、彼らは我々にメッセージを伝えにきた神だと話した。昔はメッセージは言葉ではっきりと語られたが、今は数字で伝えられるという。それはどういうことかとフェレルが尋ねると、老人は答えた。「七から一を引いて、一三から七を引いて、四に二を足す」。これはつまり六六六であり、「獣の印」にほかならない。

砂漠の遊牧民の口から聖書の数字が出てきたことに、フェレルは当然のことながら不信の念を抱いた。しかしフェレルは報告でさらに、これらの肉食獣が古代クンサ語でアチャチェス（悪魔の奴隷）と呼ばれていたとも解説している。アイマラ語より数世紀もさかのぼる古い言葉であるが、この謎めいた生き物を踊りで表現する部族の踊り手たちの間では、今でも普通に使われているそうだ。

一九九五年以降世間をにぎわせている生き物について、研究者たちは少なくともある一点については共通した見解を持っている。その見解とは、何が動物の血を吸っているにせよ、それは腹を満たすためではないということだ。本稿で追ってきた吸血動物は、自分の体重以上の血液をさまざまな動物から吸っている。もしかすると、かつて行われていた宗教儀式としての血の生け贄が廃れたために、何者かが陰で血を集める必要が出てきたのかもしれない。

古代のアタカマ人が恐れ、崇拝してきた奇妙な神々。メキシコからメソポタミアにいたるまで、歴史のさまざまな時期に血の生け贄を行ってきたさまざまな文明の記録に、それらの神々のことが記されている。アタカマ人が儀式をやめたあと、これらの神々は、異形の手下を放って血を集めなければならなくなったのであろうか。

カルトと秘密結社

第六部

世代を越えて――歴史に見る陰謀理論

スコット・コラレス

陰謀説は近代になって出てきた見方なのであろうか。スコット・コラレスによると、昔の人々も秘密結社にまつわる恐怖や伝説を信じていたという。「見えない支配者」への恐怖の歴史は古く、ローマの皇帝たちも、創世期のキリスト教をローマ帝国を転覆させる陰謀だと信じていた。その教会の指導者たちも後に、テンプル騎士団のような秘密組織を教会を滅ぼす陰謀に加担しているとみなして迫害するようになった。コラレスは陰謀説の起源をわかりやすくまとめ、「九八人評議会」や「聖墳墓騎士団」など、これまであまり知られてこなかったグループも紹介している。

＊

「陰謀説」というのは、政府や軍、国際金融機関、また世界の宗教の上層部が水面下で事を運んでいるのではないかと疑いを誰かが抱いたときに、我々の社会が張りつけるレッテルである。国際的な陰謀に対する疑いは、いかに証拠が揃っていたとしても封殺しなければならない。なぜならば、人々が普通に仕事に行き、芝生を刈り、何の疑問も抱かずに税金を納めるような法と秩序に基づく社会の維持が危うくなってしまうからである。

現在の陰謀説については、多くの人がせいぜい四〇年か五〇年くらい前にさかのぼるものだと考えているかもしれない。しかし実際は、我々の遠い祖先も秘密結社の影におびえていた。

目に見える世界を支配する「四つの権力」

歴史の裏で糸を引いてきた力について探るには、まず、私たちが日常目にし、関わっている表の力のことを知っておいたほうがいいだろう。

スペインの超常現象研究家サルヴァドール・フレイゼドは著書『人間農場（*La Granja Humana*）』のなかで、陰謀説の視点を提供している。彼はまず、「目に見える世界の支配者」について解説し、その上で世界の「見えない」支配者を論じている。フレイゼドによると、陰謀説の対象は次の四つに大別される。

政治家＝表の支配者は暴力や兵器を愚劣なものだと考え、人々に慕われ、判断を頼られ、ときには畏れられることを喜びとしている。フレイゼドは、多くの選良が精神病質であると示唆する。彼らは自分に何かが欠けていると感じていて、集団に取り囲まれることでそれを埋めようとしているのだという。

軍＝この権力機構の重要度は国によって異なる（コスタリカやサンマリノのように軍を持たない国もあれば、イラクのような軍事独裁国家もある）。フレイゼドは、国家を外敵の脅威から守るために生み出された軍は、外からの脅威がなくなるとやがて内部の敵を探し始めるようになると指摘する。国によっては、財政、社会、政治が破綻の危機に陥ると、文民政府が軍に権力を委譲するのが慣行になっている場合があるという。

銀行＝フレイゼドは、現代もなおはびこる「国際銀行家」の陰謀についても言及している。彼いわく「金に取り憑かかれた連中」が実際に持っている力は他の権力ほどではないが、自分たちの金を必死に殖やそうとすることで間接的に社会悪を増幅させ、国が傾くのもお構いなしである。フレイゼドは、多くの政治家は、自分の政治的権力が崩壊すると金融の世界に安息の地を求めるようになるとも指摘している。

聖職者＝宗教ほど争いの元になってきたものはないとフレイゼドは言う。民衆を集めて特定の信念を持つよう洗脳し、異なる信念を持つ者は〝敵〟だと教え込むことで力を維持しているのが聖職者だという。

これらの四つの権力層が、目に見える世界を支配しているわけだが、これらの強大な力の他にも我々の生活に影響を与えている力がある。

「皇帝ネロは生きている」というローマの陰謀説

ローマ帝国では、民衆のみならず政府内でも陰謀への危惧が広まっていた。その気になればもっとさかのぼることも可能かもしれないが、まずは特に顕著なこの事例を見ていくことにしよう。

歴史家のスエトニウスの著書『ローマ皇帝伝』（邦訳：岩波書店刊）には、ヒトラーが生き延びて南米に逃れていたとか、JFKがスイスでまだ生きているとか、エルヴィスは死ななかったといった現代の噂と大いに似通った話が載っている。西暦七〇年ごろ、自殺したとされるネロ皇帝が生き延びて、パルティア王国で客として迎えられているという噂が信じられていたそうだ。これについては、皇帝を騙って（かた）パルティア人から搾取しようとした人物がいて、そのためこのような噂が広まった可能性がある。

広大な領土を治めていた歴代のローマ皇帝は、版図のなかで不和が起こることに極めて神経質になっており、創成期のキリスト教を、帝国を滅ぼす陰謀だと疑うようになった。三〇〇年にわたる残虐な迫害の歴史では、〝危険分子〟とみなされた信者、数千名が犠牲になっている。ユダヤ教もやはり迫害の対象となった。ユダヤ教の学者がパルティア王の庇護の下で、国外からエルサレム破壊に対する報復を狙っていると疑われたのである。

ローマの権力者は、ティアナのアポロニウスのように、力と智恵を備えた個人も恐れていた。アポロニウスは、現代のイラクの場所にあるニネベから長途の旅を経てヒマラヤに渡り、「神の都市」を見てきたと主張していた人物である。彼は、人の営みを支配する「神々」は、我々の住んでいるのとは大きく異なる世界に暮らしていたと人々に語っていた。そこではロボットが神々に仕え、「光る石」による人工照明があったという。ここで多くを学んだというアポロニウスは、ローマに戻った後はウェスパシアヌスやティトゥスなどの皇帝に智恵袋として重用された。ティトゥスは次のように言ったとされる。「余はエルサレムを征服したが、ティアナのアポロニウスには征服された！」

ローマの力が衰えると、陰の力に対する疑念は、よりオカルトめいたものへと変わっていく。弱体化した帝国から賠償を引き出したアッティラ王のフン族は、西ゴート族の後方にいた売春婦と悪魔の末裔だと信じられていた。

中世にもあったＵＦＯ目撃談

ヨーロッパが激動と疫病に苦しんでいた中世、人々は教会によって思想をがんじがらめにされ、繰り返される蛮族の侵攻にあえいでいた。そして当時の人々も、多くの陰謀理論を信じていた。

当時最も開明的で精力的な君主であったシャルルマーニュは、王国がシルフ（魔力によって天候に影響を与え、不作をもたらすと考えられていた精霊）に攻められているのではないかとおびえていた。シルフや、彼女たちの住むマゴニアという伝説の土地については、多くの作家がさまざまな著作のなかで、ＵＦＯ現象と結びつけている。

本稿の読者のなかには、ジャック・ヴァレーが紹介した聖アゴバルドのエピソードをご存知の方も多いだろう。不気味な王国より降りてきた「空飛ぶ船」から地上に下ろされた三人の農夫が、おびえた暴徒たちに襲われそうになったとき、聖アゴバルドが駆けつけてこれを助けたというものだ。シルフの伝説は現代にも息づいている。世紀の替わり目には、「自分には稀覯本を探してくれるシルフがいる」というパリの書店経営者も現れた。

中世初期には、人だけでなく物も陰謀の一つの要因だと考えられていた。トゥールのグレゴリーという人物によると、教会の鐘が空に飛んでいくのが目撃されていたそうである。グレゴリーは、これらの鐘は「教皇のいる」ローマに向かって飛んでいったのだろうと推測している。これは未確認非行物体の初期の目撃例といっていいだろう。

中世は教皇が支配する神権世界であった。当時の地図は、世界は三つの大陸からなる平板な土地で、その中心にエルサレムがあるというシンプルなものだった。後の世紀には、遊牧民のサラセン人の領土の先に大君主がいるという話が広まった。プレスター・ジョンという名のこの大君主は、世界で最も力のあるキリスト世界の王で、驚きに満ちた王国を支配していると信じられていた。当時の年代記作者たちは、プレスター・ジョンと連絡を取ることさえできれば、彼に背後から攻めてもらい、ヨーロッパの勇敢な騎士たちが前から攻めることで、異教徒であるイスラムの軍勢を挟み撃ちにできると主張している。

プレスター・ジョン――レックス・アルメニア・エト・インディエ（アルメニアとインドの王）の話はかなり流動的で、アジアにそのような王国がないことが明らかになると、当時最も謎めいた土地であったアフリカにすぐに場所が移され、ルネサンス時代までそこに王国があると信じられていた。

テンプル騎士団の陰謀的受難

十字軍のエルサレム征服から二〇年足らず後の一一一八年、ユーグ・ド・バイエンというフランスの騎士がある考えを携えて、聖地の総大司教に会いに行った。その考えとは、ベネディクト会をはじめとする修道会のように宗教規範を厳密に守りつつ、パレスチナの塵にまみれた道を巡視して巡礼者や貿易商を守る武装集団を作ることであった。熟練した兵士を緊急に必要としていたエルサレムのボードゥアン王も、この考えを歓迎した。

十字軍の凋落につながった大きな要因の一つは、聖地の解放後、十字軍を構成していたヨーロッパの貴族の多くが新しい土地に住みたがらず、自分の領地に戻りたいと考えたことだった。そのような事情のため、ボードゥアン王は誕生したばかりのユーグ・ド・バイエンの騎士団がソロモン神殿跡に住むことを許した。そしてこの神殿（テンプル）にちなみ、修道僧と戦士の二つの側面を持つ彼らが聖堂騎士団――あるいはこちらのほうが有名だが――テンプル騎士団と呼ばれるようになった。

テンプル騎士団は期待にたがわぬ役目を果たしたようで、一一二七年にはクレルヴォーのベルナールや教皇ホノリウス二世、シャンパーニュ伯爵などのヨーロッパ史における重要人物が、全面的に騎士団を支援するようになっていた。騎士団のもとには、近東での彼らの活躍を期待する人々から、土地、金、物が次々に集まっていった。寄進された大量の土地は、最大限の実りが得られるよう細心の注意を払って管理された。こうしてテンプル騎士団は、ローマの軍団以来、ヨーロッパで最も豊かで強力な武装勢力となった。

ところが、やがて風向きが変わってきた。教会の権力者たちが、テンプル騎士団に対して異端や冒涜などの汚名をかぶせるようになったのだ。入会の儀式では十字架を踏みつけて唾を吐き、「私はイエスを放棄する」と宣言させられるとか、新入りは裸にされて全身に接吻を受け、バフォメットの前に引き出されるとかいった噂が囁かれるようになった。記録のなかには、騎士団が犬か猫の偶像（おそらくエジプトの女神バステトの像。十字軍がこの地に侵攻した際の戦利品だとされる）を崇拝しているとするものもあった。そのほかにも、異端審問で破壊されたヤギの像が押収されたとも言われている。

ロロ・アーメッドによると、これらの像は絶対者の汎神論的な表象であるという。「動物の頭部――通常は山羊の頭で、角の間にたいまつがあるそれは、物質的責任と、体に宿る罪のあがないを象徴するものである。手は人間のもので、労働の神聖さを象徴し、上下にある二つの三日月を指している。三日月は上が白、下が黒になっており、それぞれ善と悪、慈悲と正義を示す」

ここ一〇〇年間に出版された本のなかには、テンプル騎士団とその所業にまつわる「黒い伝説」を指摘したものがかなりの数にのぼる。その伝説とは、騎士団のなかに隠れた特殊な集団があり、その集団が悪魔崇拝や同性愛、子供の生け贄といったキリストの教えに反する行為をしているというものだ。もう少し穏やかな見方もあって、そちらは、忘れられたオカルトの伝承を維持している「内なる集団」が存在し、候補者がその資格を満たしたと判断されたときに「秘儀」が伝えられるというものである。

テンプル騎士団の紋章は、一頭の軍馬に二人の騎士が乗っているというもので、清貧と謙虚の誓いを象徴しているとされる。だが、研究家のファアン・G・アティエンザは別の見方を示す。騎士団の紋章は、カバラと、その教義にある「神の言葉をめぐる黙想で結ばれた二人の男のみが、生けるものを生み出すことができる」という教えを描いたものだというのである。騎士団の成長には、グノーシス主義の二元論や東洋哲学の教えが大きな役目を果たした。異端審問がテンプル騎士団を異端とみなしたのは、ある意味正しかったと言える。彼らはグノーシスの教理を信じ（おそらくイスラムのオーファイト派との接触を通じてそのような信念を持つようになったのだろう）、イエスの神性も否定していたと考えられる。ただしイエスについては、預言者やこの世における神の象徴として、偉大な存在だと考えていた。

テンプル騎士団については、契約の箱（アーク）を発見したという噂もあり、マムルークの侵攻で近東の十字軍の王国が崩壊すると、これを守るためにフランスに移したとも言われる。これが本当なら、インディー・ジョーンズはエジプトまで行く必要はなかったことになる。

契約の箱こそが謎の核心

エルサレムのボードゥアン王の妃ヨランダは、ソロモン神殿跡を拠点とする厳格な騎士たちに大いに興味を持ち、密かに彼らの建物に侵入して地下墓所（カタコンベ）への道を探りあてた。彼女はそこで、六人の騎士があるものを取り囲んで無言で瞑想にふけっているところを目撃した。それこそが「契約の箱」だとされている。

状況証拠を見るかぎり、ソロモン神殿が騎士団の拠点に選ばれたのは偶然ではない。騎士団はここに移ってかなり早い時期に発掘を開始している。彼らが探していたものは、テンプル騎士団が結成される何世紀も前にそこに隠されていた。そんなものは迷信だという読者のために申し上げておくが、死海文書のなかのいわゆる「銅の巻物」には、ソロモン神殿の下にさまざまな宝物や宗教にまつわる品々が埋められたという内容のことが書かれている。テンプル騎士団はこの手の情報を得ていたのだろうか。

その答えの手がかりとなりそうな史実がある。西暦七〇年、エルサレムを陥落させたローマのティトゥスの軍団は、神殿の宝物を残らず奪い去った。そのなかには、聖なる燭台や黄金のテーブルなどもあった。そしてローマがヴァンダル族に攻め入られたとき、これらの宝物はカルタゴに移された。その後東ローマ帝国のベリサリウスの軍勢がヴァンダル王国を討ち滅ぼし、宝物はコンスタンティノープルに運ばれている。迷信深いユスティアヌス帝は、この「ユダヤの宝物」がコンスタンティノープルに破滅をもたらすことを恐れ、西暦五五五年にエルサレムに移した。以後、宝物のことは歴史では語られていない。したがって宝物がそのままダヴィデの都市に残り、一世紀後にアラブ人がパレスチナを征服した後も掠奪されることはなかったと考えるのが妥当だろう。

この失われた宝物のなかに契約の箱があったとするのは、いささか大胆な推測かもしれない。だが、テンプル騎士団の大いなる秘密からうかがえるのは、探していたものを発見したときに彼らが大いなる畏敬の念に打たれたということである。そして〝発見〟されたものは、騎士団の故郷であるヨーロッパに送られた。一説には、テンプル騎士団の砦に囲まれたレンヌ・ル・シャトー近辺、オープール城と周辺の村がある丘の下に埋められたともされる。

これこそが、テンプル騎士団の謎の核心なのであろうか。騎士団は、アルアクサ寺院が建てられているソロモン神殿跡の地下墓所のどこかに、〝箱(アーク)〟であることを知ったのかもしれない。この秘密は騎士団員に大いなる畏敬の念をもたらし（実際団員たちはそのようなことをほのめかしている）、聖なる（そしておそらくは人ならぬ）遺物を所有しているという思いが、騎士団に士気と、それにまつわるさまざまな〝力〟をもたらしたということは大いに考えられるだろう。この伝説は、現代に伝えられる他の多くの伝説とも結びついている。

レンヌ・ル・シャトーと「シオン修道会」

マイケル・ベイジェント、リチャード・リー共著『レンヌ＝ル＝シャトーの謎――イエスの血脈と聖杯伝説』（邦訳：柏書房刊）は、テンプル騎士団がより大きな秘密組織の実働部隊に過ぎなかったと主張している。その秘密組織にはさまざまな名前があり、その一つがシオン修道会だという。この方面の考察や研究は、現代の最も複雑なミステリーの一つにつながっている。キーワードは、レンヌ・ル・シャトーというフランスの小さな町だ。この町は、米欧の研究者の熱心な調査でも解き明かされることのなかった、複雑に絡み合った謎の中心地点となっている。研究者の一人ライオネル・ファンスロープは、レンヌの調査はたまねぎの皮を剝くようなものだと話している。ただしレンヌの場合、研究者は内側から皮を剝いている感じで、謎はどんどん広がっていくそうだ。

ファンスロープによると、こののどかな町には深遠なる知識と神秘の財宝が眠っていると言われており、そのなかにはヘルメス・トリスメギトスのエメラルドの書字板や錬金術の秘伝、一二〇〇年代半ばに教皇の十字軍によって残虐に滅ぼされたカタリ派の失われた宝物、その他の貴重な神秘の魔よけがあったという。歴史では、十字軍がレンヌ城を占領したとは伝えられていないものの、この地域を堅固な砦で取り囲んだとされており、レンヌが支配下にあったことは十分に考えられる。数世紀の後、教区司祭となったベランジェ・ソニエールはレンヌである発見をしたことがきっかけで裕福になっている。彼は契約の箱のありかを探り当てたのだろうか。この宝に興味を持つ影の組織、あるいはカトリック教会そのものによって莫大な報酬を与えられた可能性もある。裏付ける証拠や調査があるわけではないが、箱は最終的にバチカンに安置されたとも言われる。

前掲書によると、「シオン修道会」は、水面下で政治に影響を及ぼしていたとされるヨーロッパの組織であるが、調査の結果、テンプル騎士団の遺産を受け継いでいたことが明らかになり、失われた箱（アーク）のありかも知っていた可能性があるという。また、一九七九年に修道会の「グランドマスター」とされるピエール・プランタール・ド・サンクレールに取材した際には、エルサレムから奪われた宝物は「しかるべき時」にイスラエル政府に返還されるだろうと答えたそうだ。

科学者による秘密結社「九八人評議会」

一九七〇年代、マリオ・ロハスが、メキシコに住むイタリア人科学者ナルシソ・ジェノヴェーゼに対して、「私たちの世界は科学者の陰謀によって支配されているのですか」と質問した。ジェノヴェーゼはこの問いに、物理、化学、数学、天文学、電子工学などのさまざまな分野の科学者九八人による国際的な評議会の存在を明かした。この評議会は隠された知識を探っており、参加者はいかなる国の政府にも知識を一片たりとも与えてはならないという鉄の規約に縛られているという。この「九八人評議会」とでも呼ぶべき組織は、次のような三大原則を教義としている。

＊宗教は一つ。賢き全能の神のみが信ずべき対象である。
＊国家は一つ。地球こそが国家である。
＊目的は一つ。科学によって世界に平和をもたらし、人類と宇宙の他の住人たちとの同盟関係を築いてゆくことである。

ジェノヴェーゼが明かしたこの驚くべき科学者集団は、グリエルモ・マルコーニの死後まもない一九三八年に創設されたという。自らの発見や研究ノートを時の独裁者ベニート・ムッソ・リーニに渡すことを拒んだマルコーニの勇気に触発されて誕生した「九八人評議会」は、秘密の技術開発に支えられたワン・ワールド政府の創設を目指して水面下の活動を続けているらしい。もっとも、このような科学の世界の〝陰謀〟の歴史は意外に古い。

不死を求めた錬金術師とサンジェルマン伯爵

科学者の前身とされ、深遠なる秘密の哲理にのっとって知識を追い求めていた錬金術師は、この二〇〇〇年、作家たちの想像力をとりこにしてきた。一般には、錬金術師は鉛などの元素を金などの貴重な元素に変えることを目指していたとされる。しかし多くの作家が、それは金不足の領地の埋め合わせをしたがっている強欲な封建領主から資金を引き出すのが目的だったと指摘する。記録のなかには、結果を求める資金提供者を満足させるためにわずかな量の鉛を金に変えてみせていただけで、実際に研究していたのは不老不死だとしているものもある。

このため陰謀理論を信じている人のなかには、錬金術師のなかにこの研究を完成させた者がいると考える者も多い。人類の歴史は錬金術師の秘密結社に支配されており、歴史の重要な時期に彼らが現れて、流れを変えているというのだ。

一見すると荒唐無稽なようだが、振り返ってみると我々の歴史には、重要人物と無名の人物との関わりが後の展開に大きな影響を与えたという例が実に多い。そのような謎の人物として最もよく知られているのが、サンジェルマン伯爵である。サンジェルマン伯爵については、天使の化身であるとか、「天界に上った人」であるとか、時間旅行者であるとか、果ては吸血鬼であるとか、さまざまなことが言われている。伝説によると、彼は一七〇〇年代半ばにヴェネチアに初めて現れてからというもの、ナポレオン時代を通じて折にふれ登場しているが、まったく老いる様子が見られなかったという。

記録によると最後に姿を現したとき、伯爵は通りがかりの者に、ある発明用の〝道〟を準備するためにこの地を離れると告げたそうだ。その発明とは、現在鉄道として知られているものだという。サンジェルマン伯爵が、アレッサンドロ・カリオストロなどと同じ一八世紀の冒険家の一人にすぎないとする作家も多い一方で、彼が不死を手に入れた錬金術師だと信じている作家も少なくない。他にもこうした奇人は多く、ナポレオン・ボナパルトが生きていた時代に彼の前に繰り返し現れたという「赤い男」なども、この奇妙な「不死の集団」の一員ではないかと言われている。

この興味深い伝承の最も新しい例は、伝説の錬金術師フルカネリと、二〇世紀に生きた二人の弟子——ユージン・カンセリエとジャン・ジュリアン・シャンパーニュにまつわるものである。

フルカネリは現在も著作が残っている唯一の錬金術師だ。その著作とは『大聖堂の秘密（*The Mystery of the Cathedrals*）』（邦訳：国書刊行会刊）と、『哲学者の住処（*The Dwellings of the Philosophers*）』の二冊で、最初の本は一九二六年にパリで出版され、もう一冊は一九三〇年に出版された。この前書きに、弟子のカンセリエはこんなことを書いている。「師の本の前書きを書くことは、弟子にとってはあまりにも重く、手に余ることである。（中略）ゴシック様式の大聖堂の謎が伝えられたのは師の功績によるもので（中略）あらゆる真実、あらゆる哲学、あらゆる宗教は、この聖なる石を支えとしている。自説を持ち、自分にも同じことができると考えている者は多いだろうが、それを実践する謙虚さと智恵と技量を備えた者はほとんどいない」

二冊の本は、戦前のフランスのオカルト界で大変な評判となり、錬金術の究極の目的である「賢者の石」に手が届く日も近いと期待された。しかし、オカルト研究家のなかには、フルカネリなどという人物はそもそも存在しないと信じているものも多い。カンセリエ自身も、フルカネリは自分が賢者の石を発見して不老不死を手に入れたというようなことを「もう言っていない」と認めた。

フルカネリについては一九五四年にミラノに住んでいるところを目撃されたという話がある

ことによる副作用の一つだという)。

ほか、スペインで見たという複数の証言がある(アンダルシア地方にあるセヴィリアの近くに滞在していたとされる)。錬金術師のジェラルド・ハイムは、不老不死を手にしたフルカネリの外見は完全に両性具有のそれであったと主張している(これは不老不死の霊薬を取り込んだことによる副作用の一つだという)。

ド・ゴール将軍が結成した「黒騎士団」

私たちを取り巻く現実を〝影で操る者〟についての噂は、まったく衰える気配を見せない。それどころか、数年ごとに新しい陰謀説が加わっている。

一九八二年、フランスの書店に奇妙な小冊子が登場した。マルタン・クーデールという人物による『秘密の取り巻きの書――ド・ゴール将軍の密かな教え(*The Book of Secret Companions: The Secret Teachings of General de Gaulle*)』というその本には、軍人出身の政治家ド・ゴールが作ったという「四五騎士団(Order of the 45)」なる秘密結社のことが書かれていた。その後しばらくして刊行された続編のほうは、「黒騎士団」と名乗るようになったその影の支配者たちを相手に著者がカナダで奮闘した経緯が描かれている。クーデールによると、黒騎士団は本拠を南米の最南端に位置する辺境の地ティエラ・デル・フエゴに移したそうだ。

この二冊をナンセンスだと黙殺するのは簡単だ。しかし、クーデールの「禁じられた」知識の背景には、ド・ゴールが「四五騎士団」のメンバーにフランスの威厳を取り戻すために奮励することを促した一連の書簡が存在する。この動きは、ノストラダムスが予言した「大王」の到来にも関わっているそうだ。黒騎士団は、陰謀説ではおなじみのワン・ワールド政府の創設を目指しているとされ、魔術儀式と秘められた技術によって「大王」をその頂点に戴こうとしているとされる。

これ以外にも、近年名前が出てきたセクトや秘密結社、ロッジは少なくない。そのいくつかは徹底した宗教的理念を持ち、一部の国の最高指導者のみがメンバーになっている。その一つが、聖墳墓騎士団というほとんど知られていない秘密結社だ。この集団は十字軍がまだ活動していた時期に創設され、現在はイタリアのランチェロッティ王子とセンニ伯爵に率いられている（前者がグランドマスターで後者が長官職）。メンバーである〝騎士〟たちは、西ヨーロッパ全土にまたがる政財界の要人で構成されており、世界のカトリックの教義を守護する誓いを立てているという。聖墳墓騎士団のメンバーは全世界に二〇〇〇人ほど存在すると言われる。

絢爛たる秘密の地下都市「ダマンフール」

秘密結社のなかにはほとんど名を知られることなく、隠れた存在であり続けることにかなり神経を遣っているところもある。その典型的な例が、イタリアの名もない秘密主義者の集団が作り上げた「ダマンフール」という驚くべき地下コミュニティーである。

イタリア北部のイヴレアという都市の地区検事ブルーノ・ティンティは当初、ピエモンテの麓（ふもと）に失われた魔法都市があるという報告を一笑に付していた。だが、国内で過激派のテロが横行しているという事情もあって、念のため警官隊を派遣したところ、この警官隊が、そのような都市が存在することを確認する報告を行った。この報告によると、トリノ近郊のバルディセーロ・カナヴァヴェーゼという町にほど近い場所に秘密の入り口があり、それが地下三〇メートルの地下都市に通じているという。そこに、ダマンフールというオカルトコミュニティがあって、活発に活動しているというのである。エジプトや秘密のシンボルに彩られた寺院や迷宮、集会所が延々と続くなかにあるダマンフールは絢爛を極めていて、床や壁は大理石や金、モザイクや鏡で覆われ、その豪奢ぶりはヨーロッパの大宮殿に匹敵するものだった。

地下都市ダマンフールは一九七五年に始まったオベルト・アイフルディの活動から生まれた。その活動に資金を拠出したのが産業および商業の頂点に君臨する三〇〇名のダマンフール元老院議員で、彼らの年間収入の総額は八〇〇万ドルを超えるらしい。また、ダマンフールは完全な独立国家でもあり、独自の政府と憲法、通貨を持つ。地下都市ダマンフールの住民は警察当局の介入を嫌っているが、自分たちの隠れた町が外の世界に知られるようになったことを密かに喜んでもいるという。

世界をめぐるイエス――「失われた歳月」の謎をめぐる神話

アチャリヤ・S

本稿は、イエスのいわゆる「失われた歳月」にスポットを当てたものである。イエスが磔刑（たっけい）の後、学究の徒となって子を設け、インドやイギリス、日本などの地をめぐったという話がある。チベット各地の僧院には、イエスの磔刑の直後に書かれたとされる〝由緒ある〟巻物があり、それらにはイエスが「イッサ」という名前でこの地で学んでいたと記されている。だが、本稿の筆者アチャリヤは七世紀以前にチベット語で書かれたものが存在するはずはないと指摘し、イエスが仏教を学んでいたというのは仏教徒のプロパガンダであると論じる。アチャリヤによると、イエスの伝記に空白の期間が存在する本当の理由は、彼が「実在の人物」ではないからであり、イエスは異教における太陽神がユダヤの救世主に転じたものにほかならないという。

＊

過去数世紀にわたって繰り返し語られている伝説に、イエスが地球をめぐり、人生の前半や磔刑後にエジプト、インド、イギリス、日本、アメリカなどを訪れていたというものがある。西欧の偉大なる神の顕現がこれらの国々に暮らし、その土地の人を愛し、そこで没したというのだ。

近年の大衆向けの著作でも、イエスが子をもうけ、ヨーロッパのさまざまな王族の先祖となったとするものが少なくない。ヨーロッパの王族にとっては実に都合のいい話ではあるが、残念ながらインドにも似たような伝説がある。イエスがやって来て、現地に子供を作ったというのだ。日本の新郷村（青森県）にも、磔刑後にイエスが辿り着いて日本人の妻を娶(めと)り、子をなしたという話が伝わっている〔訳者註：新郷村の伝説は、磔にされたのは弟だとされる〕。他にも、イエスが南北アメリカ大陸を渡り歩いたとか、イングランドのグラストンベリーを〝伯父〟であるアリマタヤのヨハネと共に歩いて回ったといった伝説がある。もちろん、これらがすべて真実ということはありえない。もっとも、一部の神話学者や神話的解釈主義者が言うように、イエスが複数の姿を持ち、幻としてあちこちに現れることができたというのなら話はまた別であるが……。これらの話があるにもかかわらず、というよりはこれらの話が存在するからこそ、イエスに関しては一つの大きな疑念が生じてくる。それは、地球のあちこちに現れたイエスという人は、歴史には登場しなかった伝説上の人物ではないかということだ。

イエス＝ヒンズー教の導師説

ある伝説によると、偉大なるユダヤの賢者は「失われた歳月」（一二歳から二八歳、あるいは三〇歳までの時期）をインドで過ごし、磔刑後もここで暮らしたことになっている。イエスがヒンズー教の導師であったとする話は、一世紀以上前にロシアの旅行家ニコライ・ノトヴィッチが広めたものだ。ノトヴィッチは一八八七年、僧たちが俗世を離れた生活を送っているチベットのヒミス僧院で、イエス（東洋では〝イッサ〟と呼ばれていたとされる）の「知られざる」生涯を綴った文書を見つけたという。このイッサ文書をノトヴィッチが僧に訳してもらったところ、イエスが「失われた歳月」にインドやネパール「ヒマラヤ山脈」などでヨーガの行者の教えを受けたという内容のことが記されていた。

ノトヴィッチはこの文書が「本物」だとの印象を持った。また彼は、この文書は三世紀に書かれたとされているが、実際は「復活の直後に記されたもの」だと主張している。ノトヴィッチはヒミスで二つの文書を見せられた。それは、「チベット語で書かれたさまざまな写しを集めた内容で、元になっていたのは西暦二〇〇年にインド、ネパール、マガダなどの国から持ち込まれてラサの図書館に所蔵されている巻物であった」

ノトヴィッチのこの主張については、信憑性に疑問を投げかける声があちこちから挙がった。しかし、それがかえってこの話を広めることになった。著名なサンスクリット学者のマックス・ミュラーは、そもそもチベットに行ってもいないノトヴィッチがイエスの話をでっち上げたか、人をからかうのが好きな仏法僧にかつがれたのかのどちらかであるとこき下ろした。その後、ヒミス（へミス）を訪れた人々は、ラマ僧たちからノトヴィッチなどという人物はここに来たことはないし、そのような文書も存在しないという否定の言葉を繰り返し聞かされることになった。

ところが一九二二年、インドの学者でヒンズー教のスワミー（氏族の長）であるアベンナーダが、自分はヒミスのラマ僧たちに信頼してもらい、問題の文書を見せてもらうことができたと言いだした。さらに、神秘主義者ニコライ・レーリヒなど、ヒミスを訪れた他の人々の口からもこれを裏付ける話が出てきた。ノトヴィッチの話のさまざまな側面の真偽が調べられた結果、彼が実際にヒミスに滞在したらしいことや、イッサにまつわる文書を見せてもらったらしいことが明らかになってきたのである。

ノトヴィッチは、「イエス」の話をヒミスに伝えたのはインドの貿易商で、彼らは磔刑も目撃したと主張していた。実際イッサ文書は、「これはイスラエルから来た商人より伝えられる話である」という言葉で始まっている。ただ、そこからうかがえるのは、イエスはインドに暮らしていたわけではなく、「伝承」がインドやチベットに伝えられたということだ。ノトヴィッチの文書には、イエスがヒミスにいたという記述自体がない。実のところラマ僧は、イッサの巻物は「インドからネパールに運ばれ、そこからチベットに持ち込まれた」と話している。しかしその後の訪問者たちによって、この話は「我らがイエス様がヒミスを訪れていた」という話に変えられていった。そして問題の書（二巻の写本）は、いつしか三巻の本になって、いかにもいわくありげに展示されるようになった。

その後の訪問者もこれらの文書を見せられたが、それを唯一読むことができたのはニコライ・レーリヒの息子のゲオルグだけだった。そしてゲオルグの翻訳により、ニコライはノトヴィッチが見たオリジナルの文書に触れたようだ。つまり、イッサに関する文書は一つのみで、それにはイッサ本人がヒミス僧院を訪れたとの記述はなかった。しかも、この文書に記録されているのは行きずりの商人の伝聞であり、イエスをインドやチベットで見たという直接の目撃談ではなかった。にもかかわらず、これらの文書にそうした記録があるようなイメージが広まってしまったわけだ。

ノトヴィッチが、イッサは聖人として有名かと尋ねたところ、「人々は彼が存在しないかのように振る舞って」おり、巻物を研究したラマ僧だけが「彼を知っている」という答えが返ってきた。これらは、インドなどのアジアの地域にキリストの話が広く伝わっているというレーリヒの主張とは大きく異なっている。またこれらの言葉は、チベットの文書に書かれている、イッサの「名声が広く知れ渡り」、ペルシャと周辺諸国にイッサの「予言が伝わって」いて、ペルシャの司祭たちが彼を恐れていたという記述とも矛盾している。この記述の後半の部分は、典型的な後付けの伝説の雰囲気がある。この世に姿を現した神が予言を行ったという話は、キリストが降臨する千年前とは言わないまでも数世紀前から伝えられており、特にインドではそういう伝承が多い。

さらに、チベットの首都ラサにある巻物の〝オリジナル〟はパーリ語で書かれているが、ヒミスの書庫に保管されているのはチベット語で書かれた写しである。ところが、チベット語の基本文字は「モハメッドの時代に治世を行った」王が作ったものとされている。これは、七世紀以前にチベット語で書かれた文書が存在しないことを意味している。より古い文書はサンスクリット語やパーリ語で書かれていたようだが、少なくともノトヴィッチが見た写本は七世紀以前のものではない。実際のところ、チベットの文書のなかに九世紀以前に書かれたものはほとんどないようである。いずれにせよ、問題の写本が三世紀のものだなどということはありえない。ただ、数世紀にわたる伝承を記したものである可能性はあるだろう。

ノトヴィッチはイッサの話が〝復活〟の直後に記されたものだとしているが、文書には復活についての記述はなく、イッサの死で締めくくられている。ただ、ユダヤ人については、「イスラエル人」として好意的な記述がなされており、「イエスの処刑の責任が（異教の）ローマ人にのみあるとした唯一のもの（文書）」ともなっている。また、他の伝承とは違い、イエスが復活してインドに戻り、子を設けて長生きしたということにはなっていない。

ノトヴィッチの著作を扱ってきた現代の編集者フランク・ムッシーは、文書には「ピラトが墓からイエスの遺体を掘り出す指示を与えた」と記されているが、これは「復活の可能性を完全に否定するものではない」として、次のように指摘している。

三世紀には、イエスの死と復活のパターンは二五種類を超えていた。そもそも処刑されなかったというものもあれば、復活したとするものもあり、イエスが長寿を全うしてエジプトで死んだという話まであった。

世界に点在するイエスの墓

これらの話がすべて「本当であり真実である」などということはもちろんありえない。そんなことを認めてしまうとすべての話の信憑性が失われてしまうことになる。なお、ノトヴィッチは、カシミールの夏の首都で、太陽の町の異名を持つスリナガルに六日滞在している。この渓谷の町には放浪の預言者ユズ・アサフ（イエスだとされる）の墓があり、観光名所となっている。ところがこのロシアの旅行者はロウザ・バル（ラウザバル）寺院にある墓のことは知らなかったらしく、チベットの文書に関する記述のなかでこの墓のことは触れられていない。イエスがインドにいたというなら当然紹介すべきものであるが、ノトヴィッチは敬虔なクリスチャンとしてこの話を無視することに決めたのかもしれない（だとすれば、この点に関しては、今日の敬虔な信者や懐疑主義者がキリストに関するさまざまな伝説に対して取っているのと同じ態度を取ったことになる）。

ロウザ・バル寺院の墓の上には聖職者の足跡が刻まれていて、それには「釘の痕（あと）」まである。これは、世界にこうした聖なる〝遺物〟が多数あることを知らない門外漢には、かなりの説得力を持っているだろう。だがこれも、二〇枚を超える聖骸布や、キリストの包皮（これも複数ある）と同じたぐいにすぎない。実際には、古い時代の「神々の足跡」は数多く存在するし、足に釘の穴が開いた姿を描かれたインドの神々もたくさんいるのだ。

また、そもそもユズ・アサフはイエスではなくヨセフにあたる（これは名前というよりも僧の呼称であることが多い）。実際、東洋の学者のなかにはS・ラダクリシュナンのように、ヨセフやヨアサフといった名前が「やがて仏になる菩薩から来ている」とする者もいる。つまり、墓なるものは菩薩のもので、数千人の聖人の誰が眠っていてもおかしくないということだ。同様に、日本にあるイエスとその弟の墓とされるものも、実は一六世紀の宣教師とその弟のものである。

スリナガルのイエスの墓や、カシュガルの聖母マリアの墓をめぐる伝説は、どうやらイスラム由来のもののようだ。こうした話が造られる背景には、いくつか理由がある。コーランでは、イエスが「神の子」ではなく人間の預言者であったとされており、遺体はカシミールに埋葬されたと書かれている。そして、イスラム教徒とされる者たちのなかに彼の子孫がいるとされているのだ。

「イエスは降臨以前にインドに存在していた」

イエスがインドにいたという説を主張する人々は、イエスが地上に存在したことやインドにいたことを〝証明〟するさまざまな文書や遺物を持ち出して自説を正当化する。しかしこれらの文書や遺物は、よく調べると証拠と呼べるようなものではなく、単なる宗教物でしかない。イッサにまつわる東洋の文書は、数世紀前のものと考えられる一つ、あるいは二つを除いて、後世のものだと思われる(なかには一五世紀や一八世紀のものもある)。しかもこれらは直接の証人ではなく、伝承に基づくものだ。また、「文献」の一部は明らかに作り話で、バヴィシュヤ・マハプラーナのようにまったくナンセンスというものも少なくない。これらの文書の多くは、基本的な福音の物語に自分たちに都合のいい味付けをしただけのものだ。

文書のなかにはヒンズー起源のものも確かにあるようだが、ノトヴィッチが伝えたイッサの話はどうも仏教プロパガンダのようである。つまり、西洋の偉大なる賢者イエスが仏教に感化され、永遠の解脱(げだつ)を達成した釈迦の教えを学んだと言いたいわけだ。実際、ノトヴィッチの文書にはこんな記述がある。「六年後、聖なる言葉を伝える使者として釈迦に選ばれたイッサは、経典を完全に解説できるようになっていた」。釈迦はユダヤの指導者の師となり、彼を配下に収めたというわけだ。

問題の文書が、釈迦や仏教をイエスやキリスト教の上に位置づけるためのプロパガンダとして利用されていたということは、ノトヴィッチの前書きからも裏付けられる。ラマ僧は彼にこう言ったそうだ。「キリスト教の唯一の誤りは、釈迦の偉大なる教えを受け入れておきながら、創成期に釈迦から完全に離れてもう一人のダライラマを作り上げたことだ」。僧の言うこの「ダライラマ」とは、ローマ法王のことであった。このラマ僧は、キリストに関して次のようにも言っている。「釈迦はその智恵を聖人イッサに引き継ぐことによって転生をなした。そしてイッサは、火や剣の助けを借りずにこの偉大なる真の宗教を全世界に広めていった」

このように、イエスにまつわる東洋の伝承は、イエスが釈迦であり、キリスト教が東洋の古代の智恵から派生してきたものであることを説くためのものなのだ。

ただ、ノトヴィッチの文書が書かれた背景は、これとは多少違っていたかもしれない。布教のためにやって来たキリスト教の宣教師たちが、地元の人々の仏教信仰を利用してキリストの地位を高めようとして書いたものである可能性があるのだ。これらの宣教師は、特に女性をイッサに帰依（きえ）させようとしていたふしもある。ノトヴィッチの文書では、インドでは最低の地位にある女性がかなり重視されているからだ。また、イッサがスードラやパリアといった最下層カーストのために説教したということも書かれており、彼らも優先的な対象であったことがうかがわれる。インドに入った宣教師は今日にいたるまで、これらの層の改宗を重要な目標にしてきている。

宣教師や旅行者、学者たちは、チベットとカトリックの宗教の間に、深い部分での一致を含む数多くの類似点があることに気づいていた。だとすれば、「真の普遍的宗教」であるカトリックが外国に広まって変化したものがチベットの宗教であると主張するために、イッサの話のようなものが作られたとしてもおかしくはない。さまざまなインドの宗派とキリスト教にもよく似た部分があり、それがトーマスやバーソロミュー、パンテナスなどのキリスト教の宣教師たちの同様の話をもたらしたのだろう。インドにイエスがいたという伝説以外にも、これらの類似点を説明する説にはさまざまなものがある。詳しくは拙著の『神の太陽――クリシュナ、ブッダ、キリストの真実（*Suns of God: Krishna, Buddha and Christ Unveiled*）』で解説しているが、なかでも特に強烈なのは、イエスが降臨したとされるよりもずっと早い時期に、すでにインドにキリスト教と救世主が存在していたというものだ。

現代の作家たちはイッサをイエスやキリストに呼び変えることで、関連性が確かなものだという誤った思い込みを読者の心に植え付ける。実際は「イッサ」や「イサ」、あるいは「イシャ」というのは称号であり、「主」や「神」、「師」などを意味している。そして多くの場合、インドの神であるシヴァを指す。「イシャ（主）というのは、シヴァの異称」なのだ。また、ヌノス・デ・サントス教授によると「イッサ、イシャ、イクトス、イエスス、イエシュア、ヨシュア、イエズスなどのさまざまな神の呼称は、もともとインドから来たものであることがわかっている」という。また「極東で広く信仰されているイシュヴァラ（イシュワール）は、インドではイシャあるいはイシャナ、パーリ語ではイサラと呼ばれ、タイではイスアン、日本ではジズ（自在）といったように呼ばれている」そうである。

同様に、イサもインドの月の神であるチャンドラの異称であり、エジプト版のシヴァにあたる太陽と月の神オシリスも、インドではイスワラと呼ばれている。

イスワラあるいはイサと、イサニあるいはイシシは（中略）まちがいなくエジプトのオシリスとイシスのことである。イサワラ、シヴァあるいはハラ（実際は千以上の名がある）はイシと結び付いて自然現象の第二因と（何のことかは不明だ）、主に一時的な破壊と再生のそれを象徴するという。

紀元前一世紀に書かれたディオドロスの著作群には、オシリスがエジプトの寵神として君臨していた千年紀に東洋全土を旅し、世界中をめぐったという膨大な古代の伝説が収載されている。オシリスとキリストの神話には類似点が多いが、特に注目されるのは、オシリス（イサ）も一度死んでから生き返っているという点だ。また、オシリス（イサ）も多くの場所に墓があり（特にエジプトに多い）、インドにもそれらしきものがある。ただ、オシリスは実在の人物ではなく、豊穣と太陽の神である。神話学者も、インドや他の地域にオシリスが行ったというのは、そういう史実があったということではなく彼の神話が伝わったということだと認識している。そしてオシリスの場合と同じような現象がイエスでも起こったわけだ（結局のところイエスはオシリスのリメークである）。

イサあるいはイッサの呼び名は他者の呼称にも用いられ、現在もこの名を持つものは珍しくない。実のところ、イエスがインドにいたという話の一部は、著名なギリシャの賢人ティアナのアポロニウスのものである可能性がある。アポロニウスとキリストの生涯については、ここ数百年でかなりの数の者がその類似点を指摘しており、古い時代にもキリスト教徒はアポロニウス伝説剽窃（ひょうせつ）のそしりを受けているくらいだ。

太陽カルトが信仰する共通の神々

イッサ神話は、オシリスやシヴァ、アポロニウス、その他の神々や菩薩にまつわる伝説にキリスト教の脚色を施したもののようである。そしてそれを行ったのがおそらく、インドなどの地に暮らした初期のキリスト教の一派であるネストリウス派であり、他のアジアの寄港地にも広めたものと思われる。ニコライ・レーリヒも、古代ネストリウス派が伝説を東洋に流布した事実を次のようにまとめている。

我々はこの伝説の異なるバージョンをいくつか耳にした。これらはラダク、新疆、モンゴルに広く流布しているが、どのバージョンもある点だけは一致している。それは、キリストの不在の時代に、彼がインドをはじめとするアジア地域にいたということだ。おそらく（この伝説は）ネストリウス派によるものだろう。

レーリヒはこうも書いている。「キリストがアジアにいたというこれらの伝説を頭ごなしに否定する者は、ネストリウス派がアジア全土に与えた影響の大きさや、多数のいわゆる外典的伝説をごく古い時代に広めていった事実を認識していないのだろう」。ゲオルグ・レーリヒはさらに、「八世紀から一〇世紀にかけての時期」にラダク自体にネストリアス派の「漂泊移民」がいて、そのときにノトヴィッチの文書が書かれた可能性が高いとしている。イエスがインドにいたという説に寄与した作家の一人であるレーリヒは、イエスやキリストをほぼ完全にイッサに置き換えてしまっている。実際はイッサというのは、実在や神話上のさまざまな人物のことを指している可能性があるにもかかわらずである。

レーリヒはさらに論じる。「インドの教えは広く鳴り渡っていた。ティアナのアッポロニウス（原文ママ）の生涯や、彼がヒンズーの賢者たちに会いにいった話を思い出してもらいたい」。これに関しても、「イッサ」の称号（「主」や「師」を意味する）に関しては同じことが言える。彼が「史実」だと言っていることは、ギリシャの賢人アポロニウスに関するものである可能性があるのだ。

よく知られているように、東洋を旅したのはアポロニウスだけではない。キリスト時代の何十年、何百年も前から、インドと西洋の間には人の行き来があった。有名なピタゴラスの旅や、アレキサンダー大王の遠征もそうであるし、キリスト教に関するもので言えば、たとえばマンダ教の一派――キリスト教浸礼派の都市マイサンは、インド人がメソポタミアに入植した場所であった。ルドルフ・オットーはこれに関して次のように説明している。

インドの隊商はマイサンやナバテアを通過していた。インドの商人はどこに行く際にも輸入業者であると同時にインドの思想を広める宣教者でもあった。したがって、マンダ教グノーシス派の重層的教義のなかにインドから直接入ってきたものが見つかったとしても何の不思議もない。

キリスト時代の数百年前からインドや仏教の思想が西洋に伝わっており、キリストの時代になっても続いていたということについては、ここには書き切れないほどの数の権威者が認めている。プラジュナナンダの著作にも多くが紹介されており、その一人〝グスト氏〟は、インドとイエメンの交易が「紀元前一〇〇〇年にはすでに確立されていた」ことを示す証拠を提示している。イエメンはイスラエルにごく近い場所にあり、一世紀にはすでに多くのインド人がローマ帝国にいた。

イエスがインドにいたという広く知られているものの、キリスト教、非宗教を問わず主流派の権威たちからは認められていない。この伝説が真実だと主張する者は、学者たちが否定するのはキリストが仏教の影響を受けたということが西洋の帝国主義にとって受け入れがたいものだからだと主張する。しかし少なくとも神話学においては、この話が否定されるのは異教の太陽神がユダヤ「人」の救世主としてこの世に現れたという見方のゆえである。つまり問題とされているのは、イエスという歴史上の人物がインドや東洋の他の地域を訪れていたかということより、多様な太陽カルトが似たような神々を似たような儀式と教義、神話を通じて信仰していた事実のほうなのだ。

聖母マリアの埋葬地も数多く存在する

太陽神がユダヤの神の子イエスに置き換わってしまったもう一つの国がイギリスだ。この国でも、古代ドルイド教が後のキリスト教に利用されている。インドの伝説はユダヤの賢者が前半生を完全にインドで過ごしたことになっているのに対し、イギリスの伝説では若き日に旅をしてドルイドから学ぶためにグラストンベリーを訪れたとされる。

この伝説では、イエスが訪れた当時のイギリスの錫鉱山の鉱夫の多くがユダヤ人だったとされている。これは、フェニキア系のユダヤ人の祖先や彼らの同族がスズ採掘を重視していたことを考えると、納得のいく話ではある。鉱夫の一人はイエスの〝叔父〟のアリマタヤのヨハネであるとされ、彼がイエスとともにグラストンベリーに第一キリスト教会を創設したことになっている。少なくとも、イエスがいたとされる時期にイングランドにユダヤ人がいたことは確かだ。当時彼らは世界の大部分に散らばっていた。しかし、グラストンベリーがキリスト前の時代に「異教徒の大聖域」であったという事実を考えると、これは伝説やプロパガンダの疑いが濃厚になってくる。

とりわけグラストンベリーは、キリスト以前の概念である聖杯（聖なるカリス）が眠る場所であるとされており、神話に出てくる異教徒の楽園アヴァロンに重ね合わされてきた。伝説では、聖パトリックが西暦四七二年ころにグラストンベリーで死去したことになっているが、「聖パトリック」は古のアイルランドの神がキリストの聖人に転化したものであるのは明らかで、外伝の聖杯の話は、キリスト教がイングランドに広まって異教の神々を「殺し」始めた時期を示していると考えられる。

グラストンベリーの伝説は、アーサー王とグネヴィア妃もまた同地に眠っていると伝えているほか、アーサー王と円卓の騎士がアリマタヤのヨセフの子孫であるとも主張している。つまり伝説は、アーサー王の祖先がユダヤ人で、ダヴィデ王の末裔として神に連なる血筋であるということを示すために作られたものだと考えることができる。イギリスの王を神格化して、真のイスラエル人として国を支配する権利を持つと主張したかったわけだ。

この説の支持者の一人であり、イスラエル系イギリス人のクリスチャンであるE・レイモンド・キャプトなどは、イエスだけでなくパウロまでがイギリスに来ていたと主張し、「イギリスの栄光に満ちた継承についての驚くべき予言」について語っている。つまりこの伝説は、イギリスの優位性を示すためのものであり、偉大なるイギリスこそが聖書に約束された地上の神の王国――イスラエルの真の羊である「失われた民」の子孫に与えられるはずのその国を継承できると主張するためのものなのだ。

伝説ではさらに、マリアの母親アンナがグラストンベリーで生活し、マリア自身がこの地に埋葬されたことになっている。この伝説によると、キリストの死後、ヨセフはマリアと生き返ったラザロ、その姉妹、マグダラのマリア、その他の多くの「聖人」たちと行動をともにしたという。だが残念ながら、伝説でマリアが眠っているとされる場所は、前述したカシミールやベツレヘム、エフェソス、ゲセツマネなどたくさんある。マリアが実在の人物なら、複数の場所に埋葬することはもちろん不可能だ。このようにあちこちに埋葬地があるのは、遍在する古代の女神がユダヤ人の娘に転化したものがマリアであるからにほかならない。

キャプトはイギリスの神々について、ドルイド教の三位一体が三人の「ベリアル」(古代セムのバールやバル、ベルなどとの関連に注意)で構成されると述べている。そして興味深いことに、「未来に降臨する救世主」のドルイドの名前は「イェス」あるいは「ヘスス」だとされる。これに続いてキャプトは、自らの無知をさらけ出すようなことを書いている。「つまりドルイド教はキリスト教を予言し、降臨する救世主キリストの呼称までも示していたことになる」。実際は逆で、キリスト教のほうがローマ帝国や他の国々の無数の宗教からさまざまな要素を取り込んでいったのだ。インドやチベット、その他の地域を旅したカトリックのハクという宣教師によると、「イェス」はヒンズー教のヴィシュヌ神の化身として現れる神の名前である（ヴィシュヌはクリシュナの化身）。

グラストンベリーのレイク・ヴィレッジのドルイド教徒は、極めて熟練した木工職人や大工であった。彼らの神も大工と木工の神で、キリストよりはるか前の時代から「イェス」「エスス」「ヘスス」などと呼ばれていた。宗教組織とその思惑という部分に目を向ければ、ドルイド教の中心である伝説の地アヴァロンに暮らしていたとされるユダヤ人たち――降臨を予言されたドルイドの救世主とさまざまな教義のことを知る者が、パレスチナから戻ったときにユダヤにまさにその名の救世主が生まれたという話を伝えたとしても、別段驚くには当たらないだろう。

キャプトによると、グラストンベリーの最初の〝教会〟は「円形で（中略）一二使徒の小屋が丸く取り囲むように配置されていた」。異教の寺院の多くが、このような占星術的配置――一二宮の円環を取り入れている。このグラストンベリーの聖域に、神話上の人物であるキリストと創作された一二使徒が当てはめられたのは間違いない。というのもドルイド教の教会は、彼らの守護神であるイェス（ヘスス）の名の下に建設された可能性が高いからだ。そしてそれは、救世主イエスが現れたとされる時代のはるか以前のことである。実際のところ、キリスト教は異教をユダヤ風に焼き直したものにすぎない。占星術とつながりのある異教の神々を、ユダヤの神の子とその使徒、多数の聖人たちに当てはめたのがキリスト教なのである。それにより、グラストンベリーやその他の土地に伝説が生まれることになったのだ。

このように見え透いた伝説を作り上げた理由は、キャプトの次の言葉に集約されている。「グラストンベリー大修道院が、現在も存続する世界最古のキリスト教の基盤であることは間違いない」。すでに見てきたように、このような権威付けの主張はあちこちに見られるが、歴史的な基盤があるわけではなく、強力な政治的、経済的思惑から生まれてきたものである（このあたりは『キリストをめぐる陰謀（*The Christ Conspiracy*）』や『神の太陽（*Suns of God*）』、その他の類書にいくらでも例がある）。実際、グラストンベリーにイエスとヨセフがいたという伝承は学者たちから繰り返し否定されており、巡礼者を呼んで寄進を集めるために一二世紀に修道僧が造ったものだと考えられている。

グラストンベリー神話は、グラストンベリーの教会の優位性を示すとともに、キリストとその教えとされるものがドルイドの神々や教義と極めて似通っている理由を説明するために生み出されたものだと考えられる。そしてドルイドは、その教義をインドに旅したピタゴラスから授けられたとされている。ドルイドとヴェーダの聖職組織、言語、文化の根は一つであり、分化したのはキリストの時代の三〇〇年ほど前のことだと考えられる。イエスの伝説がインドとイギリスの両方にあるのも、まったく不思議なことではない。それどころか、このような神の顕現の話や教義はキリスト時代の千年前とまでは行かなくても、数世紀前からイギリスにあった。そしてイエス（とパウロ）が「イギリスのドルイド信仰の中心」に教会を建てたという伝説により、土着宗教がユダヤとイスラエルの宗教に置き換えられたのである。またローマはドルイド教のためにイギリスを完全に支配することができず、ドルイド信仰は彼らにとってもやっかいな存在だった。キリスト教の創始者とされる人間がイギリスを自ら聖別していたとなれば、後のローマ教会としても都合がよかったわけである。

「失われた歳月」は天文学と神学から生まれた

イエスのいわゆる「失われた歳月」と磔刑後の人生は、何世紀にもわたって人々の想像をかきたて、偉大なる神の顕現の賢者が生きながらえて各地で学んだとするさまざまな憶説や伝説、伝承、神話を生み出した。そしてひとたびこのような話が広まると、無数の町や村、都市や国家がその話と自分たちの土地を結びつけたいと考えるようになった。

イエスの生涯に「失われた歳月」という決定的な空白があるということは、普通に考えれば神話だからだろうという結論になる。だが、宗教的影響力の拡大を目指す者たちはイエスが実在の人物であるとして、無数の冒険譚を作り上げていった。信じている人には気の毒だが、福音の物語も、イエスが世界をめぐったという話も、どちらも作り話である。イエスの生涯に未解明の期間があるのは、彼が「実在の人物」ではなく、異教の太陽神がユダヤ人の救世主に転化した存在だからだ。太陽神をめぐる神話では「失われた歳月」を説明する必要はない。一二の「歳」は正午の太陽を示し、二八や三〇の「歳」は月齢や太陽年の月を示すことになる。

神話学の立場から宗教を見ると、深い部分のつながりが明らかになってくる。奇跡を成す者――神の顕現が実際にさまざまな場所を訪れたのではなく、それらの神や神の顕現、導師にまつわる伝説や伝承、神話が、彼らの支持者や僧侶、伝道者などによって遠方まで広められたということもわかってくる。日本を訪れた宣教師とその弟が、布教していた神と同一視されて信仰の対象となったように、千年の間には他の地域でもイエスやその他の神に関して同じようなことが起こっている。やはり処女懐胎で生まれ、磔にされたメキシコの神ケツァルコアトルも、生涯や宗教的側面が似通っていることから、イエスがアメリカにいたという主張へとつながった。しかし類似点があるのは、イエスとケツァルコアトルがともに太陽神で、聖日や宗教慣行などが似通っているからにほかならない。

最終的な結論を言えば、伝説が語っているようにイエスが磔刑を生き延びて子をなしたり、複数の異なる場所に埋葬されたなどということはありえない。このような矛盾については、形而上学的に説明しようとする向きもある。イエスが多次元の存在で、さまざまな場所で同時に姿を現すことができたというわけだ。もちろん、このような説明は懐疑主義者や科学者、神話学者にとっては満足のいくものではない。キリストの物語の基本的な部分は太陽にまつわるもので、太陽信仰自体は何千年も前に起源を持ち、世界中に広まっている。神話も世界各地で見つかっており、基本となる伝説や儀式に、地域や時代に応じてさまざまなアレンジがなされてきた。

結局のところ、世界をめぐったという伝説を持つイエスは、歴史上の人物ではないということだ。彼が不可思議な力で世界中に現れ、同時に二つの場所に存在したり鳥の背に乗って移動したなどということはありえない。イエス・キリストは神話のなかの人物であり、本のなかでだけ世界を旅しているのである。

邪悪なる同盟――ナチスとオカルト

トレイシー・トワイマンによるピーター・レヴェンダへのインタビュー

オカルト主義者がスパイや諜報活動などの闇の世界に引き込まれていくのはなぜか。本稿ではトレイシー・トワイマンの取材を受けた『邪悪なる同盟――ナチスとオカルト（*Unholy Alliance: Nazis and the Occult*）』の著者、ピーター・レヴェンダが、政治と魔術のつながりについて説明している。これを読めば、オカルト研究や秘教、秘密結社が多くのナチの指導者に影響を与えたことや、ナチのオカルト主義が第二次大戦後も生き延びていて現在も危険な影響力を保っていることなどがわかる。

＊

トレイシー・トワイマン　あなたの本には、オカルト研究や秘教、秘密結社が、ナチ党の幹部の多くに影響を与えたと書かれていますね。それに、「黄金の夜明け」やＯＴＯの上層部のなかに諜報活動に関わっていた者がいたとも明かされています。カール・ゲルマーやテオドール・ロイスがドイツの情報組織に協力し、クロウリーがイギリスのために動いていたと。歴史的には、数多くのオカルト結社がスパイ活動や政治的革命に関わってきたことがわかっていますね。バヴァリアのイルミナティや、フリーメーソンのさまざまな分派、マルタ騎士団などです。オカルト主義者がスパイ活動や革命などに引き込まれていくのはなぜなのでしょう。

ピーター・レヴェンダ　秘密の知識ゆえです。秘密の力に対する幻想ですね。私たち一般人に交じってごく普通に生活している目立たない人のなかにも、マジスター・テンプリ（神殿の首領の位階）や旧KGBの大佐がいたりします。思春期前の子供がコミックのヒーローに惹かれるのと同じですよ。でも、もっと深い部分では、多くの人々――インテリ層の心に、権力に反発する気持ちがあるのだと思います。あからさまに反発を示せば、多くの国では処刑とまではいかなくても、逮捕されたり拷問されたりするのがふつうです。その点、密かに権力に反発するのであれば、命を脅かされることなく抵抗活動ができます。溜飲を下げることができるわけです。

宗教的権力について言えば、酒で鼻が赤くなった生殖能力のない黒服連中が、一般人を超えて神と何らかの直接的つながりを持っているなどと認めたくないという気持ちを、インテリ層の人は持っています。そういう人たちは神と直接対話をしたいのであって、くたびれた老いぼれの司祭や牧師から指図されるのはごめんだと思っている。そんな人たちが高位の力やエネルギーと直接交わることでいわば聖職者と対立する存在になるわけです。カルトの誕生ですね。

陰謀が存在するのは厳然たる事実です。政治や諜報、クーデターの世界と、神やオカルト的な力との組み合わせは、ある種の人々にとっては抗しがたい魅力を持っています。私たちはみんな、現実の根本には何か謎めいたものがあると感じている。そういう根本的な謎の周縁にあるのがスパイとオカルトで、それらを読み解くキーワードが権力や王、現実です。

そもそも「現実（reality）」という言葉は、「王の（royal）」と同じ根を持っています。王がそうだと言ったことが現実というわけです。「土地（real estate）」は王の領土であり、その外には王がおらず、したがって現実もなかった。王に対抗できるのは王国の境界の外から来た者だけで、非現実の力とつながりを持ち、王に反旗を翻す象徴でなければならなかった。スパイやオカルト主義者は我々のなかにいますが、彼らの忠誠は他のところにあります。そういうものには確かに人を惹きつける要素がありますね。でも、一方でそれなりに危険もあるわけです。

トワイマン　政治と魔術は密接に結びついているのでしょうか。政治家や政治運動が、これまでずっと潜在的にオカルトのメッセージや原型的イメージを用いて大衆の意識を操作し、体制に賛同させたり反発させたりしてきたというのは本当でしょうか。我々の政治的な争いは根本的には魔術の戦いであって、体制は魔術的な手段によって守られている――そういうことになるわけですか？

レヴェンダ　クラウゼヴィッツの言葉を言い換えるなら、魔術とは別の形態の政治の延長か、ということになりますね。それに対する答えは、魔術をどう定義するかによるでしょう。クロウリー流に「意志に添った形で変化を起こすための科学と技術」とするなら、答えはイエスです。でもその場合は、中古車を売る営業マンにも当てはまるでしょう。もっと厳密に魔術を定義する必要がありますね。現代の陰謀理論を信じるかどうかも関わってきます、おそらく。真の力が水面下の一握りの人々の手に握られていて、彼らが陰で糸を引いているというのなら、我々が政治だと思っているものは存在しないことになる。民意も、投票所も、ネガティブキャンペーンも、当選者が裏で決められているのであれば全部無意味です。そうではなくて、政治権力は、大衆を動かし、誘導する能力であると規定するなら、政治闘争が魔術闘争だという命題を証明できる余地もありますね。

この命題を解く鍵は、私が思うに、プロパガンダです。プロパガンダというのは要するにシンボルを利用したり操作したりすることで、それをうまくできる者が優れた魔術師であり、「闘い」に勝利する可能性も高くなる。ただ、政界におけるシンボルは、特にアメリカでは、オカルトのシンボル体系ほど潜在的なものではありません。政治的シンボルは時事的社会的なもの——言うなれば時代思潮からピックアップされます。インド占星術のシンボルやタロットカードを振りかざして選挙運動をする人はいない。人心操作はもっと別の形で行われるのです。私は、政治闘争に魔術闘争と似た部分があるとは思いますが、必ずしも一致するとは思いません。魔術師は自分の意志を体現するのに大衆を必要としませんから。魔術師はスパイと同様に水面下で、自然の力——あるいは超自然の力を操作するのです。大衆の心理を直接操作するわけではありません。

また、潜在的メッセージがすべてオカルト的なものだ考えてしまうのも問題があります。まあ、そう思ってしまうのにはそれなりの理由もあるかもしれません。潜在的メッセージには、何らかのオカルト的な要素が考えられますからね。ですが、アイオワ州の決選投票とヒトラーがニュルンベルクでやっていたことを比べるのは、リンゴとミカンを比べるようなものです。ヒトラーの場合は実に直接的でした。彼は意図的にオカルトや異教、反キリスト、反ユダヤなどのシンボルを使っていた。儀式も公然とやっていました。一方、大衆の支持を集めている現代の政治家たちの大半はこのようなことはできませんし、そもそもしたがりません。政治的な目的で公の場で儀式を行うのは、事実上、ファシズム寄りとみなされる恐れが強いからです。

アーサー王には、そのような役目を果たしてくれる魔術師マーリンがいました。彼はいわば、政権の独立部門であったわけです。私は、ＣＩＡが——特にＭＫ－ＵＬＴＲＡ（ウルトラ）の連中が、この国のマーリンに近い存在なのではないかと思っています。ただ、ハリー・トルーマン自身が黒魔術師だったとは思いません。

トワイマン　あなたは『邪悪なる同盟（*Unholy Alliance*）』で、一九二二年六月の夏至の前夜にワルター・ラーテナウ外相が義勇軍に暗殺された事件は、太陽神ウォータンに生け贄を捧げる儀式だったと示唆していますね。より大規模な六〇〇万人のユダヤ人の殺害も、異教の巨大な生け贄の儀式だった可能性はあるとお考えですか？

レヴェンダ　ホロコーストをある種の異教の生け贄の儀式だったと見ることは可能でしょう。でも、私はむしろ、もっとひどいものだったと考えています。ふつうは自分たちが見下しているものを生け贄に捧げたりはしません。生け贄は価値のあるものでなければならない。ラーテナウはユダヤ人でしたが、処刑者たちでさえ彼を立派な人間だとみなしていた。だから生け贄にふさわしかったわけです。彼は第一次大戦のドイツの戦争遂行における重要人物で、戦後のドイツにおいても活躍が期待されていた。まさに人身御供にうってつけだった。でも、ホロコーストはどうでしょう。ナチにとって、ユダヤ人やロマ人や同性愛者や共産主義者の殺戮は、地球から病んだ血や精神を一掃するためのものでした。だからこそ、強制収容所の運営に充てられていた人材や資源をベルリンの防衛に回すことなく、費用がかさむのも承知で最後まで続けた。生け贄というより、浄化だったのです。ナチはユダヤ人とシンパたちが地上の邪悪な勢力を象徴する存在だと信じていて、いかなる犠牲を払っても殲滅（せんめつ）しなければならないと考えていた。ユダヤ民族が消滅するのは地球や他の民族にとってよいことであり、それをやればナチの功績が永遠に歴史に残ると思っていたのです。

トワイマン　あなたの著書によると、ヒトラー自身は魔術的儀式は一切行わず、人にやらせていたということですね。でもその逆だったという話もあります。本の注釈で、あなたはトレヴォー・レイヴンズクロフトの『運命の槍（*Spear of Destiny*）』を否定し、「ヒトラーがディートリッヒ・エッカルトと交霊会に参加していたという話」も荒唐無稽なものだとしています。でも、なぜ断言できるのでしょう。『プロパガンダ』誌のフレッド・バージャーもかつて、ヒトラーが一九〇九年にメスカリンの影響下でオペラの『バルジファアル』を観に行き、「トランス状態に陥って自分が悪の黒魔術師クリングゾルの生まれ変わりであることを悟った」と、ある記事に書いています。クリングゾルというのはこのワグナーのオペラに悪者として登場する人物ですが、この話についてはどう思われますか？

レヴェンダ　私は怪しいと思います。証拠がありませんから。ヒトラーについては、だいたい自分の本に書いたような人物だったと思っています。積極的に人の輪に加わるようなタイプではなく、長い間じっとしているのが苦手で、テーブルが傾いたり霊が実体化するのを待っていられるような性格ではなかったと……。むしろ、無意識の霊媒として他の魔術師に利用されていたというほうが、オカルトを自ら実践していたというよりはまだありうる話です。彼がメスカリンを摂取して交霊会に出ていたという話は、少なくとも今のところ証拠はまったくありません。私は可能なかぎり一次資料にあたって、徹底的した証拠主義を貫くようにしています。国立公文書館の押収されたドイツ資料のセクションや、議会図書館のレーゼ・コレクションをきちんと調べました。これは、「伝聞」のそしりを受けないようにするためです。一次資料を調べていたら、『邪悪なる同盟』には載せられないような異常なこともいろいろ出てきましたよ。実際、関連資料を掲載するはずだった補遺はエイヴォンに割愛されました。参考文献と索引も削られそうになりました、何とか抵抗しましたがね。

トワイマン　ナチが異教徒やオカルト組織の迫害にあれほど力を入れたのはなぜだと思いますか。カトリック教会を宥和するための措置の一つだったのでしょうか。あるいは競争相手を排除していただけなのでしょうか。それとも他のオカルト組織の魔術的な力を恐れていたのでしょうか。

レヴェンダ　競争相手の排除でしょう。オカルト組織はドイツの潜在的破壊分子でもありました。これらの組織は独自の通信手段を持ち、欧州全体にネットワークを持っていた。起源も古く、多くの国にルーツがありました。まさに脅威だったわけです。アメリカも同じように感じていたはずです。

トワイマン　ナチが鉤十字(ハーケンクロイツ)を紋章に選んだのはなぜだとお考えですか。彼らのイデオロギーは神智学の影響を強く受けていて、鉤十字はブラバツキーが好んでいたシンボルでした。でも、それがナチにとってどんな意味を持っていたのでしょう。攻撃性や力を感じさせるシンボルですが、クロウリーは『ゲマトリア（*Gematria*）』において鉤十字が一七の方形を含んでいると説明し、その後の章で一七という数字について「この魔法の円盤を投げれば、天を暴力で勝ち取ることができる」と書いています。

レヴェンダ　そのあたりは『邪悪なる同盟』で解説しています。鉤十字はナチが採用する前からドイツでは一般的でした。第一次大戦では一種の魔よけとして用いていた部隊もありました。ドイツ人は明らかに鉤十字に人種的なものを感じていたようで、キリスト教の十字架よりも強く民族を象徴していると思っていたようです。それに、ご存知の方もいるでしょうが、ナチはチベットやインド北部のカルトもイデオロギーに組み込んでいました。いわゆるアーリア民族の起源はこの地域にあり、インド、ネパール、ブータン、チベットには鉤十字（まんじ）をモチーフにしたものがあふれています。私はアジアに住んでいますが、仏教の寺院にも道教、ヒンズー教の寺院にもごく普通に鉤十字が見られます。このマークが特に象徴しているのは「瑞兆」ですが、宇宙の中心エネルギーのシンボルでもあります。太陽の円盤の回転を示すと同時に、もっと深い表象につながるものでもあります。太陽は一方向にしか回転しませんが、鉤十字には二つの方向があるからです。

トワイマン　あなたは著書のなかで、グィード・フォン・リストが生命樹に基づいた「黄金の夜明け」の位階をアルマネンシャフトという自らの反ユダヤ・ゲルマン礼賛の異教組織に取り入れたことや、彼がこの情報を黄金の夜明けのD・R・フェルカインという会員、あるいはOTOのルドルフ・シュタイナーという人物から得た可能性について触れていますね。「このリストなる人物が作り上げた位階の元になっているのは明らかにユダヤの生命樹で、黄金の夜明けから――OTO経由で――概念を取り入れたと思われる。これは俗人の目で見れば単に皮肉に思えるだけだが、オカルトの視点で見ると実に恐ろしいことだ。というのもこれは、リストの反ユダヤ組織と、表面的には非政治的な黄金の夜明けとOTO各派の間につながりがあったことを示しているからだ」と。だとすれば、これが意味するのは一体何なのでしょう。

レヴェンダ　民族の起源などを考えたブラヴァツキー的な人種階級が、ナチの前身となるオカルト運動のなかにすでに不気味な予兆として現れていたということです。他にも、黄金の夜明けとＯＴＯがシンパだった可能性や、スピリチュアルな位階に民族的なものが含まれている可能性、魔術闘争が集団殺戮に発展する可能性なども出てきますね。

トワイマン　私の理解するところでは、「オーヴァーマン（超人）」というナチの概念には単なる肉体的な力と知的能力の高さ以外のものが含まれています。アージュナーのチャクラ（第三の目に関連し心霊的能力を司る）が完全に開発されて高次の自己とより深くつながり、精神的にも進んだ人のことですね。セベトンドルフやリーベンフェルス、リストやエッカルトなどがオーヴァーマンと言うときに、彼らはどのような人間のことを考えていたのでしょう。アーリア民族が、身体的な特徴がまったく異なる人間に進化していくと考えていたのでしょうか。

レヴェンダ　確かにオーヴァーマンは単なる「超人（スーパーマン）」とは違います。よくこのように訳されますが、誤訳ですね。オーヴァーマンとは人類が次のレベルに進化した状態です。ヒトラー自身も「国家社会主義が政党だと思っている者は考えを改めたほうがいい。最終目標は新しい人間を作ることだ」と言っています。これは文字通りの意味だったのでしょう。でなければ、ホロコーストやレーベンスボーン（生命の泉を意味する組織）の説明がつかない。ＳＳの有望な人材の書類には、人種的に純血であるという記述があります。ヒトラーはドイツをホムンクルスを作る実験場にしたのです。ナチにとってオーヴァーマンは、同情心や感情を超越して理想や自己像にのみ情熱を燃やす人間のことで、彼らに我々のような良心はない。一種の社会病質の人間と言っていいでしょう。知的水準が高く強靭で、完璧なバランスを備えた人間。必要なら冷酷に人を殺すこともできる。ETとはちょっと違いますね……。

トワイマン　ナチのオカルト主義者の多くが、覚者（アセンデッドマスター）や秘密の首領（シークレットチーフ）といった神智学的概念を信じていたそうですね。ブラヴァツキーはそうした人々がヒマラヤにいると信じていましたし、トゥーレ主義者は北極からトンネルでつながっている地下世界にそのような人々がいると考えていました。彼らが、異星人や、次元を行き来できる存在のことを〝覚者〟だと考えていた可能性はないのでしょうか。ナチはUFOやタイムトラヴェル、多次元などに関する実験をしていましたね。

レヴェンダ　近年のネオナチ関連の作家はそういう視点を持っているようです。特にチリのミゲル・セラーノなんかがそうですね。クロウリーと彼の支持者も、まちがいなくそうした見解を持っていた。ケネス・グラントなどの著作を見ればわかります。ただ、ナチがそうだったかということで言えば、きちんと調べれば、秘密の首領のための地球外居住地に言及した奇妙な記述を見つけることができるでしょう。まあ、ナチの文献を調べつくすのは大変ですが。当時はスペースオペラもまだ発展しておらず、UFOも今のようにポピュラーではなかった。フー戦闘機という未確認飛行物体は目撃されていましたし、一九世紀から二〇世紀に替わる時期にも謎の空飛ぶ船の目撃例がありましたが……。これは私見ですが、ナチはおそらく覚者が神の力に関わる存在だと考えていた――オーディンやトールのような位置づけだったのだと思います。ホービガーは世界氷という概念を考え出し、異星人説に近い立場でした。ただ、秘密の首領との関連はほとんどありません。ナチが首領について何らかの説を持っていたことを示すような文書は私は見つけられませんでした。ナチのなかに異星人説があったことを示す証拠もほとんどありませんでしたね。UFOか、何らかの宇宙船を開発していたという見方があるのは承知しています。しかしそれは、彼らが異星人の存在について単なる憶測以上の本格的な理論を持っていたということを意味するものではありません。

トワイマン　よろしければ「世界氷」とはどういうものなのか教えていただけますか。世界が氷というのはピンと来ません。

レヴェンダ　確かにそうですね。彼の理論というのは、宇宙の基本構成要素が氷の結晶で、温度と湿度が生命と進化のさまざまな段階を規定しているというものです。ナチは自分たちのことを「氷人」だと考え、自分たちのエデンが凍てついた荒野だと考えていました。聖書で語られているような熱帯の楽園は、不完全な人種のためのものだと見下していた。熱帯の国々が非アーリア民族の国なのと同じだというわけです。この理論は込み入っているうえに、説明がお互いに循環しています。科学者たちはいわば世界の熱を測るために走り回ることになりました。

トワイマン　あなたは幻覚剤や拷問技術を用いたナチのマインドコントロール実験についても述べられていますね。ルドルフ・ヘスがニュルンベルク裁判で自分もそうしたマインドコントロール技術を適用されたと証言しているとも書いています。検察側の証人たちが「目がうつろでぼーっとしている」のは、彼らが催眠にかかっているからだという主張もしていたとか。ナチがかなり高度なマインドコントロール技術を持っていて、我々の情報機関がそれをコピーしたと考えておられるようですが、これについて何か他におっしゃりたいことはありますか。CIAなどの機関がナチからコピーしたのは、マインドコントロール技術のどのような部分なのでしょう。

レヴェンダ　ヘスが言っていたのは、ナチがマインドコントロール技術を持っていたということではなくて、連合国のことだと思います。CIAのダレス長官の指示でヘスの聞き取りをしたイーウェン・キャメロン博士は、その後モントリオールで正式なCIAのマインドコントロール作戦を実施しています。ナチは戦時中、幻覚剤や麻薬の実験をしていました。それらに関する文書はアメリカの情報機関が押収したまま、現在も公開されていません。わかっているのはそれだけです。CIAが一九四〇年代から七〇年代にかけ、あらゆる層の人々や組織がからんだ大規模なマインドコントロール実験を行ったという話は、私の次回作の中心的なテーマです。だからここで楽しみを奪うようなことはしません。戦後、何百人ものナチ関係者が合衆国をはじめとするアメリカ大陸の国々に渡ってきたという事実でだいたい想像はつくでしょう。彼らが呼び寄せられた目的は、〝地球外〟に関する計画だけではありません。

トワイマン　あなたはヨルグ・ランツ・フォン・リーベンフェルスが新テンプル騎士団を結成したとも書いていらっしゃいます。この秘密結社は「騎士道精神を復活させるという理念を持ち、ゲルマン主義と反ユダヤを前面に押し出していた」そうですね。オリジナルのテンプル騎士団はユダヤ教と強く結びついていて、エルサレムや、契約の箱などの聖なる遺物、ユダヤ神秘主義、そしてもちろん、イエス・キリストというユダヤの聖職者の王と関わりのある団体でした。リーベンフェルスはそんなテンプル騎士団の理念に、どうやって反ユダヤの理念を取り込むことができたのでしょう。

レヴェンダ 私たちのように知識のある者は、キリスト教のルーツがユダヤ教にあるということを知っています。旧約聖書の存在がそのことを証明していますよね。ただ、そういうことを知らない人に、キリストはユダヤ人だったと言ったらどうなるでしょう。テンプル騎士団に関するオカルト学の知識が正しければ、団員たちはそれほどキリスト教を強く信仰してはいなかったようです。カトリックの騎士で構成されたテンプル騎士団は、ソロモン神殿を探検し、そこで自分たちの信念を揺るがしかねないものを発見した。その結果、キリストの磔刑にまつわる伝承を否定せざるを得なくなり、おそらくは、忠誠と守護を誓ったはずのユダヤ教とキリスト教の体系そのものを否定するに至ったのでしょう。

ご存知のようにナチはカタリ派に傾倒していました。少なくとも、オットー・ラーンを通じて、迫害主義のカトリックよりもカタリ派のほうがむしろ「真の」キリスト教徒なのだと考えていた。学者たちも昔から、カタリ派とテンプル騎士団の間に何らかのつながりがあるという見方を示してきました。テンプル騎士団は教会に敵視されましたよね。そして容赦なく打ち滅ぼされた。カタリ派と同じです。ランツ・フォン・リーベンフェルスのような人物がテンプル騎士団の復興を考えたとき、それが敬虔なるカトリック・騎士集団ではなく、カトリック体制の、さらにはユダヤ教の勇敢なる敵となるのは、ある意味必然だったと言えます。

聖杯はランツにとってはもはやキリスト教のシンボルではなく、もっと古い、〝異教〟的なシンボルだった。イエスの血筋というのも、ランツは信じていなかった。その血筋が純粋なゲルマン民族のものということになればまた別ですが……。テンプル主義と、教皇の権威に対する無言の反抗を切り離して考えることはできません。一四世紀の教会にとって、テンプル主義は悪魔主義や偶像崇拝、あらゆる異端と同義語でした。現代の教会も、テンプル騎士団の名誉を回復しようとする動きはまったく見せていません。フォン・リーベンフェルスと他の「新テンプル騎士団」のメンバー――クロウリーやロイスは、カトリックには何の愛着も抱いていませんでした。

彼らは秘密のユダヤ資料を、純粋に他の謎を解く鍵として活用していた。それらは「信仰」の要素ではなく、単なる道具だったのです。たとえばクロウリーはカバラ主義者であったかもしれませんが、どう考えてもユダヤの神を崇拝していたはずはない。タリスや聖句箱やヤームルカといったユダヤの聖装とも無縁だった。フォン・リーベンフェルスも同じです。ナチは、キリスト教徒が信仰してきたキリストは、神を騙ったユダヤ人だったと考えていました。キリストがユダヤ人だというのは、ユダヤ人がキリスト教徒に対して一定の影響力を行使するための作り話だと見ていたのです。

「新テンプル騎士団」は、名目上はキリスト教の騎士団でありながら、その実キリスト教を見下していた。キリスト教の〝実態〟はまやかしにすぎないと思っていたからです。そして彼らは半ば正しかった。現在は、キリスト教が他の神話の寄せ集めで、それに一部の政治的思惑が絡んだものだということが明らかになっています。ミトラ教やグノーシス主義、異教などの要素を取り除いてしまえば、キリスト教――とりわけローマカトリックに何が残るでしょう。生きているうちにエルサレムを取り戻すことに執着するエッセネ派の救世主カルトですか？　一九世紀の終わりには教会批判が吹き荒れ、過去数百年の間に非キリスト教的要素を無節操に取り込んできた事実を指弾する書物や記事があふれました。そして、〝真の信仰〟を後世に伝えていくため、新テンプル騎士団のようなカルトが作られた。これらのカルトは、フリーメーソンやユダヤ、キリスト教の秘密の知識や、エホバやエデンの園以前のアーリア民族の意識を維持するための器でもありました。「敵の敵は友」という古いことわざがありますが、テンプル騎士団も明らかに教会の敵だったわけです。

トワイマン　あなたの本で、個人的に特に興味深かった章がありました。「聖杯を探求したルシフェル」という章ですが、そこにはオットー・ラーンという耳慣れない聖杯研究者が出てきます。ＳＳ（ナチ親衛隊）に所属し、ルシフェルがアーリア民族の神であることを証明する本を書くようヒムラーから命じられていたそうですね。エホバがサタンでキリストはゲルマンの太陽神であり、キリスト教はユダヤ人がゲルマンの救世主を取り込もうとして結果的に腐敗した宗教だという主旨の本です。

ここから導かれる結論は、聖杯もまたユダヤ人が信教に取り込もうとしたルシフェル派の遺物だということです。ラーンは『ルシフェルのしもべ（*Lucifer's Servants*）』という本を書くのに、一九三六年一〇月三一日という期限まで切られていた。しかし、その数年後の一九三九年二月、なぜか彼はSSを辞め、一カ月後に山歩きをしているときに謎の死を遂げました。あなたは、聖杯の調査で何かを発見したために暗殺された可能性を示唆しています。親交のあったカール・ヴィリグートというもう一人のナチのオカルト主義者にその発見のことを告白しているそうですね。ラーンが、聖杯が確かにキリストの血筋だった証拠を発見した可能性はないのですか。つまり、ダビデのユダヤ人の血筋ということです。そのような発見は、ヒムラーにとって絶対に受け入れられないものだったでしょう。事実として明るみに出れば、彼の宇宙観は崩壊します。

レヴェンダ　ラーンが死んだ理由はよくわかりません。ただし、殺されたと考える十分な理由はあります。事故に見せかけていますが事故ではなかった。モンセギュールやレンヌ＝ル＝シャトーがらみの一連の凄惨な死に連なる出来事であった可能性はありますね。ナチに殺されたのか、他の組織が関わっていたのか。ラーンはある時期までヒムラーに重用され、ヴィリグート（SSの死神の頭の指輪をデザインした人物）と親しかった。ヴィリグートは完全な精神異常者で、ラーンがなぜ親交を持っていたのかは理解に苦しみます。著作を読むかぎり、ラーンはそれなりにまともな人物だったようですから。まあ、多少は突飛な箇所もありましたが……。ヒムラーがラーンの死を調査させたという記録は見つかっていません。つまり、自分でやったか、事故死という結論に満足していたかのどちらかということになります。ラーンがカタリ派やテンプル騎士団の秘密を守るカルトの犠牲になったのであれば、もう少し重い扱いになっていたでしょうし、それなりの文書も見つかったはずです。
私が『聖なる血と聖杯』に書いたような秘密をラーンが見つけたのだとすれば、ヒムラーが秘密保持のために口を封じた可能性はあるでしょう。あるいは、そのようなことを口にしたという理由で殺害を命じたことも考えられます。しかしその手の秘密が出てきたのだとすれば、ヒムラーは強い関心を抱いたはずです。ピエール・プランタールたちをヴェーヴェルスブルクに呼び寄せて本格的な調査をさせたでしょう。ラーンをめぐる謎は、今でも頭にひっかかっているものの一つですね。これまで耳にした話や報告、説のなかに決定的なものはまだありません。もしかするとフランスの言い回しにあるように、「事件の陰に女あり」ということかもしれませんね。

トワイマン　あなたはS・L・マグレガー・メイサーズが「貴族を騙り、スチュアート家の復興をもくろんでいた」とも書いていますね。私の編集者のところにも、最近、そのような内容の手紙が届きました。送り主はケヴィン・クーガンという人物で、一定の成功を収めている作家です。手紙には、クロウリーと黄金の夜明けの他のメンバーがスチュアート家を支援していたとも書かれていました。クロウリーの『告白（*Confessions*）』の一二一ページを読むようにとの指示がありましたね。これについてはどのように思われますか？　彼の主張を裏付けるような証拠はあるでしょうか。もし本当なら、なぜ亡命して久しい王族を支援しているのでしょう。

レヴェンダ　それを説明すると長い話になりそうです。背景を知るのに一番いい資料は、ベイジェントとリーの『テンプルとロッジ（*The Temple and the Lodge*）』でしょうね。スチュアート朝とジャコバイト運動、フリーメーソンのつながりがかなり網羅的に書かれていて、薔薇十字会と王立協会の結び付きに関する情報もあります。この本によると、教会から逃げていたテンプル騎士団が最初に目指したのがスコットランドで、そこに彼らの墓地や礼拝堂があるようです。イングランド軍との戦いにも協力していたようですね。

スチュアート家の復興はメイサーズやクロウリーらにとってもロマンに満ちた考えでした。これは、イングランドのビクトリア朝の価値観への反発とも合致するものです。メイサーズはハイランドの衣装を着て写真を撮り、自著の多くにマグレガーとサインをしているくらいですし、クロウリーもネス湖のほとりのボレスキンの地主となりました。そのボレスキンは今、セレマイトの〝メッカ〟になっていて、彼らは祈るときにこの方角を向きます。

スチュアート家のチャールズ王子についてはそれこそいろいろな話があります。「水の上のチャーリー」や、暗号と隠れ家で彼を支えた地下結社。秘密カルトや隠れたメッセージが好きな人にはたまらないでしょう。カトリック教会とテンプル騎士団の対立と、大英帝国とテンプル騎士団との対立には共通点があります。テンプル騎士団は虐げられた人々の希望の星であり、死の星（デススター）の眷属（けんぞく）と戦う英雄だった。もっと端的に言えば、スチュアート家とのつながりは、ゲールの起源や名声とは別に、ブリテン諸島の足場をテンプル騎士団に与えるものだったのです。それによって彼らはより普遍的な存在となり、さらにはフリーメーソンのルーツとしての立場も確かなものになった。つまりスチュアート王朝の復興は、テンプル主義の復興でもあったわけです。

　メイサーズはこうした策略や未熟な政治運動に情熱的に関わっていました。クロウリーはこれを一つの動きとして受け入れた。スチュアートの王権復帰がなされるべきだとは思っていたのでしょうが、師と同じ情熱で政治的に関わっていたとは思いません。クロウリーにとって何より大事なのは自分自身でした。ですからたとえ一時期でも運動のために大きな労力を割いたことはなかったでしょう。自分がスチュアート家の一員だと証明できたというなら話は別ですが……。

トワイマン　『聖なる血と聖杯』には、『シオン長老の議定書』（邦訳：成甲書房刊）がもともとフリーメーソンの文献で、反ユダヤ運動を盛り上げるためにセルゲイ・ニルスによって改竄されたという仮説が示されていますが、これについてはどう思われますか。

レヴェンダ　「議定書」が他の文書の改竄である可能性はあります。でもそうなると、どれがオリジナルでどれがニルスかということになってしまう。ニルス自身が、「議定書」はフリーメーソンのある有力な指導者から、女性によって盗まれたものだと言ったことがありました（ニルスは「議定書」の出自と背景について相互矛盾したさまざまな説明を行っており、これもそのなかの一つ）。ノーマン・コーンの『大量殺戮の令状（*Warrant for Genocid*）』によると、もともとの題名は『フリーメーソン・シオン長老世界連合会議議事録（*Minutes of the Meeting of the World Union of Freemasons and Elders of Zion*）』でした。このコーンの本は、『議定書』の歴史に興味のある者には一番信頼のおける書と言っていいでしょう。コーンはこんな指摘もしています。「フリーメーソンは一八世紀にユダヤ人を徹底的に敵視していた（バヴァリアのイルミナティも同じであった）」。皮肉なことに、ナチはユダヤとフリーメーソンが陰謀でつながっていると考えていましたがね（なお、『議定書』の成立に深く関わっているロシアの反ユダヤ主義者たちも同じ見方を持っていた）。両者はともに秘密主義で、組織を重視していた。文化の本流から外れた自立した存在で、一つの陰謀を中心にして結びついていました。妄想にはそれなりの内輪の論理があるのでしょう、たぶん……。

トワイマン　あなたは著書で、ご自身がオカルトに関わっていたことを示唆されていますね。そのあたりについてお話し願えますか。『ネクロノミコン（*Necronomicon*）』の「お世話になった人々」のところにあなたの名前が載っているのはなぜでしょう。だいだいネクロノミコン自体がよくわからない。あれは怪奇作家ラヴクラフトの創作ですよね。なのにL・K・バーンズ版の前書きには、サイモンという人間が「信憑性を証明するのに役立つ『ネクロノミコン』の追加原稿」を書類鞄（ブリーフケース）に入れて持ってきたことになっています。その鞄には「バルカン諸国のさまざまな大使館の書簡」も入っていたとか。最初はまともに信じていませんでしたが、あなたの名前があったので気になりまして……。

レヴェンダ　翻訳に協力したんですよ。私は一九六〇年代の終わりころから各種オカルト団体と関わりを持っていた。ブルックリン・ハイツにあった古いウォーロックショップのハーマン・スレイターとも親交がありました。店はあの後マンハッタンに移転して、マジカルチャイルドという名前になりましたが。一九七〇年代の有名な魔法使いグループの戦争も間近で見ていましたよ。あれは誰もが他の誰かに魔法をかけている感じでした。ガードネリア派とウェルシュ伝統派、アレキサンドリア派とシシリア伝統派がハーマンの店の奥で一つのテーブルを囲んで戦争終結のための和睦の話し合いをしたときにも、私は現場にいました。ハーマンは一九六〇年代にはニューヨークのネオナチに取材をしたこともあります。彼とは関心を持っている分野がかなり重なっていましたね。私はどのグループにも加わりませんでしたが――あの方面に深入りするつもりはなかったので――ただ、いわゆる〝なじみ〟の人間ではありました。

私の関心は常に、宗教とオカルト主義が政治の主流にどれだけ影響を与えているかということにありました。『邪悪なる同盟』はもともとこの方面の学術的研究として執筆を始めたのが、ナチの歴史に拡大したものです。『ネクロノミコン』については、盗まれた本の一部でした。話は他の場所でも伝えられていますし、前にも聞かれたのですが――インターネットでもですけど――簡単に経緯をお伝えすることにします。

一九七〇年代、東方正教会の二人の修道僧が米国史上最大の稀覯本泥棒に手を染めました。これは当時大規模に進行していた犯罪で、全米の図書館や個人の蔵書から本が盗まれていました(カナダやメキシコも被害に遭っていたと言われる)。結局は逮捕されて連邦刑務所に送られましたが、本の大半は行方知れずです。『ネクロノミコン』はこの盗難本の一部で、他にも多数のオカルト本が盗まれていました。本はギリシャ語の手書きで、しかも大部分が理解不能でした。私が貢献できたのは、ギリシャ語の一部がバビロニア語やシュメール語の表音であることに気づいたということですね。この

『ネクロノミコン』が〝本物〟だとか、ラヴクラフトが存在を知っていたとか主張する人々がいますが、私は違います。おそらくラヴクラフトが「黄金の夜明け」の友人の一人からこの名前を聞いて、創作に用いたというのが私の考えです。サイモン版『ネクロノミコン』が捏造なら、もっとうまくやっていたでしょう。もっとちゃんとクトゥルー神話に沿ったものにしたはずです。ウィリアム・バロウズが注目して、サイモンとL・K・バーンズに心霊的に重要な画期的進展だと賞賛する手紙を送っていますが、これには心強いものを感じましたよ。

トワイマン　『邪悪なる同盟』には、ナチのオカルト主義者が、「アーリア人の精神」や「ユダヤ人の精神」が民族の記憶として遺伝子に受け継がれていると信じていたとあります。これは『ネクロノミコン』に書かれている、我々のなかに古き者たちの血が流れていて我々を毒している、というのと同じ考え方ではありませんか？　同書には「生まれ来る人は悲しみの生き物である。なぜなら彼は古き者たちの血を持ち、旧神の精神を吹き込まれているからである」と書かれています。アブドゥル・アルハザードも――まあ、彼が実在するとしての話ですが、ペンタグラム（五芒星）を「アーリア民族の印」だと言っていますね。

レヴェンダ　確かに『ネクロノミコン』にはそうした考え方に近い記述がありますが、それ以外にも古代シュメールの宗教でも同じことが言われていました。人は殺された神々の血を材料に、勝利した神々の精神を吹き込まれて作られるというものです。そのために分裂的な（統合失調の）性質を持っているのだと考えられていました。

トワイマン　あなたの本の最終章では、ナチのオカルト主義がさまざまな若者のカウンターカルチャー（反体制文化）に広がっている状況が解説されていますね。その一例がスキンヘッドだということですが、最近、私たちの雑誌の購読者のケヴィン・クーガンという方が、『ヒットリスト』という雑誌に自ら投稿した記事というのを送ってくださいました。ヨーロッパで流行っている「ブラックメタル」ハードコアというヘヴィーメタルミュージックがあるのですが、これが〝ブラック〟と呼ばれているのはアーティストたちが過激な思想を持っているからだそうです（彼によると〝ブラック〟はヨーロッパでは「右翼」を意味する）。

このカウンターカルチャーにはナチズムや反ユダヤ、ファシズム、悪魔主義、SM、オーディン的先祖崇拝などを取り入れている例が多く見られ、それらのショック療法で惰性的、直線的な思考から自分や民衆を解き放つことを目指しているといいます。この文化的異端の起源が、インダストリアルミュージック（スロッビング・グリスル、サイキックTV）の創始者の一人でテレーマ派エッセイストのジェネシス・P－オリッジにあるのだとか。あなたはよくご存知かもしれませんね。このアーティストはこうした要素を作品に取り入れていて、これを「痛みのエンターテイメント」と名づけています。こうしたものの効用について、どうご覧になりますか。

レヴェンダ　ショック療法で人を直線的な思考から解放する必要があるのかどうかは、個人的には疑問ですね。まあ手っ取り早い方法だとは思いますが。悪魔主義の儀式は、きちんと行えばそうした効用があります。しかし、その影響を受けた人々はどうなるのか。誰が彼らをコントロールするのです。ブラックメタルの場合、一応ミュージシャンについていくというのが建前ですが、実際はショックを与えて後はほったらかしというパターンが多い。その場合、影響を受けた人はどうなるのでしょう。その経験から何を学ぶのでしょうか。一九六〇年代に育った我々は、ＬＳＤが似たようなショック療法的要素を持っていることを知っています。あれも直線的な時間や思考から解放する作用がありましたが、トリップにはあくまでガイドラインがあった。他の目的のための手段であって、ＬＳＤ自体が目的ではなかった。私はそれが有益な利用法だと思いますし、ブラックメタルも同じだと思います。音楽はより大きな形式――ないし儀式であるべきです。効果をより長く持続させ、さらに深いものにしていくためには、そうである必要がある。ただ、それだと娯楽にはなりませんがね。

トワイマン　ＯＴＯのメンバーは現在、スパイ活動に関わっているとお考えですか？　関わっているとすれば、どれくらい広範囲に展開されているのでしょう。ＯＴＯに入るのは、スパイと政府機関員の巣窟に入るようなものでしょうか。

レヴェンダ　それはちょっと違いますね。私は現在ＯＴＯに所属している人を何人も知っています。国籍もさまざまですが、基本的に彼らはスパイに適した人たちではありません。旧ユーゴスラヴィアのいくつかの支部は、現在同地で起こっている殺人や暴力に巻き込まれてしまった可能性はあります。ただ、今は連絡が取れていないので何とも言えません。創設されて最初の五〇年くらいは、確かにスパイ活動に関わっていたでしょう。けれども、アメリカでは〝ヒッピー化〟したことで、情報機関への関心の一部が失なわれたのだと思います。他の国でそうした活動に関わっていないとは言い切れませんし、個人単位ならアメリカ国内でも活動している可能性はあります。私の感触では、アメリカの情報機関は一九六〇年代にＯＴＯの調査を行っていました。機関員を潜り込ませた可能性もありますね。ＫＫＫやネオナチと同じです。ＦＢＩとＣＩＡの〝カルト認識〟計画の全貌については、これまで明らかになったことはありません。正しい質問がなされてこなかったというべきかもしれませんが……。

マインド
コントロール
と思想統制

第七部

強制収容学校——アメリカの教育における思想統制

ロバート・ガフィー

本稿では、SF作家として受賞歴のあるロバート・ガフィーが義務教育と軍事的感化の類似性に迫る。アメリカにおける思想統制は、実験心理学の始祖ヴィルヘルム・ヴントが自主教育の廃止を提案したときに始まった、というのが彼の結論である。権威主義的体制における「資格」や「学位」の概念はヴントの社会工学から生まれたもので、ヴントはまずそれを子供に援用するべきだと考えた。ガフィーの説明によると、断片化はその一環である。教科を別個の専門分野に分けることで、子供の頭を断片化された状態にしようというのだ。各教科間に関連性を持たせないことにより、どの教科も「過去や未来と一切関わりを持たない事実の孤島」になった、とガフィーは述べる。また、時間の孤島を作る方法として、鐘が鳴らされ、「時間割」という論理が誕生した。ガフィーはこう訴える。「四五分おきに頭上でけたたましく鐘が鳴っては、論理的な思考能力など養えるはずがあろうか。慢性的なテレビ中毒者はもっとひどい。七分おきにコマーシャルが入るのだ」。現代はマインドコントロールの時代である。ガフィーは指摘する。「実際、コマーシャルによる中断は、中世における教会の鐘と同じくらい大きな断片化効果を持っている」

＊

子供の脳に、いくつも穴が生じている。居間の中央に置かれたカラフルな箱からは、ビッグバードがプロザックを宣伝している。

すべては戦場で始まった。一九九五年、ロナルド・マクドナルドは医者になった。デーヴ・グロスマン中佐は『「人殺し」の心理学』(邦訳：原書房刊)という衝撃的な本を出版した。本の主旨は明快で、兵士は生まれつきの本能に従うと、戦場でなかなか敵を殺せないというものだ。たとえば、第二次世界大戦時、戦闘歩兵部隊で積極的に銃を撃とうとしたのは一五％から二五％の兵士にすぎなかった。ところがペルシャ湾岸戦争までに、射撃率は九五％に上昇していた。たった四五年のうちに、軍はどうやって射撃率をこれほど劇的に伸ばしたのだろう。

一九七八年、ピーター・ワトスンは著書『精神の戦争——心理学の軍事的利用と悪用（*War on the Mind : The Military Uses and Abuses of Psychology*)』において、米国海軍が暗殺者の訓練にナチスのメンゲレ博士が行っていたような条件付け技術を用いていたことを明らかにした。海軍の精神医学者で中佐の階級にあったトマス・ナルート博士は、その方法を次のように説明している。メンゲレはまず被験者に「象徴的モデル化」という手法を用いた。

これには「暴力的に人々が殺されたり傷つけられたりするさまを描いた、専用の映画が使われた。映画を通じて順応させることで、このような状況から自分の感情を切り離せるようになると考えられたのである」。「被験者は射撃訓練を受けたが、殺人に良心の呵責を覚えても抑えられるように、特殊な『時計じかけのオレンジ』式の訓練も同時に行われた。一連の身の毛もよだつ映画を見せるのだが、その映像はしだいに恐怖の度合いを増してゆくようになっている。被験者は、顔をそむけられないように頭を締め金で固定され、特殊な装置を使って瞼を閉じられないようにされていた」

〔訳注：『「人殺し」の心理学』安原和見訳より引用。以下同〕

おわかりのように、これはスタンリー・キューブリックの映画と〝逆〟である。つまり、『時計じかけのオレンジ』では、主演のマルコム・マクダウェルは、暴力映像の洪水によって暴力への反応を過敏にさせられた。一方、現実の世界では、暴力映像はナルートの被験者たちを「脱感作させる」ために使われた。グロスマンはこの点を詳しく述べている。

映画『時計じかけのオレンジ』では、薬物の投与を通じてそのような条件付けが行われ、暴力への嫌悪感が植えつけられていた。つまり、暴力的な映画を見せながら薬物を投与して、吐き気と暴力行為とを関連づけたわけである。ナルート中佐による現実の訓練では、この吐き気を起こす薬は用いられず、逆に自然な嫌悪感を克服した者には報酬が与えられ、それによってスタンリー・キューブリックの映画とは正反対の効果を上げていたのである。政府はそのような事実はないと否定したが、ナルート中佐から暴力映画の注文を受けたと称する人物から、客観的な補強証拠を得ることができたとワトスンは主張している。のちに、ナルートの話はロンドンの「タイムズ」紙に掲載された。

これがロナルド・マクドナルドやビッグバード、穴だらけの子供の脳とどんな関係があるかというと、単純な話である。

前述の軍事的感化と同じく、義務教育もまた戦場で始まった。一八〇六年、プロイセン軍はイエナでナポレオンに敗れた。プロイセンはその敗因を戦闘中の兵士の「理性」にあると考えた。ほとんどの兵士が射撃をためらったのである。プロイセン政府はそうした不都合な「自由意志」を断ち切るための方法を探した。そこでライプツィヒ大学の優秀な心理学者ヴィルヘルム・ヴントに近づき、助言を求めた。実験心理学の始祖とされるヴントは、自主教育の廃止を提案した。彼は人々をコントロールするためには、まず子供から始めるべきだと考えた。

断片化は当時の風潮だった。ヴントはまず従来の学習活動をいくつかの教科に分割した。軍隊をいくつかの師団に分けるように、彼は教科を歴史・英語・数学・生物・体育のように分割し、一日六時間、週五日間にわたって、スポンジのような子供の頭に一連の退屈な事実を吸収させていった。重要なのは、それぞれの教科に関連性を持たせないことであった。どの教科も独立しており、「過去や未来と一切関わりを持たない事実の孤島」であった。こうした教科の断片化を確実に行うには、「専門」を作ることが一番だった。教師はそれぞれ特定の科目を教える資格を与えられ、それ以外の科目は教えられなくなった。もし自分の教科の範囲を越えるようなことをすれば、その教師は厳しく罰せられ、学術界から追放された。

「資格」や「学位」はこうした権威主義的体制から生まれた。博士号は、フランシス・ベーコンの『ニュー・アトランティス』の思想に基づくもので、一八〇〇年代初めにプロイセンで紹介された。「資格」の概念はやがて、製鉄業者のアンドルー・カーネギーによってアメリカに広まった。『バカをつくる学校（*Dumbing Us Down*）』の著者ジョン・テイラー・ガットへの取材によれば、その目的は「経済全体を教育に結びつけ、子供たちの頭を少数の社会工学者の支配下に置くことだった」

ヴントをリーダーとする社会工学者らにとって「断片化」は重要な鍵であった。彼らは教科を断片化させると、今度は子供たちを年齢別に断片化させた。ガットが指摘しているように、こうした年齢別の区分があるのは学校だけで、大人の世界には絶対に存在しない。五五歳の社員を全員同じ部屋で働かせるような会社があるだろうか。義務教育が導入される前の時代は、あらゆる年齢の子供が一つの教室で学んでおり、年長の子供が年少の子供を教えるようになっていた。このシステムは、子供たちを席に縛りつけ、「教官」の話をただ受動的に聞かせるだけの授業よりも、ずっと効果的であることがわかっている。

子供たちはまさに戦場の兵士と同じだ。鬼軍曹は新兵たちをしごくため、朝の四時に箒の柄でごみ入れの缶をガンガンと叩く。しかし、学校教育にはこれよりもっと徹底した統制手段がある。

鳴り響く「条件付け」の鐘の音

「危険がしずまっては　また高まるのを、
しずまっては　また高まる鐘の音
あの鐘の怒り――」

エドガー・アラン・ポー作「鐘のうた」
〔訳註：『ポオ　詩と詩論』（東京創元社刊、引用詩は入沢康夫訳）より〕

鐘（ベル）はパヴロフの条件付けで最も基本的な道具である。心理学の一年生なら誰でもよく知っているように、イヴァン・パヴロフはロシアの心理学者で、「条件反射」という画期的な実験を行ったことで有名だ。この実験で、パヴロフは犬に餌を与える前にベルを鳴らし、これを長期にわたって定期的に繰り返した。その結果、犬はベルの音を聞くと、周りに食べ物がなくてもよだれを垂らすようになった。

しかし、公共教育という名の巨大な実験室で被験者の子供たちが条件付けられる反応は、よだれを垂らすといった単純なものではない。その目的はもっとずっと邪悪である。

一九九一年の「ニューヨーク州最優秀教師」に選ばれたジョン・ガットの言葉を紹介しよう。

たとえ子供たちが何かに興味を示そうとしても、あまりそれに興味を持ちすぎないように教えなければならない。これには微妙なテクニックが必要だ。まず子供たちを私の授業に熱中させる。子供たちは興奮して立ち上がったり、褒められようと活発に争ったりする。教室が熱気に包まれるのを見るのは嬉しいもので、子供たちはもちろん、私まで気持ちが高揚する。子供たちのこうした熱意を引き出すために、念入りに授業の計画を立てておくこともある。しかし、いったんベルが鳴ると、子供たちにそれまでやっていたことをすべて止めさせ、直ちに次の授業の準備をするように指示しなければならない。子供は電気のスイッチのように素早く頭を切り替えることを迫られる。私のクラスでも、私が知っている他のクラスでも、重要なことは何一つやり遂げられたことがない。生徒たちがまともにやり遂げるのは学費の納入くらいのものだ。

それどころか、子供たちはベルを通して、やり遂げるだけの価値のある仕事はないと教えられる。そのため、何かに深く興味を持つこともない。何年間もベルに従って過ごすうち、一部の耐性のある子を除いて、もはや社会にはやるべき重要な仕事はないと思い込むようになる。ベルは時間割の隠れた原則で、その原則は絶対だ。ベルは過去も未来も打ち壊し、どの時間も均一なものにしてしまう。これは自然の山や川が実際にはそれぞれ違うのに、地図上ではどれも同じように抽象化されるのと似ている。ベルによって、授業はすべて無意味なものになるのだ。

（ガット『バカをつくる学校』）

パヴロフが条件付けに使った鐘（ベル）には歴史的な前例がある。ここで再び長い引用を紹介しよう。

あのティモシー・リアリー博士の言葉だ。彼は行動修正の手段として幻覚作用の研究を行い、ハーバード大学社会関係学部長でCIA心理作戦部主任のヘンリー・マレー博士から支持と資金を得た。マレーは一九五八年から六二年に行われたマインドコントロール実験を監督する立場にあった人物でもある。被験者となったのは、ハーバード大学のセオドア・カジンスキーという若い学生ボランティアで、彼は後にFBIから「ユナボマー（大学空港専門爆弾犯）」と呼ばれることになる。公正を期すために言うと、リアリーの研究目的は崇高なものだったと考えられる。しかし残念ながら、彼の財政支援者の動機は崇高でも何でもなかったことが最近明らかになった。いずれにせよ、行動統制の歴史に関するリアリーの知識は幅広く、次のような鋭い洞察も示している。

今から千年以上前、イスタンブールやコンスタンティノープルから、ギリシャ、南欧、北欧、ブリテン諸島にかけて、人々の精神をコントロールし、プログラムする光の魔術師の組織があった。言うまでもなく、ヴァチカンを中心とするハイパーデリックでサイバーデリック、シャーマン的な洗脳者たちのことだ。

その方法とはどんなものか。まず第一に、彼らは鐘の概念を広めた。コンスタンティノープルやルーマニア、あるいはフランスかどこかの農民にとって、生涯で耳にする最も大きな音は一日五回の鐘の音であっただろう。そして、その鐘は教会の尖塔の先にあった。唯一、鐘の音よりも大きく激しい音は雷だけで、誰がそれを司っているかは明白だ。

リアリーは言及していないが、行動修正の中心は一八〇〇年代初めにヴァチカンから学校教育の場へと転じた。これはマレーがヴァチカンの人間ではなく、ハーバードの学部長であったからだ。もしリアリーのような学者が千年前に存在していたら、彼はCIAではなくローマ教皇に資金を求めなければならなかっただろう。

ある友人との議論で、私は高校で学んだことは何もないと言った。すると友人は的外れな意見を持ち出し、まともな仕事に就くためには高校を卒業する必要があると反論した。友人の考えは明らかに間違っているが（雇い主は高校や大学の成績などあまり気にしない）、そこから次のような疑問が浮かんだ。一体、学校はいつから見せかけの職業訓練校になったのだろう。プラトンの時代はそうではなかったし、ヴィルヘルム・ヴントによって義務教育が実施される以前もそうではなかった。

本稿の準備を進めていたとき、私はついにその答えを見つけた。一九九四年、ジム・マーティンが『フラットランド』誌で行った取材のなかで、ジョン・テイラー・ガットが次のような情報を披露してくれた。

一八〇七年から一八一九年にかけて、アメリカの有力者が次々とプロイセンを訪れ、ヴントに意見を求めた。ヴントの研究に強い感銘を受けた彼らは、すぐにアメリカの教育に行動統制システムを導入すべきだと主張し始めた。エリートの息子たちはヴントのもとへ留学し、一九〇〇年には、アメリカの博士号所有者全員がプロイセンで指導を受けていた。

一八八〇年から一九一〇年にかけて、アメリカのヴント継承者は主要大学の心理学部長になった。ヘンリー・マレーもその一人であることは間違いない。ヴントの中心的な弟子であったジェームズ・マキーン・カテルは、三二二人の博士号所有者を指導し、やがて彼らは教育心理学という新しい学問分野を築いた。教育心理学はロックフェラー財団やカーネギー財団の援助によって急速にその影響力を強めてゆく。ついには、ヴントの実験心理学はジェームズ・B・ワトスンやB・F・スキナーといった悪名高い行動科学者を生み出し、その研究は米軍の射撃率向上やより効果的な狙撃手（スナイパー）の訓練に利用された。ガットはこう説明する。

アンドルー・カーネギーがアメリカの資本主義——自由企業体制——の消滅を知ったとき、新たな段階が始まった。当時、彼と同じく、モーガン氏やロックフェラー氏のような人物はすべてを持っていた。政府も彼らのものであり、彼らの許しがなければ競争もできなかった。カーネギーはこの状況を非常に危惧した。やがて若者たちがこれに気づき、反体制的な秘密組織を形成するだろうからだ。（中略）カーネギーは富豪の手によって生涯教育に基づく偽りの自由企業体制を創ろうと提案した（本物を創るのはもはや不可能だった）。これは、誰もが受けられる学校教育で特に優秀だった人には資格を与え、有利な生活を約束しようというものだ。

カーネギーのこの提案から二〇年後（一八九〇年から一九一〇年）、彼の計画は見事に実現した。今ではバスの運転士ばかりか、資格を得る必要のない人々までがそれを持っており、資格はあらゆる学校教育と結びついている。つまり、資格は労働市場に確固たる地位を築いたのである。資格は政府とも結びつき、公務員職の多くは非常に厳密な学歴を求められる。実際、仕事と学校教育を結びつければ、経済全体を支配できる。だからこそ、彼らは人々に特定のことを学ばせようとするのである。

マインドコントロールからソウルコントロールへ

二一世紀を迎えた今、教会の尖塔の先にある鐘はもはや統制の手段にはならない。人口があまりにも増え、あまりにも広がりすぎたからだ。断片化の手段はより高度なものになっている。教会の鐘の音に代わって人々を支配しているのは、ハリウッドの主流エンターテイメントである。テレビは我々の脳にこっそり電極を埋め込もうとしているのに、なぜそんなものに貴重な時間と金を費やすのだろう。CIAの「MK－ULTRA（ウルトラ）計画」はもうずいぶん昔の話だが、最近はこのテーマを扱う本や映画、雑誌や漫画が急増している。マーシャル・マクルーハンがジェームズ・ジョイスを引用して言ったように、「昔の話は娯楽になる」らしい。今、世間の注目を集めているのは、どれも二〇年から三〇年も昔のことである。

思想統制がマインドコントロールになり、マインドコントロールが魂（ソウル）コントロールになった。もはや電極を埋め込む必要もない。ゆったりと腰掛けてリラックスし、タバコでも吸いながらテレビをつけて流れに身を任せていれば、自然に断片化を受け入れていくことになる。

しかし、カート・ヴォネガットの古典的SF小説『ハリスン・バージロン』に出てくるように、四五分おきに頭上でけたたましく鐘が鳴っては、論理的思考など養えるはずがあろうか。慢性的なテレビ中毒者はもっとひどい。七分おきにコマーシャルが入るのだ。実際、コマーシャルによる中断は、中世における教会の鐘と同じくらい大きな断片化効果を持っている。

ただ、すべてが失われたわけではない。大衆をコントロールするには、まず子供から始めるのが一番だというヴントの考えは正しかった。しかし、逆もまた真なりである。いったん断片化されたものでも、再び一つにまとめることは可能だ。子供が学校を嫌うのは基本的な理由からだ。彼らは少なくとも潜在意識のなかで、自分たちが騙されていることを知っている。もし子供たちを尊重し、プロパガンダによる改竄（かいざん）のない歴史を教えようとすれば、彼らは喜んで学ぶだろう。しかし、それには現在のシステムを抜本的に改革し、理論的枠組みを完全に転換する必要がある。それにはまず教育プロセスの承認を取り消し、制度化された学校を解体する必要がある。

「それじゃあうちの子はどうやって読み書きを覚えればいいの」というお母さんたちの批判の声も聞こえてきそうだが、そもそも学校が読み書きを教えてくれると思うこと自体が間違いなのである。『バカをつくる学校』でガットも次のように指摘している。

生徒たちが本気で学ぼうとすれば、読み・書き・計算は一〇〇時間もあれば教えられる。その秘訣は、誰かが質問するまで待つこと、そして、ムードが乗っているうちにどんどん進めることだ。独学でこれらを身につけた人も大勢いるし、実はそれほど難しいことではない。一八五〇年に使われていた五年生の算数や作文の教科書を見てみると、当時の内容が現在では大学レベルとされているものであることがわかる。学校は「基礎学力」の養成を叫び続けながら、その背後で子供たちを一二年間も拘束しているのである。

これと同じこと——しかるべき環境を与えてやれば、子供は比較的簡単に学習できるということは、七〇年以上前にA・S・ニールによっても証明されている。彼はサマーヒルという実験的な寄宿学校の創設者で、ヴィルヘルム・ライヒの精神分析に影響を受け、英国の学校教育の「落ちこぼれ」を救うための学校を創った。ルポライターのジョン・ラポポートは、ニールの思想を次のように紹介している。

ニールの活動方針は、生徒や教職員が投票によって自ら学校運営に参加できるようにすれば、彼らはもっと積極的で活動的になるというものだ。また、学習する準備ができるまでは決して授業に出なくていいという許可を、何の駆け引きもなく子供たちに与えてやれば、彼らは子供時代の空想のすべてを現実に体験するだろう。子供は一五歳までは――毎日毎日――仲間と沼や野原で遊ぶかもしれないが、最後には学校に興味を持つようになる。その時点で、その子は授業に来るようになる。こうした転機が訪れれば、一二年もかかっている教育が、内容を省略することなく二、三年に短縮されるかもしれない。サマーヒルの教室は特に珍しいものではない。特別な教材によって子供の「興味」を引こうという努力は全く見られず、ニールもこれを禁じている。彼の考えでは、学ぶ意欲のある子供に教えるのは簡単だが、意欲のない子を無理に促すのは残酷だという。

A・S・ニールは、子供は放っておけばずっと能率的に学習するということを見事に証明した。今日の教育で広く行われている「概念地図法（マインドマップ）」（「ブレインストーミング」や「ウェビング」とも呼ばれる）は全く無意味なものである。これは現在、全米の高校で注目されている手法で、完全な他人同士が意見をぶつけ合っていれば、「ゲシュタルト（統一的形態）」によって劣った考えが淘汰され、現状で容認可能なものが生まれてくるというものだ。教師たちはこれで協調性が養われると主張するが、実際のところは生徒に画一性を植えつけているにすぎない。概念地図法の目的は、子供たちを同じように食べ、同じように飲み、同じように眠り、同じように考える機械人間にさせ、一つの考え方に同化させることである。小さなおもちゃの兵隊たちを、耳障りな音に合わせて忘却へと行進させようというのだ。

マークシート方式のインチキ加減

学校の目的は教えることではない。私の言うことが信じられないなら、「スキャントロン」という一般的なマークシート――私としては「インチキシート」と呼びたい――を見てほしい。青と白の長方形の用紙であるスキャントロンは、一連の多項式選択問題に対する解答を採点するもので、問題にはそれぞれ四つの選択肢がある。一つ解答するごとに、生徒はHBの鉛筆で選択肢の四つの丸の一つをマークする。試験が終わったら、教師はこの用紙を採点装置に入れる（この機械は電流によってマークを読み取るため、必ず鉛筆――つまり、電気を伝える黒鉛の筆――が要る）。これほど大変な仕事をしているのに、教師の給料はなぜもっと高くならないのだろう。

スキャントロンは、学校教育に見られる行動プログラムの基本的な一例である。その目的は、どの問題にも一定の答えしか存在しないことを生徒に教え込むことであり、可能性の幅を狭めようとするものだ。私にはシアトルで教師をしている親友がいる。彼女によれば、ほとんどの生徒はマークシートの多項式選択問題の方を好むという。私が一〇年ほど前にトランス高校にいたときもまったく同じであった。しかし、統計的な意味でもこれは馬鹿げている。確かに筆記試験では小論文を書かなければならないが、この方が主観的な自由解答ができる分、良い成績をもらうチャンスが増すはずである。しかし、ほとんどの高校生にとってそれはどうでもいいことらしい。彼らは最初はともかく、今では考えるということをすっかり忘れてしまっているのだ。

最近、教師をしているその友人は、試験の一部に「意見」を書かせる問題を出した。どんな意見でも、ある程度筋が通っていれば合格点はもらえるはずだった。ところが、生徒の多くはこの問題を空欄のままにした。彼らに理由を尋ねると、意見が浮かんでこなかったからとそっけなく答えたという。

NLP＝神経言語プログラムによる断片化

ここで、「NLP（神経言語プログラム）」について紹介しよう。

NLPは一九七〇年代にジム・グリンダーとリチャード・バンドラーによって考案された。ただ、その基本技術は、一九四〇年代から一九八〇年代にかけて、精神医学者のミルトン・W・エリクソン博士がCIAの徹底した管理の下で行った研究と関係がある。本質的に、NLPは「無意識の言語」を習得することによって、自分だけでなく、他人にも影響を与えようとする技術である。たとえば、野球選手は自分の打率を上げるためにNLPを利用する（この場合は「創造的視覚化」という技術が用いられる）。一方、CIA局員は秘密を握る人物から重要な情報を聞き出すためにそれを利用する。後者の場合、局員は相手の生理的機能を「模倣」しようとする。つまり、相手の身振りや座り方、呼吸の仕方などを真似するのである。こうすることで、CIA局員は驚くほど短期間で相手の秘密を聞き出すことに成功する。しかし、NLPは身振りや仕草だけでなく、言葉も大いに重視する。つまり、厳密な声質やタイミングで話したり書いたりした言葉を、埋め込みコマンドとして相手の無意識に紛れ込ませるのである。

これは単なるまやかしではない。その証拠に一九八三年、アルバート・スタブルバイン少将は「ジェダイ・プロジェクト」という関係省庁による合同チームを結成し、米陸軍全体にNLPの技術を広めた。米陸軍の心理作戦部隊の大佐であるジョン・B・アレグザンダーによれば、四五口径のピストルの射撃経験がない兵士でも、神経言語プログラムを用いると技術をよりよく、より早く身につけたという。もしNLPによって完全な素人が並の正確さでも標準的なピストルを撃てるようになるとすれば、それは人間の潜在能力――もしくは〝非人間的〟な潜在能力――に他にどんな影響を及ぼすのだろう。

『マインドコントロール作戦（*Operation Mind Control*）』の著者で、自身もNLPの実践者であるウォルター・ボウォートは、神経言語プログラムを権力の拡大や奴隷化における二〇世紀最大のテクノロジーと呼んでいる。NLPは人々を「完全に感化させる」ことができ、たとえば、重度の恐怖症も数分のうちに治してしまう。あるいは、人々に危害を加えたり、特定の銘柄のタバコや酒、コーヒーやケチャップ、大画面テレビなどを買わせたりすることもできる。

シアトルの私の友人が送ってくれた試験問題のサンプルには、神経言語プログラムの技術が意図的に埋め込まれていた。いったんこうした技術を知ると、たちどころにそれを見つけられるようになる。たとえば、誤文訂正問題では一連の文や段落が並び、その一部に綴りや文法の誤りが含まれている。こうした問題の表向きの目的は、生徒にその誤りを訂正させることだ。しかし、NLPをよく知る者にとって、これは物事の教授方法としては全くナンセンスである。教育の基本は、視覚化、提案、そして正の強化である。人間は負のプログラムにはあまり反応を示さない。ただし、負の行動を教え込むことが目的なら話は別だ。

地域の学校にいくら大金を投じたところで、学校は改善されない。というのも、学校教育の失敗は意図的なものであり、いわゆる麻薬戦争という卑劣な実験と同じである。ボウォートはこう言っている。

NLP研究家の多くが認めているように、ネガティヴな言葉はそれと正反対の効果を生み出す埋め込みコマンドとして利用できる。幼い子供にちょっとした反心理学を用いる親も多いだろう。こうした心理作戦の一例が、「Just Say No（ノーと言おう）」のキャンペーンや、鼻先に銃口を突っ込んだ男の写真に「コカインはダメ」というスローガンを添えたポスターであり、これらは人々の麻薬の使用を促すことに成功した。麻薬戦争が完全な失敗であることは周知の事実だ。秘密体制の闇資金の多くが麻薬取引によるものだということも広く知られている。多くの人々が指摘するように、ジョージ・ブッシュはクリントンとのテレビ討論会でその手の内を見せた。それはブッシュが「コカイン」という言葉を口にした後、無意識に鼻をこすった時である。

ジョージ・W・ブッシュはアル・ゴアとの討論会でも、無意識に鼻をくすんと言わせる反応を見せている。ブッシュ政権の下では、麻薬戦争にこれまで以上の巨額の資金が費やされるはずだ。その結果、ガンやドメスティック・バイオレンス、銃、非識字、テロに対する戦争と同じくらいの効果が発揮されるだろう。これは映画『ピーター・セラーズのマウス』以来の戦略的な戦いである。

秘密体制が推進する「緊張の戦略」

緊張の戦略とは、人々の緊張をより増幅させようとするものである。

言うまでもなく、そうした緊張は秘密体制の目的に役立つ。政治ジャーナリストでトーク番組の司会も務めた故メイ・ブリュッセルは、一九六〇年代、ケネディ暗殺事件の調査中にそのことに気づいた。リー・ハーヴェー・オズワルド、ジャック・ルビー、アルバート・ディサルヴォ、サーハン・サーハン、シンビオニーズ解放軍、チャールズ・マンソン、ゾディアック、ジム・ジョーンズ、セオドア・カジンスキー。彼らは当時の社会を震撼させた「孤独な狂人」であるが、そのほとんどは同じ思想環境から生まれた。権威主義的体制はこうした混乱のなかで成長する。大衆は、父親が金持ちで、笑顔が魅力的で、こぶしを掲げてさえいれば、どんな間抜けだろうと簡単に権力を与えてひざまずき、忍び寄る混乱から守ってもらおうとする。「救われるには過去の価値観に戻るしかない」というわけだ。しかし、価値観は今も昔も変わっていない。ブリュッセルが調査したMK-ULTRA事件と同じレベルのことが、現在も起こっている。それが、近年、全米の学校で頻発している銃乱射事件であり、その最悪のものがコロンバイン高校の事件だ。

これに関して、ジョン・ヘーゲリン博士が驚くべき発言をしている。彼は量子物理学の教授で、独立系候補として二〇〇〇年の大統領選にも出馬した。一九九九年一〇月、サンフランシスコで開かれた世界情勢フォーラムで、ヘーゲリンは学校での銃乱射事件について講演し、一連の事件に共通する懸念すべき要因を指摘した。ヘーゲリンによれば、事件を起こした一〇代の「孤独な狂人」の多くは、脳の機能障害を持っていた。CTスキャンの画像では、脳に穴が開いているように見えることが多い。もちろん、彼らの脳に実際に「穴」が開いているわけではないが、黒い斑点の部分ではニューロンの働きが阻害されている。最も影響が大きいのが、感情抑制や意思決定を司る脳の中枢である。そこがあまり使われなかったために、文字通り、萎縮してしまっているのだ。この現象を研究している医師たちはそれを「皮質断片化」と呼ぶ。ヘーゲリンはこの機能障害の直接的原因が教育プロセスそのものにあると考えている。

何となく関連性が見えてきただろうか。もうはっきりとわかった人もいるはずだ。

陰謀理論は「パターン認識」の帰結である

少し立ち止まってよく考えてみよう。今、我々が行っているのは徹底したパターン認識というものである。懐疑論者はこれを「陰謀理論」と呼んでいる。しかし、陰謀理論を成立させるためには、パターンを見つけ出さなければならない。

エドガー・アラン・ポーの短編小説にこんな話がある。海で大渦巻きに遭遇した漁師が、難破した船のどのような破片が渦に巻き込まれにくいかを冷静に観察し、それにしがみついて助かったというものだ。この小説『メエルシュトレエムに呑まれて』の話のポイントは明白である。残骸をよく見ろということだ。たとえ汚くても、あるいは、そのときの自分には関係ないように見えても、目をそむけてはならない。

今は関係ないように見えるものでも、将来、自分の命を救ってくれるかもしれない。しかし、徹底したパターン分析の複雑なプロセスを理解しようという人はほとんどいない。それは彼らのせいではない。大衆は一二年間にわたる一貫した断片化教育によって、自らの人生を左右するパターンには目を向けないように体系的に条件付けられているのだ。彼らは大渦巻きの存在すら知らないまま、それに巻き込まれている。彼らを渦巻きに陥れているのは、親をはじめ、政治家、聖職者、上司、医師、軍事教練の教官や教師、さらには広告主といった大勢の権威者である。ただし、最近では軍事教官と教師の区別が非常に難しくなっている。

校内マーケティングで大儲けする企業群

学校にはオペラント条件付けのための道具がどんどん導入されている。不正広告、薬剤、有害なジャンクフードといったものが出資企業によって密かに持ち込まれている。二〇〇〇年九月、米国会計検査院は「学校における商業活動」と題する重大な報告書を発表した。それによれば——、

学校内マーケティングは成長産業になっている。学校の子供たちをターゲットとする市場専門家が増えており、学区との契約交渉に成功したという飲料メーカーも知られている。教育関係者と会社経営者の両方が、どうすれば学校内マーケティングによるそれぞれの利益を増

やせるかについて会議を行っている。

この数年間で、高校は企業が支援する市場調査の実験室と化した。ファイザー製薬はＬＳＤのような中毒性の高い中枢刺激薬をばらまき、六〇〇万人の正常な子供たちを覚醒剤常用者にさせた。彼らの目的は、社会工学者が「注意欠陥障害」と名付けた架空の病気を我々に強く認識させることである。

マイクロソフトと東芝は「寛大にも」コンピュータを学校に寄贈したが、そこに搭載された「ザップ・ミー（Zap Me）」という絶妙なネーミング〔訳註：ザップ（Zap）には「浴びせる」「攻撃する」などの意味もある〕のインターネット・アクセスソフトは、子供たちを自社製品の宣伝攻撃にさらし、彼らの閲覧パターンをデータ収集するために利用されている。

最近では、小学生に使い捨てカメラと二〇ページのノートを配り、写真と言葉で彼らの生活を記録してもらうといった市場調査まで行われている。それによって「最近の子供がどんなことに興奮するか」をより正確に把握しようというのである。ノートのタイトルは「私に起こったすべてのこと」であった。ケーブルテレビのノギンという「教育チャンネル」は、ニュージャージーのある学校に七五〇〇ドルを支払い、生徒の生活に干渉する権利を手に入れた。

パシフィカ・ラジオの『デモクラシー・ナウ』でアンカーを務めるエイミー・グッドマンによれば、あの『セサミストリート』でさえこれに参加している。ビッグバードやカエルのカーミットでお馴染みの番組が、今では子供たちに薬の宣伝をしているのである。従来の『セサミストリート』では、番組の最後に「P」や「2」といった文字や数字でスポンサーを紹介していた。ところが最近では、イーライリリー社が抗鬱剤プロザックのCMを流している。プロザックのPの字を持った親の後ろで、オウムと子供が大きなおもちゃの文字ブロックで遊んでいるという一五秒間のコマーシャルである。PBS（公共放送サービス）では、こうした中断を「コマーシャル」ではなく「番組提供者からのお知らせ」と呼ぶことにした。

PBSも民主党と同じでコントロールされた反対勢力にほかならず、スタンフォード研究所の言う「社会意識型達成者」（自分は〝十分に納得したもの〟にしか金を出さないシビアな人間だと思い込んでいるが、実際には体制に従順な消費者）に向けての〝対抗勢力〟を装っているにすぎない。

広告主や政治家はこのことを自覚しており、社会を意識していると見せかけて、その背後に真の目的を隠している。たとえば、マクドナルドは小児ガンの子供たちを支援する「ロナルド・マクドナルド・ハウス」という施設を設立したが、病気を引き起こしているのは彼らの「カエルバーガー」かもしれない。また、副大統領のアル・ゴア――一九八三年にあのジョン・アレグザンダー大佐の下で神経言語プログラムを研究していた（ボウォート）――は環境保護主義者を自任していたが、自分がジョージ・W・ブッシュに劣らず石油ビジネスに関わっていることには一切触れなかった。

二〇〇〇年九月二五日付けの『ロサンゼルスタイムズ』で、マイケル・オハンロンはこう報じている。

驚くべきことに、ジョージ・W・ブッシュとアル・ゴアの予算案は二％も違わない。しかも、民主党候補の国防予算が共和党のそれを上回るというのは、おそらく一九六〇年代以来のことであろう。ゴアは向こう一〇年間で計一〇〇〇億ドル、年間にして約一〇〇億ドルの国防予算の増額を提案している。ブッシュの国防予算案では増額はその約半分である。どちらにせよ、年間約三〇〇〇億ドルの国防費が維持されるわけだ。これはアメリカに次ぐ世界一〇カ国の国防費の合計に匹敵する。

ブッシュとゴアの予算案は二%も違わなかった。それなら、この二人はテレビで何を討論していたのだろう。答えは「何も討論していない」である。彼らはとにかく口を動かしていればよかった。内容はどうでもいいのである。

マーシャル・マクルーハンは『メディア論』(邦訳：みすず書房刊)で最初にこのことを指摘した。当局がそれをよく知っているのは確かだ。国家安全保障局がマクルーハンの著書『メディアの法則』(邦訳：NTT出版刊)を何度も参照し、彼の「テトラッド」論を国際問題の対応に利用しているのには理由がある。人類の未来は、テクノロジーの未来を研究することで予測できる。テクノロジーを支配する者が人類を支配するのである。

ティッパー・ゴアと上院議員のジョゼフ・リーバーマンがハリウッドの映画産業――大統領選でゴア・リーバーマン陣営に巨額の財政支援を行った――を批判したとしても、彼らは決して次の事実には触れない。それは刺激的で超暴力的な仮想現実のテレビゲームが、実はDARPA(国防高等研究計画局)によって開発されたもので、その目的は米軍の兵士が戦場で迷わず敵を殺せるように感化することだという事実である。

リーバーマンがこの興味深い話題を持ち出さない理由は簡単だ。彼はディック・チェイニーやジョージ・W・ブッシュに劣らぬタカ派なのである。二〇〇〇年の大統領選で何度も得意げに述べていたように、リーバーマンは民主党員として初めて上院でペルシャ湾岸戦争への支持を表明した。革新主義者たちは選挙でブッシュがゴアを破ったことに喜んでいるはずだ。ただ、今は策略をめぐらすよりも、敵が迫っていることを知るべきだ。独裁体制では選択肢は一つしかなく、民主体制では選択肢は二つある。そして秘密体制においては、選択肢は二つあるように見せかけて実は一つしかない。このことをしっかりと頭に叩き込んでおいたほうがいい。

最後にポイントをまとめておく。

現代の学校教育の目的は、行動の感化とエリクソンの「負の神経言語プログラム」を通して、子供たちの非画一的思考を妨げ、断片化を促すことである。

断片化は至るところで起こっている。優秀な理論物理学者たちは証明不可能な主張に一〇〇年間も没頭し、それ以上分割できない究極の存在を求めて、素粒子の海をさまよっている。主な政治機関はつまらない派閥争いを繰り返し、もはや公正な選挙で決着をつけることさえできない（事態は明らかにケネディの時代から悪化している）。あなたの子供の担任をしている年配の女性教師の体内では、細胞分裂が異常に進んでいるかもしれない。それは彼女がまだ若かった四〇年前、喫煙が女性の体に良いという『アメリカ医学会誌』の発表の尻馬に乗ったテレビやラジオ、雑誌の宣伝に乗せられて、何年もタバコを吸っていたからだ。

想像してみてもらいたい。あなたの前にかわいい子供が立っている。脳に穴の開いたその子は手に銃を持ち、あなたの顔に向けて引き金を引こうとしている。あなたはその虚ろな目に気づくだろうか。気づくはずだ。彼はあなたの息子なのだから。

親たちよ、ゆっくり考えている暇はない。

夢における第三帝国——シャルロッテ・ベラートの夜の日記集

フランク・ベルーブ

シャルロッテ・ベラートの『夢における第三帝国（*The Third Reich of Dreams*）』は、戦前のドイツの政治的日常を中心とした夢の記録である。一九六六年に出版されたこの本には、台頭する全体主義国家に対する潜在意識のメッセージや警告が見え隠れしている。フランク・ベルーブは本稿で、人間性を奪われ、心理的恐怖を与えられた人々の夢を詳しく紹介し、ドイツ国民の潜在意識がいかに全体主義の恐怖に侵されていたかを説明する。こうした夢は、いわば潜在意識の象徴だという。ベルーブは「我々の中の何かがこうした不穏な空気を感じ取り、警告として潜在意識に恐怖を伝えるのである」とし、ベラートの次のような説明を引用する。人々は夢の中で夜の日記を書くことで、「全体主義の目的や原則を認識し、その成り行きを予想することができた。後から考えると、彼らの夢はまさに予言そのものだった」

ローリング・ストーンズ「ルビー・チューズデー」

＊

「夢を失えば、心を失う」

一九三〇年代、ナチス・ドイツの全体主義が勢力を強め、多くの人々が、来るべき恐怖への危険を感じていた。そのなかに、偉大な勇気と洞察力を備えたシャルロッテ・ベラートという若い女性がいた。一九六六年に出版された著書『夢における第三帝国』で、ベラートはナチスに生活を支配された人々の夢を記録した。これらの夢は、台頭するナチス・ドイツの恐ろしい政治的現実を象徴するものであった。巻末に寄せたあとがきで、ブルーノ・ベッテルハイムは、これらの夢の記録は自分には大きな衝撃だった、ナチスが眠りを効果的に利用して「抵抗は不可能であり、服従するしか安全の道はないという夢を（彼らの）敵に強制していた」という事実に愕然としたと告白している。

次に紹介するのは、ナチス支配の初期にベルリンに住んでいた男性の夢である。これを見ると、人間の夢の世界に、その時代の政治や心理が反映される場合があることがわかる。つまり、我々の中の「何か」がこうした不穏な空気を感じ取り、おびえた潜在意識に危険を伝えるのである。この男性の夢は、人がどのように自らの状況を受け入れるようになるか、またどのような精神状態でそうした受容的態度が生まれてくるのかを雄弁に物語っている。その素地となっているのは、騙されやすさや、自己弁護的な傾向である。適切なプロパガンダと圧力によって十分な「条件付け」がなされると、人はひどく従順で受容的な態度になり、抵抗する意志を失う。

この夢の中で、男性は、日曜の朝にベルリンの鉄道駅へ出頭し、党への献金集めをするようナチス当局から命じられる。内心、「面倒だな」と思った彼は、献金箱の代わりに枕と毛布を抱え、呑気に駅へ出かけた。男性が横になって一時間くらい経ったころ、ヒトラーが姿を現した。エナメル革の長靴を履いた彼は、サーカスの道化とライオン使いを合わせたようなおかしな格好をしている。男性はヒトラーが大げさな身振りで子供たちの心を掴むのを見た。ヒトラーは年長の少年少女たちには厳格な態度で説教し、オールドミスのグループには男の色気をアピールしている。男性は毛布の下で急に不安になってくる。献金箱を持っていないことがヒトラーに知れたらどうなるだろう。「寝たふりをする連中」の一人と見なされるかもしれない。でももし捕まったら、ヒトラーと対決して、「強制収容所には反対だ」と言ってやろう。男性はそう考えた。

夢はさらに続く。ヒトラーは鉄道駅に何度も現れて、あらゆる人々と交流した。男性は誰もヒトラーを恐れていないらしいのを見て驚いた。タバコをくわえたままヒトラーと話す者さえおり、ほとんどの人が笑みを浮かべている。男性はベルリン駅での任務を終えると、枕と毛布を持って駅の中央階段を下りた。

すると、階段の頂上にヒトラーが立っていた。彼は『マジカ』という架空のオペラの歌で舞台を終えると、ひどく芝居がかった身振りで群集を魅了した。誰もが拍手喝采した。ヒトラーはお辞儀をして階段を駆け下りたが、紫色のズボンに調教用の鞭を持った彼の姿は滑稽だった。

ヒトラーは護衛もなしに通り過ぎ、群集と同じようにクロークの列に並んで、コートを受け取る順番をじっと待っていた。この時点で、男性は「彼はそれほど悪い人間ではなさそうだ。わざわざ反抗するほどでもないか」と思った。その途端、男性は自分が枕と毛布の代わりに、献金箱を抱えているのに気づいた。

男性はヒトラーを優れた使い手――動物の調教師――として見ているが、結局はヒトラーの大げさな身振りに影響されている。彼は状況がそれほど悪いものではなく、ヒトラーのことを心配する必要はないと感じ始めている。小説『1984年』でも、その過程は異なるものの、主人公ウィンストン・スミスは目に感謝の涙を浮かべて「勝利ジン」を傾け、「偉大な兄弟（ビッグ・ブラザー）」について同じような結論に至った。

普通の人は非人間的な条件付けに対して良心の葛藤（かっとう）を経験する。しかし結局、オーウェルの小説の主人公のように、「政治体制の影響に対して賛成も反対もせず、ただその動きに従うことしか許されない」。つまり、人々は抑圧的な心理政治体制の中に組み込まれ、自主的に行動することも、ナチスの推進勢力に抵抗することもできないのである。

『夢における第三帝国』では、第二次世界大戦の隠れた一面が明らかにされている。そこには、一九三〇年代、ナチスの熱狂的な勢力が高まるなか、ドイツ国民の潜在意識がいかに全体主義の恐怖に侵されていたかが示されている。ナチス党がヒトラーとその悪徳幹部に掌握され、国家が全面戦争へと動員されたのは、魂を汚され、精神をコントロールされた人間たちが、冷酷な決断力と非情な厳格さをもってそれを遂行したからである。

ベラートは一九三三年から三九年にかけての期間に人々が見た何百という夢を収集し、それを「夜の日記集」と名付けた。第三帝国の恐怖に直面した一般市民の夢には、個人の尊厳を奪われ、生活をめちゃくちゃにされた人々の恐怖や困惑といった内面世界が表れている。それらの夢は、この戦争が人間性との戦いであったことを示している。それは、密かに人間の内面を支配して国民意識を分裂させるための戦いであり、何世紀もかかって成し遂げた精神的進歩を破壊するための戦いであり、芸術家や作家、科学者といった創造的人間を根絶し、彼らの功績を全面戦争の瓦礫と廃墟の下に埋めるための戦いだった。

我々アメリカ国民は、ナチス・ドイツから次のことを学ぶべきだった。つまり、大衆はいったん政治的権限を奪われ、生活を混乱させられると、心理的恐怖という圧力によって自らの民主的権利を放棄し、警察国家を受け入れるようになるということだ。ナチスのプロパガンダは心理的技術によって強化されていた。彼らは政治に対する国民の心理的恐怖感を増幅させ、感情を麻痺させて、思想統制を行っていたのである。重要なのは、心理的恐怖を与えられたドイツ国民が、一〇年以上もナチズムの異常な支配に抵抗できなかったこと、あるいは抵抗しようとしなかったことである。彼らはナチスの権威に疑問を投げかけることができなかったか、あるいは疑問を投げかけようとしなかった。どうにもならない恐ろしい事態に直面した人々は、ナチスの圧倒的なプロパガンダや恐怖に押し流された。彼らは恐怖のあまり、権力の乱用に抵抗できず、ユダヤ人や共産主義者といった第三帝国の脅威とされる人々への残虐行為に対しても何もできなかった。

ナチスは人間以下とされた者や国家の敵とされた者を投獄したり、処刑したりした。彼らがどうやって人々にこうした行為を受け入れさせたかについては、その同意がいかに曖昧なものだったとしても、ヒトラーによる「洗脳」ということだけでは説明できない。政府が人間を残酷な方法で監禁したり、殺したりするのを、人々はどうやって傍観し、許し、あるいは正当化することができたのだろう。

こうした無慈悲な行為を説明するには、人々が仲間の人間の運命に無関心になっていたとか、顔なき群衆が集団ヒステリーに陥っていたとかいう理由だけでは十分ではない。こうした集団心理の原因については、国粋主義の狂乱という説明以上のものが求められる。人種差別主義やイデオロギーといった観点では、大量殺戮に加担することの凄まじい恐怖を完全には説明できない。愛国主義や純血主義といった概念も、ナチス国家の「表看板」にすぎず、集合的無意識のエネルギーを受け止める器でしかない。

精神を隷属させるマインドコントロール

シャルロッテ・ベラートのような反骨の研究家や作家がいたおかげで、我々は従来の歴史観を見直し、問題を新たに議論することができる。そしてそうした議論により、たとえ漠然とではあっても、第三帝国の影の勢力やオカルト的な基本構造を理解することができる。プロパガンダや国家の恐怖は大衆をヒステリーに陥れ、何百万という人々をナチスの精神的現状に従わせた。しかし、ベラートによれば、「恐怖や不安は当初からあらゆる方面の人々が感じていた。彼らは夢を見ることで全体主義の目的や原則を認識し、その成り行きを予想することができた。後から考えると、彼らの夢はまさに予言そのものだった」

それから六〇年後の現在、アメリカでは大衆のマインドコントロール技術が非常に発達し、その効果は絶大である。つまり、アメリカの人々は精神的隷属という点で、二〇世紀初めのドイツやイタリア、ロシアの人々よりもさらに悪い状況にあるわけだ。アメリカ国民は一九九〇年代型の全体主義の恐怖に直面しながら、六〇年前のドイツ国民と同じく、自国でそんなことが起こるわけがないと信じ込んでいた。明らかなのは、アメリカ人のほとんどが精神の働きを理解しておらず、国民の心理がいかに操作されているかを知ろうとしなかったということだ。要するに、我々は潜在意識がコントロールされているという事実を受け入れられなかったのである。

二〇世紀に悲劇をもたらした精神支配は、世代を超えた一世紀にわたる心理的殺戮にほかならない。この半世紀で大衆のマインドコントロール技術は飛躍的に進歩し、何百万という人々が低次元の意識領域に縛られ、自己完結的な存在を強いられている。我々はその精神的現状において感覚を麻痺させられ、自由を奪われて、半世紀前のドイツが体験したような地獄に直面しようとしている。

激動の二〇世紀には説明のつかない事柄がたくさんある。それを理解しようとしても、たいていは答えが出ないか、余計に疑問が増すだけだ。ただ、何かを十分に理解するには、人間の内面を知る必要がある。夢からもわかるように、我々の潜在意識の領域は想像以上に大きい。人間の精神には超次元の広漠たる潜在意識の領域があり、五感はそれに及ばず、超越的な手段でしか触れられない。こうした潜在意識は精神的現状の知覚範囲外の存在で、我々の夢を生み出す深層心理の領域である。

心がプログラムされている人にはわからないが、我々は知覚を呼び覚ますことによって、脳や五感の及ばない別の次元に触れることができる。それは内なる自己、真の自己であるところの広大な未知の領域である。しかし、自我に縛られた人々は、精神的現状の知覚範囲を越えると、潜在意識の深淵に陥ってしまうと心配する。それは「地球は平らだ」と思っている船乗りが水平線の向こうへ航行し、果てしなく続く海に迷い込むようなものだ。

ヨーロッパの人々は数世紀前まで、アメリカとして知られることになる大陸の存在をまったく知らなかった。最近、我々はより高次元の意識領域を探究し、真の自己を発見しようとする作業を妨げられている。それは、我々の知覚範囲を、自我という狭い領域に制限する無意識のせいである。にもかかわらず、多くの人々は、人間の精神世界にそうした別の次元の意識領域があることを知らない。

アメリカ国民のプライバシーはすでに失われつつある。遍在するメディアの侵入や無言のマインドコントロールを逃れるためには、我々は辺境の地へ避難しなければならない。しかし、そのうち隠れる場所はなくなり、誰のプライバシーも守られなくなるだろう。こうして、我々は一九三〇年代や四〇年代にドイツ国民が体験したような恐ろしい政治的状況に直面することになる。当時、彼らの生活は崩壊し、次の夢が示すような恐ろしい事態が生じていた。

一九三四年、四五歳のある医師がこんな夢を見た。診察を終えてソファでのんびり読書をしていると、突然、マンションの部屋の壁がすべて消えたのである。あたりを見回すと、恐ろしいことに、他のどの部屋も壁がなくなっている。そこへ、「今月一七日の壁面廃止令によると……」という拡声器の声が聞こえてきた。

しばらくして、医師は自分がなぜそんな夢を見たのかを知ることになった。彼の区画の管理人がやってきて、「なぜ窓に軍旗を掲げないのか」と聞かれたのである。彼は管理人を追い払い、「どの壁にも旗など掲げるものか」と思った。別の夢で、医師は「壁のない生活」から逃れる唯一の方法は、公的な世界から身を引くことだと気づいた。ナチスに屈服した者は、ナチスの一部となる。そうなれば自由を放棄し、彼らが差し出した精神的・社会的状況に身をゆだねなければならない。夢の中で彼はこう言った。「どの家もプライバシーが失われた今、私は海の底に住むしかない」

誰もが国家に従う社会

ナチスの精神的現状に従うということは、内面的態度に関する一連の規則に従うということである。そして、ナチスの政治的状況に従うということは、当局の命令に従うということである。前者が思想統制であり、後者が社会統制であるが、人々はナチスのこうした規制に応じることによって、彼らの精神的現状を維持させられた。つまり、誰もが国家の認めた思想や行動を実践するようになり、それ以外の言動は命を危険にさらすことを意味した。

ナチスはドイツ語に関する規則を作り、人々に標準語で考え、話すことを求めた。これは思想や会話を画一化するためであり、第三帝国の基本的教義や国家の承認する世界観を示すものだった。

一九三三年、大らかで自由奔放に育った無職の三〇歳の女性がこんな夢を見た。街角から道路標識が消え、代わりに二〇の禁止用語がリストアップされたポスターが張られたのである。禁止用語はすべて英語で、最初が「Lord（神）」、最後が「I（私）」で、残りははっきりしなかった。この夢は、個人のアイデンティティーや信条に関する表現の自由が、二〇世紀の全体主義体制によって徹底的に規制されるようになることを予言している。道路標識がポスターに代わったということは、人々が方向を見失い、生活に指針を求めていたことの反映であり、リストの内容は、神のことを口にしたり、自分のことを振り返ったりしてはならない状況にあるという認識を示している。「個人と独裁政権の間に横たわる弁証法的関係」を象徴した夢と言っていいだろう。

潜在意識下での秘密の話

心理学者のカール・ユングは、「精神に異常が生じたらどうなるか」という問題を三〇年以上も前に取り上げた。ユングは潜在意識を分析し、失われた深層心理の領域を明らかにした。ユングをはじめとする先駆的な心理学者の知識や発想がなければ、我々はまだ精神の闇を這いまわり、変性意識を宗教的見地から解釈し、超越的体験を精神病や妄想として片付けていただろう。

無意識の精神については言葉で表現するのが難しい。使えそうな言葉はすべて権威者に支配され、内容を歪曲されている。無意識をめぐるインチキについて明確に説明できないのは、意識の離反状態を説明する用語のほとんどが、その本来の意味をはぎとられた大仰なものにすり替わっているからだ。辞書や事典では、変性意識や精神の非感覚的次元が精神病の症状のように扱われ、神経科学的にコントロールしたり、精神外科的手法で抑え込んだりするべきだと説明されている。

精神的奴隷になっている人々の縛られた思考に関して言葉が無力であるなら、それに頼っていても仕方がない。そのような人々はたとえ独房の鍵を持っていても、決して監獄を飛び出そうとしない。思考能力がひどく低下している我々はこうした異質な言葉のトリックに気づかず、潜在意識を自然で神聖なものとして説明する言葉は、もはや我々を触発し導く力を失っている。今の我々には、内なる自己を理解するための基本的な思想体系がないのである。

こうした思想統制は、離反的思考によって人心が離れていく危険を減らすことにつながる。内なるカーテンを発見した人々は、それを開けて潜在意識の秘密を知り、長きにわたる自我のドラマを終わらせるかもしれない。ただ、潜在意識の謎を解明しようとする者は、その道を照らすためにマッチを使わなければならない。なぜなら、正統とされる宗教や行動心理学、物質主義的な科学によって世論と言語が支配され、潜在意識を照らし出す照明のほとんどが取り払われているからである。我々はマインドコントロールや秘密政府、超次元の存在について語ることはできないし、隠された歴史や人間性をめぐる長年の戦いについて語ることもできない。我々の精神に理解できない領域が存在するという紛れもない真実についても、ささやくことすらできない。現代人の荒々しい無意識の首根っこをつかんでいる力がなんであるにせよ、それが強大なものであるのは確かだ。その力は、人々が内省や離反的知識によって潜在意識のなかの権威に疑問を投げかけたり、その権威によって顕在意識が拘束されている現状に抗ったりすることを不可能にしているのである。

二〇の禁止用語の夢を見た女性は、自分を非常に自己中心的な人間だと思っていた。しかしその夢は、ナチスに精神を支配されたらどうなるかという危険を、彼女がよく理解していたことを示している。彼女は一九三三年四月から九月にかけて一連の夢を見た。神と自己に関する夢を見たのに続き、自分が盛装して立派な歌劇場のボックス席に座っている夢を見た。大好きな『魔笛』のオペラを鑑賞していた彼女は、多くの人々から賞賛を受けた。ところが、「これは悪魔に違いない」という台詞が歌われた途端、数人の警官が踏み込んできた。「悪魔」という言葉を聞いたとき、彼女がヒトラーを思い浮かべたことが機械に記録されたのだという。彼女は助けを求めて観衆の方を見たが、無視された。隣のボックス席にいた老紳士にも目を向けたが、唾を吐かれた。

この夢は、いわゆる社会的地位のある人々が、仲間の不正行為に対してどのような態度を取るかを示している。客席が幾重にも弧を描く歌劇場で、彼らは助けを求める人間に目もくれなかった。その後、彼女は夢に出てきた思想統制の機械が複雑な配線の電気機器だったと述べた。彼女の夢は、一九三〇年代から四〇年代にかけて使われるようになった、リモコン装置をはじめとする監視統制機器を予言していたのである。

ある晩、この女性はラジオで焚書のニュースを聞き、ひどく動揺した。「トラック一杯の」とか「焚き火」といった言葉を何度も耳にした彼女は、その晩、本がすべて集められ、焼かれてしまう夢を見た。彼女は学校時代から持っていたシラーの『ドン・カルロス』を手放したくなかったため、それを女中のベッドの下に隠した。しかし、本を奪いに来たナチスの突撃隊員は、まっすぐ女中の部屋へ向かい、ベッドの下から本を引っ張り出してトラックへ投げ込んだ。このとき、彼女は自分が隠したのが地図であり、『ドン・カルロス』ではなかったことを知った。

夢では、心理学的メカニズムによって無意識の動機が検閲される。夢はその動機を歪めた形で提示し、我々が本心から知りたいとは思っていないことを認識してしまうのを妨げている。人が異常な政治的弾圧状態に置かれた場合も、その夢の内容は歪められる。これについては、自らの生活が抑圧されそうな状況を精神が変えようとしていると見ることもできるだろう。こうした自己検閲のために、服従や共謀に関する夢は奇妙なトーンになっていることも多い。これは、恐ろしい考えが夢となって表れる前にその性質を変えようとしているためかもしれない。

この女性は次にこんな夢を見た。牛乳配達人、ガスの検針人、新聞配達人、パン屋、配管工といった人々が彼女を取り囲み、請求書を差し出して立っている。彼女は特に何の感慨も抱かなかったが、そのなかに煙突掃除人を見つけて動揺した。「煙突掃除人」を表すドイツ語、「schornsteinfeger」の二つの「S」からSSという言葉が浮かび、黒装束だったその男が恐ろしいゲシュタポのメンバーのように感じられたのだ。この状況は彼女に「Schwarze Kochin（黒い魔女）」というドイツの子供の遊びを思い出させた。同じようにみんなが一人に向かって訴状を差し出し、「お前は有罪だ！」と唱えるゲームである。彼女はなぜ、こんな夢を見たのだろう。前日のこと、突撃隊員の制服を着た仕立屋の息子が父親の代わりに集金にやって来た。彼女はこれに憤慨した。ヒトラー以前は、請求書は郵送されるのが習慣だったからである。彼女は政府の役人が集金に来るということについて説明を求めた。当惑した若者は「たまたま制服で近くまで来たから立ち寄っただけで、特に意味はない」と弁解した。彼女は「馬鹿馬鹿しい」と言いながら、結局、勘定を支払った。

この女性は、新しく区画管理人制度が導入されたことや、党の制服を着た者は家宅侵入を許されるということを知っていた。この夢は、ちょっとした圧力に屈して勘定を支払ってしまった彼女の「罪悪感」を示している。些細な過ちとはいえ、さらに深刻な権利放棄や逸脱行為、「微妙な不当行為」につながる可能性があるという意味では、重大な過ちともいえる。これらが積み重なれば、言いようのない抑圧が心にもたらされるかもしれない。「罪なき者の罪悪感」は、こうした些細な権利放棄が蓄積されて生じるが、それは潜在意識のなかに秘められ、やがて比喩的な形で夢に表れることになる。

精神的奴隷となった人々の末路

心の自由を表す言葉や概念がその本来の意味を奪われた場合、精神性の存続や民主的権利の保持といった重要な問題について考えたり、議論したりすることは不可能だ。今日、我々は内なる自由を脅かす存在について語ることができない。「マインドコントロール」をはじめ、「秘密政府」「陰謀理論」「無意識」「偏執症」「隠された歴史」といった言葉にはネガティヴな響きがあり、調査や研究の対象から外されているからだ。

こうしたテーマを真に受けるべきではないというのが、学術界の暗黙の了解である。精神的現状の範囲を越えた潜在意識の世界は、別の次元の精神状態を体験したことのない人々には理解できないかもしれない。しかし、人間の心に無意識の領域が存在することは間違いない。これを心理的に征服し、無意識の植民地化を行うことは、二〇世紀における最も暗く底知れない秘密として歴史の裏に隠されてきた。

言語の統制によって思想を統制するということは、思想を精神的現状の支配下に置くということだ。その証拠に、心理工学戦や国際秘密体制といった事柄は真剣に取り上げられることがない。こうしたことを口にする者は、精神的現状クラブの優良メンバーから「陰謀論者」のレッテルを張られるか、完全な狂人と見なされるだろう。

先ほどの女性は、ナチスの全体支配という新たな状況に関する夢を何度も見ている。「車座になった無表情の隣人たちが無言で自分を見つめている」という夢で、彼女はこの夢を見るたびに孤立感をますます強めていった。彼女はやがて、映像のない、言葉だけの夢を見る。そしてその言葉が、すべてを物語っていた。「私は鉛に埋もれていく。舌はすでに鉛で覆われ、鉛で固められている。じきに横たわったまま動けなくなる。彼らが来たら、『鉛で固まって立ち上がれません』と言おう。ああ、彼らは固まっている私を海に放り込むつもりだ」

女性がこの夢を見たのは、一九三三年の大晦日、恒例の「鉛占い」をした後だった。前述の医師が海底に逃れようとする夢を見たように、彼女は鉛に埋もれようとした。公的な世界から完全に身を引くことで、自分自身からも隠れたいと思ったのだ。これらの夢は、精神的侵略が進行していることへの警告である。それは人々の意識を徐々に支配し、内なる自己との関係を妨害しようとするものであった。

ナチスの徹底支配に伴って、人々の生活は多くの禁止事項によって抑圧された。彼らは意志をくじかれ、心の鎧を剥ぎ取られ、わずか数年の間に従順な精神的奴隷となった。こうした事態は知らないうちに進行し、人々は精神を支配されることに徐々に慣れていったのかもしれない。しかしその一方で、彼らの夢にはこのプロセスが明確に記録されていた。隷属的な立場に陥っていく過程のすべてが、彼らの夢には表れている。人々がこうした夢について考え、その意味を認識していれば、彼らが内なる自己との関係を断つことはなかったかもしれない。夢の世界まで「ゲシュタポ」に侵略されることもなかったはずだ。

それでも反逆者は登場する

ナチスに生活を侵略された人々のなかには、死を選ぶ者がいた一方で、抵抗を示す者もいた。弾圧に対抗する手段がない場合、人々は当局に屈服し、ナチスの方針に甘んじるしかない。しかし、一部の者たちは服従を拒否することによって進行する弾圧に抵抗すべきだと考えた。人間の尊厳の儀式的破壊に加担しない意思を、日常的な拒絶によって示す人々がいたということは、人間性を失わせようとする社会においても人間性が生き残っていた事実を示している。このような自由思想家は、ナチスが最も恐れていた分子であった。内なる力の強さに気づいていた彼らのような存在は、他の敵をすべて合わせた以上に、ナチス国家の安定にとって大きな脅威であった。

次に紹介するのは、ある学生の夢だ。彼は兄を逮捕されて精神的に張りつめた状態にあった。夢では、大きな建物のなかでパーティーが行われていた。狭い屋根裏部屋に、ナチス体制への反逆罪で逮捕される可能性のある一団が集まっていた。退廃的な芸術家や役者、元社会主義者、強制収容所に入れられた者の親戚などで、彼らは階下にやってくる盛装の客たちを見て馬鹿にしていた。

学生が階下を忍び歩いていると、「なんだかヤバい感じだぞ」という声に続いて、「屋根裏への階段が燃えている」という声が聞こえてきた。学生は「容疑者を助けよう！」と皆に向かって叫びながら騒ぎのなかへ入っていった。ところが、盛装した客たちは肩をすくめて、「容疑者なら焼け死んでもいいじゃないか」と言った。被収容者も親戚も、芸術家も友人も、活動家も雇い主も、誰もが国家の敵となる可能性がある「容疑者」として、ひと括りにされていたのである。

次の夢は、数学の教師をしていた年配の女性が一九三三年の秋に見た夢だ。その夢では、数学に関することを書くのは一切禁じられており、違反すれば死刑が待ち受けていた。女性はナイトクラブへ避難したが、そこは彼女が実生活では決して足を踏み入れることのない場所だった。店内には酔っ払いと娼婦があふれ、音楽がガンガン鳴り響いていた。彼女はハンドバッグからティッシュペーパーを一枚取り出すと、目に見えないインクで一組の方程式を書いた。その間、彼女は心臓が縮まるような思いだった。

この夢には、人々が普段、当たり前に行っていることを禁じようとすることの愚かしさがよく表れている。女性はこの夢について尋ねられたとき、「ここで禁じられていることを、禁じることなどできない」と答えている。夢で、彼女は服従を拒否するためにナイトクラブを選んだ。そこはさまざまな禁止行為が行われているところであり、彼女が行くとは誰も想像しないような場所だった。

薄暗いクラブのテーブルで、彼女はスパイの道具を使って方程式を書き写した。数学教師という職業を破壊的勢力から守るためである。ナチスの謀略によって状況が変化するなか、人々は互いに孤立し、日常生活を構成する活動からも遠ざかった。地域から疎外され、ナチスの忠実な手先となった者もいた。それでも、人間性の侵害に抵抗する者は常に存在し、彼らは心の中で人間性という灯火を守り続けたのである。

アメリカの精神的現状を考える

ジョージ・オーウェルが小説『1984年』で警告したように、言語がいったん支配されると、思想が統制されて、物事を自分で考えたり、権威を疑ったりすることができなくなる。我々に必要なのは、知られざる次元の意識や隠された歴史の一面に関する実用的な言語である。物理学は二〇世紀初めに、数学面でこれと同じ問題に直面した。物理学の公式や方程式が、当時の理論では説明できない超次元の現象にぶつかったのである。実際に起きていることを説明するためにより大きな視野が必要となり、「相対性理論」と「量子論」がそれに応えた。

メディア漬けにされた我々の精神は、過度の「二重思考」と過剰な「新語法（ニュースピーク）」によって麻痺させられている。我々の脳は心理的、潜在意識的な攻撃に毎日さらされ、精神は危険なほどに消耗し、心は極度に衰弱している。そうした精神を高次元の現実に向かわせ、離反的概念に言語学的体系をもたらすためには、新しい次元の言語が必要だ。精神という内面世界に関する超次元の言語は、依然としてほとんどの人に理解されていない。それは、彼らを「無意識の状態」にしておこうとする強力なオカルト的勢力の仕業である。超越的次元に覚醒する恐怖を人々が克服できると考えるのは、期待のし過ぎかもしれない。

新世界秩序が急速に近づいているなか、言語もそれなりの改革を行う必要がある。すでに書き言葉は精神的現状の範囲——一般的に合意された現実——を超えた別次元の現実を定義し、概念化しようとしている。人々の精神にこうした知覚的変化をもたらす方法は他にない。自由に考え、自由に話し、自由に書くためには言葉の力が必要だ。我々の心の自由はこれにかかっている。

「壁のない生活」が現実になる前に

一九八〇年代と九〇年代、アメリカ国民は凄まじい連邦法の侵略によって個人の政治的権限や権利を失い続けた。そのなかで、多くの人々が我々の背後、あるいは我々の理解の及ばないところで進んでいる事態に気づき始めた。現代人は、一九三〇年代のドイツ人と同じように、未知の勢力に対する恐怖に直面している。人々の潜在意識には、自由が着々と侵害され、弱体化されていく過程が記録されている。新世界秩序が急速に近づく今日、アメリカ国民は同じような夢を見ているのではないだろうか。

ドイツでヒトラーが権力を掌握した三日後、工場主である六〇歳のS氏はこんな夢を見た。大きな重圧のもと、世間的な野心を分別で抑えつけようとしていた彼は、そのストレスから「おかしく」なって「背骨が折れ」てしまい、道徳的に病んだ人間になる。夢では、ゲッベルスが彼の工場を訪れ、従業員全員を二列に向かい合わせに並ばせた。S氏はその間に立ち、ナチスの敬礼として腕を掲げなければならなかった。彼は三〇分もかかって腕を少しずつ持ち上げた。ゲッベルスは彼が必死に敬礼しようとするのを見て賞賛も非難も示さなかった。ようやく腕が持ち上がると、ゲッベルスは「お前の敬礼はもういい」と言って扉へ向かった。S氏は従業員の間で手を掲げたまま、引きずるような足取りで工場を出て行くゲッペルスの内側に曲がった足に目を据えて、何とか倒れるのをこらえた。

S氏は終生変わらぬ政治的信条を持っており、従業員にも非常に威厳ある態度を示していた。いくつかの屈辱的な夢の中で、彼は従業員の前で自らの品位を貶めなければならなかった。自尊心を失わせるような状況に甘んじ、反倫理的で不当な法律に従うことを余儀なくされたのである。彼は先の夢を回想して、「腕を持ち上げるのが大変で、汗が涙のように私の顔を流れ落ち、まるでゲッベルスの前で泣いているかのようだった」と語った。また、「私は慰めを求めて従業員の方を見たが、彼らの顔は完全に無表情で、軽蔑やあざけりの表情さえなかった」とも言っている。彼は腕を懸命に持ち上げようとしていたが、ついに背中――「背骨」――が折れた。S氏は、かつては尊敬に値する誇り高い男だった自分が、今では「現実の生活ばかりか、自らの性格にも疎外感を持ち、自信を失ってしまった」と自己分析している。

ベラートが収集した夢は、抑圧的状況に直面した一般市民の夢である。彼らは夢という心理学的方法によって、急激な社会的変化による静かな衝撃に対処しようとしていた。ただ、人々はベラートに夢を打ち明けることを恐れたため、彼女は題材集めに苦労した。なかには、「夢を見るのを禁じられているのに見てしまったという夢を見た」人も多かった。ベラートによれば、一九三〇年代のドイツ市民の夢は、過去の時代の戦争や革命の犠牲者たちの夢とは異なり、性質や内容が特徴的だった。それは「起源となった時や場所が明白だからである。つまり、それらの夢は二〇世紀の全体主義体制において自己矛盾に陥った人から生じたもので、そのほとんどはドイツのヒトラー独裁下で生じた夢である」

調査の途中で、ベラートはこれらの夢が衝撃的な重大資料であることに気づいた。それは全体主義の圧力がドイツ市民の精神や生活を衰退させていたことを示していた。どの夢にもその人の人間性が失われていく過程や、以前の生活スタイルから一歩ずつ後退していく過程が反映されている。ベラートは「ちょっとした出来事や個人的な要因にも、ナチスの全体主義の影響が見受けられる」とし、さらに次のように書いている。

私は時々そうした夢を記録として残しておくべきだと思うことがあり、そうすることにした。いつか国家社会主義に一つの歴史的事象としての判決が下される時、夢の記録は証拠として役立つかもしれない。なぜなら夢は全体主義の構造の一部となって、人々の心の奥底にある感情や反応を大いに明らかにしてくれるからだ。座って日記を書くというのは意図的な行為であり、その人は自らの反応を創り変えたり、はっきりさせたり、ぼかしたりする。しかし、こうした夢——夜の日記集——は、政治的情勢が心理に与えるほんのわずかな影響も地震計のように記録し、本人の意図とは関係なく出現する。いわば、夢は独裁的な命令によって生じるのである。そのような夢を出現させることで、悪夢になりかけている現実の構造を表現しようとするのかもしれない。

ベラートは本の最後にこう記している。

これらの夢には全体主義の傾向が明らかになる前にそれを認識せよという警告が含まれている。その正体が明らかになる前に、（中略）人々が「私」という言葉を口にできなくなる前に、たとえ自分の言っていることがわかっていても言葉を慎まなければならなくなる前に、そして、「壁のない生活」が現実になる前に。

執筆者一覧（掲載順）

アル・ハイデル **Al hidell**
『パラノイア――陰謀読本』（www.paranoiamagazine.com）の共同発行者。ビデオ・ジャーナリストとして受賞経験もある。元国家安全保障担当補佐官トニー・レークの下で国際関係論を学び、ジャーナリズム、コピーライティング、劇作の課程も修了。独身で二匹の猫と暮らしている。住所・連絡先は非公開。

ケイティ・クレメンチンチ **Katie Klemenchich**
メールアドレス kxk24@scientist.com

フィリップ・ダレル・コリンズ **Phillip Darrell Collins**
ライト州立大学でマスコミュニケーション学を学ぶ。神と救い主イエス・キリストを崇拝している。
メールアドレス thefaceunveiled@excite.com

ジョン・ダーク **Joan D'Arc**
『パラノイア』の共同発行者。著書『スペース・トラベラーズ（宇宙旅行者と人間の形態・現象界の創出）*Space Travelers and the Genesis of the Human Form and Phenomenal World*』が出版された。メールアドレス joandarc@compuserve.com

スティーヴン・フェリー **Steven Ferry**
イギリス人。米国西海岸で執事として働いていたとき、ある事件を見て抑圧の問題に興味を持ち、調査を始めた。論説が全国誌で発表されたのを機に執事をやめ、一九九四年、フロリダ州にワーズ&イメージズという会社を設立して本格的な執筆・フォトジャーナリズム活動を始める。多数の論説と一三冊の著書は、自身のホームページ www.wordsimages.com. で入手可能。メールアドレス steven@words-images

ロバート・ガフィー **Robert Guffey**
一九九六年度クラリオン・ウェストSF研究会卒業生。この研究会は一九六〇年代後半、元CIA局員のロビン・スコット・ウィルソンによって設立された。処女短編小説「幼児の接吻（*The Infant Kiss*）」は、ジェレミー・ラッセンの二〇〇〇年のアンソロジー『衝撃の後（*After Shocks*）』に掲載され、二〇〇一年度の『ファンタジー&ホラー年間傑作選』で佳作に選ばれた。論説は『パラノイア』『スチームシャヴェル・プレス』『フラットランド』、一九九九年のアンソロジー『陰謀大全』に掲載された。メールアドレス rguffey@hotmail.com

フランク・ベルーブ **Frank Berube**
fberube57@yahoo.com へお気軽にメールを。

ランディー・コパング **Randy Koppang**
研究者、メディア生態学者。『パラノイア』『パーセプションズ』『フリップサイド』『アトランティス・ライジング』およびホームページ www.xenochrony.net で幅広いテーマの論説を手がけている。メールアドレス the.occupant@horizon.net

アラン・キャントウェル医学博士 **Dr. Alan Cantwell Jr.**
内科医。エイズの人工起源に関する著書として、『エイズ・ミステリー』（邦訳：リブロポート刊）、

『エイズの陰謀：彼らはゲイの身体にいったい何を入れたのか？』（邦訳：砦出版刊）がある。メールアドレス AlanRCan@aol.com

スコット・コラレス **Scott Corrales**

ラテンアメリカおよびスペインにおけるＵＦＯや超常現象に関する執筆や翻訳を行っている。作品はアメリカ、イギリス、日本、スペイン、イタリアといった国々の雑誌で掲載された。著書に『チュパカブラと様々な謎（*Chupacabras and Other Mysteries*）』『引火点――プエルトリコの怪奇（*Flashpoint: High Strangeness in Puerto Rico*）』『禁じられたメキシコ（*Forbidden Mexico*）』がある。ペンシルヴェニア在住で、『イネクスプリカーター――ザ・ジャーナル・オブ・ヒスパニック・ＵＦＯロジー』の編集者。メールアドレス lornis1@juno.com

アレクサンドラ・ブルース **Alexandra Bruce**

『フィラデルフィア実験殺人（*The Philadelphia Experiment Murder*）』の著者。「モントーク計画」に関する秘密シリーズの最新刊が出版された。現在、論説とインタビューが www.incunabula.org および www.disinfo.com に掲載されている。メールアドレス intuit7@yahoo.com

アチャリヤ・S **Acharya S**

考古学者、古典学者、歴史学者、神話学者、言語学者。ギリシャのアテネにあるアメリカ古典研究所メンバー。ギリシャのコリントおよびコネティカットでの考古学の発掘作業に発掘の名人として参加。ヨーロッパを広く旅した彼女は、ギリシャ語、フランス語、スペイン語、イタリア語、ドイツ語、ポルトガル語に堪能。聖書を本来の古代ヘブライ語と古代ギリシャ語で相互参照も行う。著書に、問題作としてベストセラーとなった『キリストの陰謀――史上最大の造り話（*The Christ Conspiracy : The Greatest Story Ever Sold*）』、『神の太陽――クリシュナ、ブッダ、キリストの暴かれた秘密（*Suns of God: Krishna, Buddha and Christ Unveiled*）』がある。ラジオ番組にも多数出演。ホームページ truthbeknown.com、メールアドレス acharya_s@yahoo.com

トレイシー・トワイマン **Tracy Twyman**

作家（著書多数）、出版者、映画制作者。古代・中世の歴史、秘密結社および神秘学に関する専門家としても認められている。この六年間に、雑誌『ダゴベルツ・リヴェンジ』を発行した他、フリーメーソン、テンプル騎士団、シオン修道会、薔薇十字団、神秘主義、陰謀、秘儀といった幅広いテーマで執筆を行ってきた。『コースト・トゥ・コーストＡＭ』をはじめとするラジオ番組やテレビ番組にも多数出演し、作品はさまざまな新聞、雑誌、書籍で発表されている。映画・ビデオの学士号を持ち、研究テーマに関する短編映画もいくつか制作。詳しい情報についてはwww.dagobertsrevenge.com を参照。

◉編者について

アル・ハイデル Al Hidell

陰謀理論や超常現象などをあつかうアメリカの人気雑誌『パラノイア——陰謀読本』の共同発行者であり、ジャーナリスト。元国家安全保障担当補佐官トニー・レークの下で国際関係論を学ぶ。ビデオ・ジャーナリストとして受賞経験もある。

ジョン・ダーク John D'Arc

『パラノイア』の共同発行者。自身も執筆者であり、著書に『スペース・トラベラーズ 宇宙旅行者と人間の形態・現象界の創出(*Space Travelers and the Genesis of the Human Form and Phenomenal World*)』がある。

◉訳者について

北田浩一 Kohichi Kitada

1958年生まれ。編集者勤務を経て翻訳家に。訳書に『闇の世界権力 スカル&ボーンズ』(徳間書店刊)等がある。

トンデモ陰謀大全 +最新版+

◉編者
アル・ハイデル／ジョン・ダーク

◉訳者
北田浩一

◉発行日
初版第1刷　2006年3月3日

◉発行者
田中亮介

◉発行所
株式会社 成甲書房

郵便番号101-0051
東京都千代田区神田神保町1-42
振替00160-9-85784
電話03(3295)1687
E-MAIL mail@seikoshobo.co.jp
URL http://www.seikoshobo.co.jp

◉印刷・製本
中央精版印刷株式会社

Printed in Japan, 2006
ISBN4-88086-191-X